THE PASSION
ECONOMY

THE NEW RULES
FOR THRIVING
IN THE TWENTY-FIRST
CENTURY

激情经济

如何把热爱变成生意

〔美〕亚当·戴维森 著
Adam Davidson

柴颖 译

文匯出版社

献给上帝,
没有上帝就什么也没有。

永远记住,你和他人一样,都是独一无二的。

——通常认为这句话出自玛格丽特·米德

你必须学会从别人的错误中吸取教训——毕竟你没有那么长寿,不可能把所有的错误都犯一遍。

——《人事管理》(*Human Engineering*),
哈里·迈尔斯和梅森·M. 罗伯茨,1932 年

目录

前　　言 / I

第 1 章　麻省理工学院的鞋贩之子 / 1

第 2 章　激情经济的规则 / 35

第 3 章　看呐，奶瓶刷 / 54

　　　　案例研究：柯林·芬奇 / 76

第 4 章　勇敢的会计 / 80

第 5 章　酒后吐真言 / 106

第 6 章　了解你的故事 / 130

　　　　案例研究：囚徒式健身 / 141

第 7 章　阿米什人的教训 / 145

第 8 章　让中国生产廉价产品的北卡罗来纳州工厂 / 168

　　　　案例研究：摩根斯顿的最佳冰淇淋 / 187

第 9 章　不要做大众商品 / 193

第 10 章　巧克力棒里的世界 / 210

　　　　案例研究：突破ADR / 251

第 11 章　助推 / 255

第 12 章　只需要一个快速提醒 / 285

结　　语 / 301

致　　谢 / 305

关于作者 / 311

前言

据我所知，经济形势的变化已经完全改变了美国和世界上其他大部分国家的经济体系。而经济发展带来的巨大变化也让我的父亲和祖父难以理解对方。

我的祖父斯坦利出生于1917年，在一个世纪后的2017年去世。他是一个高大而骄傲的男人，天生有一头浓密的黑发，直到他生命的最后十年才变白。在我看来，祖父像个超人：他有着结实的下巴，永远挺胸抬头，姿势直立。他总是态度严肃，工作认真。祖父见他的小孙子们时有一套惯例：他会先与我们来一个坚定的握手，再给每人发一张20美元的钞票作为礼物，并鼓励我们好好学习，之后就把我们打发走了。我不记得小时候曾经和他交谈过，只能回想起微笑、握手和匆匆离去。长大后，我出人意料地成了一名经济领域的记者，并得以和祖父谈论一个他真正喜欢的话题：商业。

我的父亲（也叫斯坦利，不过他总用中间名——杰克）跟祖父截然相反。从我记事起父亲就是一个演员，他告诉我，在他的职业中最美妙的部分就是一生都像孩子一样天真烂漫。在我写这本书的时候，父亲已经82岁了，他依然保持着丰富的想象力和对世界的热情。他喜欢孩子，喜欢听我的小儿子说的每句话，然后会对我喊道："你听到了吗？他编了一个了不起的故事！"父亲几乎着迷于一切事物：科学、新闻、艺术、历史、体育，等等。但只有一个领域令他觉得无聊透顶，甚至有点罪恶，并且完全不值一提：商业。

从某种意义上说，这本书是对两代斯坦利冲突观念的调和，这两个人生活在同一国家、同一时期，但又像生活在完全不同的星球上。在整个 20 世纪的大部分时间里，绝大多数人开始工作时都要被迫做出选择：要么追随金钱，要么追随自己的激情；要么像我的祖父，要么像我的父亲。但是现在，商业和艺术、利润与激情，前所未有地紧密联系在了一起。而对于两代斯坦利来说，这种联系在他们的年代里都是行不通的。

为了阐明我在书中描述并赞颂的这种经济转型，我先详细讲讲我的祖父，因为他是整个 20 世纪经济的典型代表。斯坦利·雅各布·戴维森生于新英格兰，有一对与原生家庭关系破裂的年轻父母。祖父的父亲是犹太移民，在他让一个信奉基督教的舞厅女孩未婚先孕并和她结婚后，父母就与他断绝了关系，甚至给他举行了哀悼仪式，就当他已经死了。而舞厅女孩也与她的家人关系疏远，娘家家境困窘，在缅因州的偏僻角落艰苦谋生。在马萨诸塞州的伍斯特市，这个一文不名的、破碎的新家庭面临着无休止的危机，最终，斯坦利的父亲死于肺结核，那时斯坦利才 5 岁。斯坦利的母亲不堪重负，把斯坦利和他的兄弟送进孤儿院待了一年多才把他们接回家，并立下规矩：即使是一年级的小学生，也需要工作来赚钱养家。几十年后，斯坦利仍然为自己童年的事业感到自豪（他买了母鸡，造了一个孵化器，并向邻居售卖鸡蛋），甚于他一生中取得的其他任何成就。

斯坦利还不到 20 岁便奉子成婚（有了我父亲），当时正逢美国经济大萧条时期，而后又有了三个孩子。他很幸运地得到了一份工

前言

厂里的工作，每周工资 16 美元。这家工厂生产外圆磨床，这是一种大型机器，有两个旋转的平行金属圆柱，圆柱表面涂有砂纸般的磨料。这种机器可在几秒钟内将一个金属立方体磨成光滑的球体。滚珠轴承就是这样制造出来的。这是一项环境恶劣的高危工作。在那个年代，身穿蓝色工作服的大个子男人在高温的工厂车间里工作，他们躲闪着火花，身体覆满了汗水和油脂。细小的金属粉尘使得斯坦利和工友咳嗽和打喷嚏时伴随着尖锐的疼痛，并且时常咳出血。

但是总体上，滚珠轴承业务对斯坦利来说是件好事，尤其是当第二次世界大战开始的时候。斯坦利曾经说："如果没有滚珠轴承，你就打不了仗。"的确如此。每台战争机器上的活动部件，诸如轮胎、枪支、炮塔、坦克履带、坦克步枪等，正因为关节处装有滚珠轴承才能活动。斯坦利每天轮班两次，通常一周里有 6 天都在工作。

战后经济的繁荣发展，对滚珠轴承业务和斯坦利来说更有利。美国百废待兴，到处都在搞建设，而所有的建设都离不开滚珠轴承，包括州际公路系统、郊区的房屋、城市道路、下水道、扩张的城市以及规模更大、效率更高的工厂。滚珠轴承也广泛用于拖拉机和起重机的车轮和齿轮、工厂里的机器以及高楼大厦的电梯和自动扶梯。

斯坦利工作非常努力，经过一次又一次的提拔，最终跻身工厂的管理层。他很聪明，而且善于运用战略思维，但他的核心管理能力来自强硬的作风。他把工厂车间看成一台机器，而每个男人（工厂里几乎全是男人）都是机器上的齿轮。他们可能是恼人的齿轮，总是抱怨这抱怨那，但是一个作风强硬的管理者知道如何让他们停止抱怨并回去工作。

激情经济
如何把热爱变成生意

斯坦利热爱滚珠轴承这份事业吗？他对这份工作有特别的激情吗？不，当然没有。他之所以得到这份工作，是因为他的岳父认识相关的从业者，他继续在这里工作也是习惯使然，往往人们得到一份工作后，就会留下来并设法升职。在工作54年后，祖父退休了，他成年后的整个人生都奉献给了这家工厂。

祖父生命中的每一刻都在强调同一个道理：努力工作才能照顾亲人，才能保持国家自由，才能改善生活。一旦停止工作，哪怕只是片刻，一切都会分崩离析。他在外工作，妻子在家照顾孩子。祖父很少在家，孩子们和他几乎形同陌路，而他就算在家，也常常是生气和不耐烦的。我父亲说，他那时不知道斯坦利是做什么工作的，只知道他的工作看起来很糟糕。

父亲从小就充满激情。他喜欢讲故事，喜欢逗人发笑，喜欢做白日梦，幻想自己的人生会比祖父所经历的严肃单调的生活更有趣、更广阔。在20世纪40年代的伍斯特郡，对杰克这样的男孩——一个聪明但不求上进的学生，爱开玩笑，喜欢和朋友闲逛却不工作，人们只有一种评价：他是个麻烦精。他要么被驯服，要么终其一生做个失败者：没钱、酗酒，也许还会进监狱。而父亲印证了这一看法。他抽烟、酗酒、打架、被停学十多次，最后被校长开除。当祖父得知父亲被学校开除时，他把父亲赶出家门，撒手不管了。

父亲16岁时在一家制鞋厂工作来养活自己。那份工作非常无聊，整天在鞋子上钉上一个又一个的鞋跟。他记得当时对自己说："我的人生已经完了。"祖父似乎是对的，追随自己激情的人不会有出路。我父亲从没见过哪个成年人能成功地过上充满乐趣和个性表现力的生活，除了富人和酒鬼。

接下来的几年中，父亲经历了一系列不可思议的事，这些经历恰恰引导他过上了想要的生活。他加入了海军陆战队，认为这能让他成为祖父心目中那样的人。退伍后，他设法进入了马萨诸塞大学阿默斯特分校。正当他因成绩不好将要退学之际，一位朋友请他帮了个忙。这位朋友在学校剧院准备演出，有一位演员在即将登台时退出了表演，于是朋友请他帮忙出演一个简单的角色："杰克，能请你来帮忙代替出演吗？"那是个简单的角色，父亲只需要表现得像喝醉了，蹒跚地走过舞台即可。他的首演就赢得了观众的哄堂大笑。就这样，父亲找到了他毕生的事业。他想成为一名演员，但他那时从未见过专业演员，也从未看过戏剧，于是他转学到波士顿大学，进入了戏剧学院。

对于斯坦利来说，儿子宣布从事演员这一职业简直荒唐得令人发指。"你怎么不做捕蝶人或独角兽骑手呢？当演员？你要靠把自己装成别人来谋生吗？你要靠穿着打扮来讨生活吗？那不是男人该做的，男人该工作赚钱，用赚来的钱养家糊口，养活妻儿。谁告诉过你工作应该是有趣的？谁来给你付薪水？演员不赚钱，他们没有固定工资，他们不是男人。"

尽管如此，父亲仍然坚持追求自己的梦想，他当演员已经快60年了。我们从来都不富裕，常有勉强度日的时候，但总的来说，父亲赚的钱足够在纽约市养活两个孩子。我们理解父亲，因为他一直告诉我们他有意识地选择追求激情和梦想，而不是追求金钱。他认为，自己这样做也是为了做一个好父亲，成为孩子的榜样，让孩子知道他们也可以追求自己的激情和梦想，即便代价是永远不会过上富裕的生活，甚至有时会没有稳定的收入。

我们住在韦斯特贝斯艺术家之家（Westbeth Artists Housing），这是位于纽约市近郊格林威治村的一栋建筑。它建于1970年，正是我出生的那一年，由一群慈善家和联邦政府建立，旨在为艺术家提供补贴住房。父亲就在这个公寓中生活，我也在这里长大，现在它仍然在那里。这个公寓的租金远低于市价，能够容纳千余人：里面住着画家、舞者、诗人、音乐家和演员，以及其他艺术家和他们的家人。这是一个特别的地方，一群人做着与斯坦利所认为的正确截然相反的事情。

20世纪90年代，当我开始成年生活时，我相信两代斯坦利的故事，知道自己也要做出选择：追求金钱或激情，追求经济自由或自我成就感。这种选择具有现实意义，既是百年来的经济现实，也是我不断接收到的信息。我想成为一名剧作家，但也想获得更稳定的经济收入。因此，我从事了一份貌似中庸的工作：我成了一名记者。我可以写作、学习、旅行和探索，同时也可以拿工资，有一个养老金账户以及其他必要的保障。20世纪70年代，我在艺术家之家里长大，从小就听周围的大人说，性、毒品和个性表现力等一切事物都值得探索，只有一个领域需要回避，那就是金钱。金钱是艺术的对立面，是激情的对立面。基于此，也许我唯一的叛逆方式就是成为一名经济记者，报道商业、金融、市场和其他禁忌话题。

前　言

当我了解经济的运转规则后,我更深刻地理解了两代斯坦利的世界。滚珠轴承在 20 世纪具有重要的经济意义,它们几乎是所有经济活动必需的基本产品,不需要激情或创意。1999 年的滚珠轴承具有与 1919 年的滚珠轴承相同的基本功能。不同之处在于,1999 年的工厂能够更快地生产出更多、更便宜、品质更可靠的滚珠轴承。这也是祖父的工作核心:提高效率,以更低的成本生产同样的产品;监督研发,使产品逐年改进。事实上,这也是 20 世纪经济发展的核心模式。经济学家称之为"生产型增长",这意味着大多数公司在大多数情况下都是通过降低生产成本来获利的。

生产效率的提高改变了商品在美国和世界范围内的传播方式。20 世纪初,大多数市场都是地方性市场,大多数人购买的都是附近产地的商品。但是随着铁路、公路系统、商业航空运输以及高效集装箱航运的发展,地方性市场逐渐发展为全国市场,最终成为全球市场。由于跨州、跨国贸易的增加,滚珠轴承制造商可以在世界范围内出售滚珠轴承,并与世界各地的其他制造商竞争。所以每个人都会更努力地工作,以更高的效率生产出成本更低的相同产品。如果一个工人不仅能够做常规工作,还能发现低效的原因并加以改进,这个工人就会有更好的收入。我的祖父就是这么做的。小商品经济(widget economy)排斥像我父亲这样的人,因为如果每个员工都在追求独特的、充满激情的最佳工作方式,工厂就不可能高效。经济规则影响了我们的文化和教育体系。循规蹈矩并满足大企业需求的人才能步步高升;反之,就会遭遇失败。

当然,一直以来总有像我父亲这样充满激情的局外人。其中一些表现出色,例如,鲍勃·迪伦、戴安娜·罗斯[1]、马龙·白兰度和琼·里弗斯[2],他们既能坚持不懈地追求自己的激情,又能获得良好的经济收入。但也可以说,他们依靠精细化的分工系统取得了成功。音乐和电视产业与滚珠轴承有很多共同之处——它们将创意作品转化为批量产品,以最低的生产成本将作品发布给尽可能多的人。

大多数富有创造力、充满激情的人的生活方式和我父亲的差不多。父亲的大部分职业生涯都是在舞台上度过的,在百老汇以外的小型剧院或美国各个地区的舞台演出。这是一种艰难的谋生方式,奔走在一个又一个角色之间,反复地试镜、被拒绝,希望被选角的人选中,但即使选上了酬劳也不多。现场演出无法像电视节目那样大规模地推广。在舞台上当众表演是与观众亲密互动的、个性化的,而且最重要的是充满激情,但是只能表演给现场观众。(父亲的收入一般是零星的,也有来自参演电影、商业广告以及偶尔的百老汇节目,或者作为电视节目嘉宾的大笔收入。正如我之前所说,我们从未穷困潦倒过。父亲是一个例外,与他同期的演员很少还在继续演戏。当他去参加波士顿大学戏剧学院1963届毕业50周年聚会时,他得知自己是唯一一个仍然靠表演谋生的。)

---

1 戴安娜·罗斯(Diana Ross,1944—),美国著名歌手、演员。1973年,她因在《难补情天恨》(*Lady Sings the Blues*)中饰演已故歌手比莉·哈乐黛(Billie Holiday),获第45届奥斯卡金像奖最佳女主角提名。——译者注(若无特殊说明,本书中的脚注均为译者注)

2 琼·里弗斯(Joan Rivers,1933—2014),美国喜剧演员、配音演员、脱口秀演员,曾出演《钢铁侠3》,并为《汤普森一家(第23季)》配音。

前　言

据我所知，在大部分时间里，父亲和祖父的关系很不稳定。两个人都怜悯而失望地看着对方，他们很少说话，也很少待在一起。我成了两人之间的沟通桥梁，因为我非常了解他们两个人的世界：商业和艺术，责任和激情。我可以与他们无障碍地交流，并为他们感到自豪，即使他们以截然不同的方式取得了成功，但他们居然从来没有真正地了解过彼此。

今天，两代斯坦利观念碰撞的时代已经结束，而这也是本书的主题所在。我们的经济不能再以20世纪简单的双边模式来说明，一边是金钱、稳定、程序化，另一边是激情、个性表达和不稳定的收入。如今，这两个斯坦利"合二为一"。为了在经济上获得成功，我们必须拥有自己独特的激情，我们要找出那些让我们与众不同的兴趣和能力。和别人一样勤劳地以相同的方式做同样的事情，或许只会让我们收入平平甚至入不敷出。但这并不意味现在是父亲式人物的时代——表现自我足以成就一份成功的事业。仅追求个人的激情是不够的，我们还需要一点祖父式的商业头脑。我们必须密切关注市场，寻找新颖的方式，将我们的激情与最重视这些激情的人相匹配。本书的核心是一些成功案例，这些案例中的主人公都发掘了全新的谋生方式，成功地将我祖父追求金钱的目标与我父亲对个人激情与乐趣的追求结合起来。

小商品经济让祖父拥有了这一切，但是日渐变得过于"小商品经济"——规模化生产如此盛行，以至于机器把大多数工人都甩在了后头。今天，当我们走进任意一家工厂时，再也看不到像斯坦利

激情经济
如何把热爱变成生意

那样的男人，不会再有人身穿蓝色工作服、满身油污，筋疲力尽地回家，却为一天的工作感到自豪。相反，你会看到洁白、干净的大型机器。只有少数几个人在工作，他们不再抬东西或折弯金属，而是穿着干净的白色工作服，受过专业的训练，编写电脑程序，让机器按指令运行。在美国，生产制造从未间断过，现在生产出来的产品赚的钱比以往任何时候都多。但是美国制造业的就业机会几乎完全消失了，取而代之的是机器零件式的工作岗位，这种情况更糟糕，人们从事着低薪的零售业工作，几乎没有晋升的机会。如果斯坦利生活在今天，一个有着添丁进口的家庭、没有大学文凭的年轻人，像现实中的斯坦利那样安心退休的希望不大。祖父退休时有三套漂亮的房子、几百万美元的银行存款以及一份让人骄傲的成功事业。曾经给祖父提供过诸多机会的世界被技术和贸易这两股力量合力摧毁了。计算机和按计算机指令运行的机器在做重复性工作时比人类要高效得多。如今，机器人制造了能制造滚珠轴承的机器人。与此同时，全球贸易的发展意味着那些需要人力的工作会逐渐转移到低薪国家进行。这种转移不是一次性的。数不清的顾问、工程师和战略分析师在不断研究技术和全球市场，以谋求如何用更少的人力生产更多的商品。

  这并不完全是坏消息。技术和贸易的发展摧毁了小商品经济，但也给我所说的"激情经济"带来了新生。互联网让想要出售独特产品或服务的人得以在世界范围内寻找目标客户；自动化生产让人们不需要先建造一个工厂就能够制造独特的产品；贸易的进步让这些独特的产品可以输送给最珍视它们的人，无论这些人身处何方。

前　言

本书从经济学角度阐述了经济转型带来的变化，以及人们应如何利用这种变化。我一直觉得抽象理论很难理解，也很难应用到自己的实际生活中，因此本书主要由故事组成。这些故事讲的都是普通人，他们不是天才，也并非生于富裕、有权有势的家庭。向与自身情况相似的主人公学习会对我们非常有帮助，他们通过应用简单易懂的理论克服了大家熟知的困难。这本书中的许多人都历经了漫长而艰难的探索过程才获得成功，他们每个人都希望自己的故事能够对你的旅程有所帮助。他们希望你能够像他们一样，发掘并释放自己内在的激情，并利用这种激情获得欣欣向荣的事业和美好的生活。

下面开始进入正题——激情经济。对我而言，这本书是我多年研究的结晶，在此期间，我一直在接触并观察企业家，花了许多时间与教授探讨理论，阅读学术期刊上的文章，与质疑者通话，就一些好的观点进行讨论。

太多的媒体人士、政治人物和大众似乎都相信，美国梦已经破灭，我们的经济只会为极少数人服务，其他人则会陷入困境。我不同意这个观点。你并没有陷入困境，恰恰相反，从某种意义上来说，几乎每个人都可以过上更加富裕的生活。最重要的是，更好的生活并非难以实现，对于数千万担心他们未来经济状况的美国人来说，美好的生活触手可及。实现高收入不需要常春藤大学的学历或者与生俱来的天赋。相反，通过一些简单易学的规则、观念的转变以及努力工作，每个人都可以将激情与事业有意义地结合起来，并且做得更好。

第 1 章

麻省理工学院的鞋贩之子

一位杰出的失败企业家的儿子深知，只要遵循一些简单的规则，任何人都可以在我们的新经济中蓬勃发展

麻省理工学院斯隆管理学院中心大楼的设计意在传达一个强有力的信号：这是人们展望未来的地方。它有着曲线型的钢铁和玻璃、巨大的多层中庭、大理石砌墙，和整洁的现代化外观，这些无一不表明它是一座高效探索新科技的殿堂。我曾经去麻省理工学院和斯科特·斯特恩（Scott Stern）会面，他的官方头衔是"技术创新、创业与战略管理系教授"。

我循着直觉遇到了斯科特。在美国国家公共广播电台（NPR）的《金钱星球》（*Planet Money*）播客和《纽约时报杂志》（*The New York Times Magazine*）工作期间，我的工作职责是经济报道。坦率地说，在金融危机期间以及随后的几年里，我负责的大部分工作都非常令人沮丧。我报道了崩溃的各行各业，一直在采访那些生活被摧毁、房屋被收回、信用崩坏的人。不过，偶尔我也会遇到一些事业蒸蒸日上的人。总体来看，这些人并没有出众的才华、优秀的学历或良好的人脉。他们都是普通人——南卡罗来纳州的会计，俄亥俄州的阿米什人，布鲁克林的女同性恋伴侣以及在长岛造刷子的家伙——这些人不知怎的就发现了，正在破坏他们现状的力量也带来了新机遇。他们着眼于苦苦挣扎的传统行业，并在其中找出了成功的新出路。他们不是亿万富翁，不是杂志封面人物，亦不是家喻户晓的名人，但他们都过着不错的生活，积累了财富，并为家人提供了比想象中更好的生活条件。

我几乎读遍了所有广为人知的商业书籍，令我吃惊的是，这些书无一不在介绍如何成为大型企业的首席执行官，或如何创建一家让你发家致富的硅谷初创企业。有太多的书都在讲述一代天才是如何发迹的。但是，讲述我所发现的平民致富的书却少之又少。当周围的人焦虑不安时，他们在糟糕的经济环境中找到了安稳生活和发家致富的途径。我收集这些人的信息，发表了其中一些人的故事，并将其他人的详细事迹保存在电脑文件中。最终，我找到了很多这样的人，我开始相信这是一个众所周知的趋势，而我是最后一个知道的。但当我打电话给商学院教授和小型商业协会，翻阅每一本书，搜索我认为可能有用的每一个网站时，却发现似乎并没有人注意到他们。

直到我遇见了斯科特·斯特恩。当时我正在给一位商学院教授打第几百个（或上千个）电话，试着找人解释一下普通人是如何在当下经济环境中取得成功的，但都失败了。我不断地发现同样的事情：商科和经济学教授一般不会研究普通人的成功逻辑，他们忙于为那些想要创立价值十亿美元的初创企业或想当银行行长的人提供大量咨询建议。他们懂得分析劳动力市场数据来判断趋势，但是这群专家无法回答我们大多数人最希望他们回答的问题：普通人如何

第 1 章
麻省理工学院的鞋贩之子

在快速变化的经济形势中取得成功？直到有一天，我和其中一位教授谈话时再次提出这个问题，他告诉我："哦，我想斯科特知道这一点，你应该和他谈谈。"

我不知道有多少人见过斯科特，又迅速疏远了他。他似乎可以在电影中饰演一个"典型的普通商人"。他每天都穿同样的衣服：纽扣领白衬衫、深色裤子、深色鞋子，皮带上绑着手机。他有一头整洁的黑发（尽管他一激动，头发总会变得凌乱）。他可以是一个会计、一个电脑程序员，或者一个牙医。

斯科特有一个特别的说话习惯，我一开始有点接受不了。在一句话的中间，他会连续重复同样的短语三次、四次，乃至十次："我只是想说。我只是想说。我只是想说。"或者，"我想这可能会有所帮助。我想这可能会有所帮助。我想这可能会有所帮助。我想这可能会有所帮助。"我们第一次面谈时，他总会在我话说到一半时打断我，并且重复他的短语之一："我只是想说。我只是想说。我只是想说。我只是想说……"我想，如果你只是想说些什么，那就说吧！或者让我先说完我的话。

在那次面谈期间，我几乎要放弃与斯科特对话了。但直觉告诉我要留下来，要耐心地听下去。我对斯科特的第一印象与很多人一样，觉得他是一位令人兴奋的、鼓舞人心的商业思想家。在探索一个想法的过程中，他的思维高度活跃，具有实验性，并且能够精准地聚焦，这使他可以专注于核心问题，并以清晰的方式展现出来。我意识到，说话重复的习惯是斯科特大脑机器正在工作的信号，其功能相当于闪烁的指示灯，表明电脑硬盘驱动器正在运行。如果我稍等一下，让指示灯顺其自然地闪烁（只消花几秒钟，即使这个过程看起来要长得多），他将拿出一些精彩的东西。

与他畅谈几小时后，我意识到我们最卓有成效的对话是那些转换迅速、看似随机跳跃的话题和悬而未决的开放话题。我有时会因这些交流感到兴奋，但也会由于缺乏结论而沮丧，我以为自己很快就会一无所获地离开。"什么？我们到底在说什么？我们是如何从对麦当劳全天早餐策略的疑惑说到中世纪城堡的防御能力评估，再说到一个往届学生正在制作服装的故事的？"事实上，斯科特并没有让这些问题悬而未决。突然间，他站起来说："我想这可能会有所帮助。我想这可能会有所帮助。我想这可能会有所帮助。我想这可能会有所帮助。"他一边重复，一边抓起记号笔，开始在白板上画示意图。很快，斯科特会揭示，我们并不是在毫无目的、漫不经心地漫谈，而是一直在构建一个严谨的论点，一个对世界的精确看法，然后他会极为清晰地阐释其中的逻辑。

曾经有人告诉我，世上有两种天才。一种天才说着你从未想过，听过之后也无法完全理解的话。这种天才揭示了你们之间巨大的鸿沟，让你觉得他或她是天才。阿尔伯特·爱因斯坦和他的相对论就是最好的例子。另一种天才可以将一堆混乱的思绪以清晰简单的方式表述出来，帮你理顺脑中杂乱无章的想法，让你觉得自己好像也是个天才。斯科特·斯特恩就是第二种天才。

斯科特在他的职业生涯中做了很多事情，但是他最重要的贡献，也是他对本书举足轻重的贡献，却是他最近的研究。斯科特和一些

第1章
麻省理工学院的鞋贩之子

朋友揭示了以前不为人知的创业规则,许多人认为这些规则是不现实的。这不是一件小事。长期以来,创业都是一小部分出类拔萃的人的专属领域,这些人才华横溢,享有特权,凭借自己的意志、胆识和获得资本的渠道开创新事业。但今时不同往日。斯科特已经表明,创业就像学习游泳和说法语那样,几乎所有愿意花费时间和精力的人都可以学会。如果他的结论被广泛接受,也许可以改变世界。有多少人在继续做着自己并不喜欢的工作,拿着微薄的薪水,就因为他们并不相信自己拥有实现梦想并获得经济自由所需的天赋?

我很好奇,如果不是因为受父亲逼迫穿上了该死的前锋(Striker)运动鞋,斯科特是否还能揭开创业的秘密。20世纪80年代,斯科特上初中时,他的父亲在一次失败的生意计划中,以每双3美元的超低价格,从一家韩国工厂购买了一集装箱(约一万双)运动鞋,并将它们运回长岛。他父亲认为这些运动鞋很快就会售卖一空,毕竟它们与耐克运动鞋是在同一家工厂生产的,而耐克的售价是这种鞋的十倍之多。但是这个想法彻底泡汤了,没人想要那些杂牌的、超级便宜的运动鞋。结果这些鞋子就成堆地放在家庭车库里,按鞋码大小分类。每当斯科特和他的兄弟姐妹需要新鞋子时,他们都会恳求父亲让他们买一双耐克、阿迪达斯或者任何不会被朋友嘲笑的鞋子。穿着印有又大又蠢的字母"S"的不起眼的鞋子很丢脸。其他人穿的运动鞋都有钩形或三条纹标志[1],这表明他们的父母买得起时髦的鞋子。

---

[1] 钩形或三条纹标志是指耐克或阿迪达斯的标志。

而这时，他们的父亲会理所当然地指指车库，让他们去找一双码数合适的鞋子。整整30年后，当我拜访斯科特时，他询问了我的鞋码，并从车库那堆鞋子里找了一双合适的给我（我礼貌地谢绝了）。

斯科特的父亲埃坦·斯特恩（Eitan Stern）出生于以色列，埃坦的父母在大屠杀之前从德国逃到了以色列。在德国，他们曾经很富有，但在匆忙逃离纳粹的过程中，他们失去了一切。埃坦年轻的时候，以色列还是一个贫穷的社会主义国家，还在为建设自身而奋斗。在中东地区，以色列周边的国家都强烈反对这个新兴国家的存在，以色列人明白战争从未远离过他们。埃坦的父母才出狼窝，又入虎穴，为了避免再次身陷动乱，他们决定离开以色列。

之后，一家人搬到了美国，并在长岛定居。少年埃坦不会说英语，不免感到失落。一位生物学老师很关心他，为他提供指导。对于埃坦来说，汉克老师（他让学生直呼他的名字汉克）是一个完美的美国人。汉克是一名运动健将，也是猎手，周末还会租船带客户到大西洋上出海捕鱼。不久以后，埃坦整个周末都待在船上，充当汉克的助手。汉克在舰桥上掌舵，埃坦就在甲板上招呼他们的客户——一般有6～10人，有时则会非常拥挤，20个商人会出海一天。埃坦很快成了一名钓鱼专家，他可以游刃有余地帮助每个客户下鱼饵或者收鱼。"我会对这些家伙大喊大叫。"埃坦回忆道，"我那时十七八，或十九岁，我会对E. F. 赫顿[1]的首席执行官大喊，'姿势

---

[1] E. F. 赫顿（E. F. Hutton），美国著名的证券交易公司，成立于1904年，20世纪80年代并入美国运通公司（American Express），后又辗转并入花旗银行（Citibank）。

第 1 章
麻省理工学院的鞋贩之子

不正确,保持鱼竿梢子向上!'"

汉克和埃坦发现了一条很好的航线。20世纪60年代的时候,在离海岸大约20英里的地方仍然有大量的鱼群,汉克会把船驾驶到一个大鱼群的中央,埃坦会把鱼食从船的一侧抛下去,引来鱼群争相进食。"你可以在几分钟内钓到几十条鱼。"他回忆道。客户喜欢这种体验,他们会觉得自己像钓鱼专家。埃坦可以迅速地将鱼切片,一般客户晚餐最多吃六份左右。而剩下的几百磅鲜鱼,埃坦可以自行处理,于是他把这些鱼卖给港口附近的餐馆,再加上客户给他的慷慨小费,埃坦每周都能赚到1 000多美元。"我赚的钱多到都不知道该怎么花。"他说。

事实证明,那些夏日是埃坦·斯特恩商业生涯的巅峰时期。尽管不乏尝试,但他再也没有挣到多得花不完的钱。埃坦的整个职业生涯都是在渔业中度过的,他卖渔具和钓竿。起初,他在当地一家从韩国和中国台湾进口渔具的公司当推销员。他走遍了美国东部和南部、大西洋中部和中西部的大部分地区,并与小型鱼饵商店和大型体育用品商店建立了联系,还经常前往亚洲走访生产这些渔具的工厂。过了一段时间,他厌倦了为他人工作,尤其是当他的雇主(进口渔具公司的老板)退休后,由他冷漠的儿子接手了生意。因此,当斯科特7岁时,埃坦开始自己创业。

在斯科特童年的大部分时间里,埃坦都是一名创业者,开创并经营着一系列生意,这些生意都建立在一个基本前提上:他会在亚洲以折扣价购入品质良好的产品,然后把它们带回美国。之后,他会对标大牌的竞争产品,以大牌产品一半左右的价格出售这些产品。他的产品售价低于伯克利（Berkley）、赖特和麦吉尔（Wright & McGill）、佩恩渔具（Penn Fishing）以及其他所有高端品牌产品的价格，品质却同样良好。埃坦从更小、更便宜的鱼饵和砝码开始做起，最终转向钓竿和渔线轮，这是该行业中更昂贵、利润更高的部分。他买了一个名为"前锋"的商标，他喜欢这个名字的发音。埃坦雇用亚洲工厂生产"前锋"产品，他会造访代工厂，在性能、耐用性和成本方面进行指导，以量身定做完美的渔具。他甚至每年都参加车展，看看最热门的新车颜色是什么，然后将这些颜色用在钓竿上。

今天，尽管埃坦身形笨重，留着圣诞老人般的白胡子，走路有些吃力，但他的举止依然透露出他曾经年轻英俊、身强体壮的事实。甚至在描述职业生涯中的失败时，他的声音也依旧自信、洪亮。即使在生意失败几十年后的今天，听埃坦讲述他的生意时，也依然很容易被他的激情所吸引。那么，他的生意怎么会失败呢？

埃坦最忠实的客户来自一些小型鱼饵商店，尤其是在佛罗里达州，他与那里的店主建立了良好的关系。店主们为想省钱的顾客介绍高性价比的前锋牌钓竿、渔线轮和钓具。这些忠实的顾客一度给埃坦带来了足够的生意，让他的生意着实红火了一阵。他买了一幢小而舒适的房子，也供得起家人偶尔的度假，但是他没能继续干出点名堂来。

他从不为营销活动筹集资金，而他能聘请得起的一两个销售人员忙于维持公司的现有客户，因此没能将客户群扩展到佛罗里达州的小型鱼饵商店和其他现有客户之外。他会通过借钱和储蓄来购买

第1章
麻省理工学院的鞋贩之子

又一集装箱的钓竿和渔线轮,然后花费数月的时间忙个不停,试图在由他人控制的供应链中将它们兜售出去。他从未像其他公司那样请名人宣传。(实际上,一些广受欢迎的钓鱼达人以推广各种渔具品牌为生。)

随后埃坦短暂地涉足了运动鞋领域,但这笔生意完美地暴露出他的商业模式中存在的缺陷(是灾难性的)。在他看来,自己找到了足以和竞品媲美的产品。他去过工厂车间,知道这些运动鞋的制作流程,知道它们的原材料。他认为凡是不买自己的鞋,而花更多钱去买竞争对手生产的鞋的人都是傻瓜。只要有人愿意花时间去比较一下这些鞋,就会知道他为顾客提供了一款性价比超高的商品。但实际上,没有人愿意花这个时间,没有人知道他的鞋子有多棒,没有人能把它们与那些廉价的伪劣商品区分开来。

在美国有太多像埃坦·斯特恩这样的人。三千多万家正式注册的小企业中大部分是个人独资企业,包括自雇油漆工、会计师、美容师,其中大概六百万家小企业有自己的雇员。大约三分之二的新工作机会是由这些小企业而不是大公司提供的,如果不是这些小企业,美国的经济形势将更加严峻。

很多像埃坦的公司这样的小企业,都在竭尽全力地生存和发展——这是一个谜题。埃坦很聪明,"我爸比我聪明多了,"斯科特说,"他是我所认识的最聪明的人之一。"埃坦工作起来非常努力,可能太过努力了,他一年中有几个月的时间都是在路上和飞机上度过的,参观亚洲的工厂,会见美国各地的客户。他对渔业几乎无所不知，他可以花几个小时解释不同类型的鱼饵是如何制作的，哪些特性会吸引更多的鱼，又有哪些特征对钓鱼没有任何作用，只为吸引顾客多花钱。他的知识十分渊博：他知道制造钓竿、渔线轮和钓具所需的原材料；他了解这些渔具的生产厂家、供应链以及面向终端客户的不同类型的零售商；他也很了解购买渔具的顾客，他知道业余爱好者、钓鱼俱乐部会员和那些以捕鱼为生的渔民之间的区别。尽管有着如此渊博的知识，他却始终不知道如何才能生意兴隆。正如斯科特所说，他永远无法越过"那道成为中产阶级的门槛"。

斯科特从来都不喜欢钓鱼，虽然他 10 岁时就经常去钓鱼了。他本可以像他父亲一样，在租来的渔船上干得很出色，但那并不适合他。他是个数学天才。8 岁的时候，他三年级的老师告诉埃坦，他们家出了个天才。1979 年，斯科特 10 岁的时候，开始编写计算机程序，而当时包括他父母和老师在内的大多数人都不知道计算机程序是什么。12 岁的时候，斯科特已经开始开发可以帮助埃坦跟踪他的生意的软件。

出人意料的是，这个年轻的数学和计算机天才在他父亲的生意濒临崩溃的时候，却对商科产生了浓厚的兴趣。斯科特敏锐的分析能力使他有望成为一名卓有成就的工程师、软件开发人员、数学家或物理学家，但是，进入纽约大学后他决定学习经济学，一门集合了他全部兴趣的学科：包含了数学、历史，乃至探索为何父亲会失败而其他人能成功的谜题。

在本科生阶段，斯科特没有找到关于父亲的问题的答案。他上的经济学课程都是抽象的，学的是大量的供给和需求图，以及被称为"有效边界"的东西。没有任何一堂经济学课程提到过具体的人。他的课程完全是关于纯理论的"代理人"的,这些"代理人"对价格的反应就像机器人对软件指令的反应一样。没有任何关于为什么有些人能成功而有些人不能,或者为什么真正聪明勤奋的人会失败,而很多笨拙懒惰的人却能成功的解释。随后他考入斯坦福大学著名的经济学专业攻读研究生,期望在那里找到答案。

本科毕业几周后,他来到了帕洛阿尔托,发现自己是最年轻的研究生之一。他的大多数同学已经在商界工作了几年,或者已经获得了经济学硕士学位。所有新入学的研究生都要上同样的高等数学课程,斯科特很快意识到自己远远落后于其他人。几乎每节课都会提到这样一个词语:"比较静态分析",这是一个大多数人从未听过,经济分析中却必不可少的专业术语。斯科特不知道这个词是什么意思,也不好意思问别人。于是他决定从研究生院退学,回到父母所在的长岛,然后找点别的事做。

在深深的惶恐中,斯科特去了宿舍的地下室洗衣服。在那里,他遇到了另一名研究生乔舒亚·甘斯(Joshua Gans)。乔舒亚是一个聪明、热情的澳大利亚人,他在大学期间就发表过一些严肃的经济学论文。他能够游刃有余地处理数学和其他专业的细节问题,擅长一切斯科特认为自己做不好的事情。斯科特告诉乔舒亚,自己正打算放弃学业。后来成为斯科特的终生智识伙伴和密友的乔舒亚有一种非凡的能力,他能够从一个问题中消除情感因素,并构建一系列客观的标准来分析这个问题。他列出了斯科特确实应该退学的许多理由:至少和其他研究生相比他数学不好,年纪太小,有点情绪化,勉力迫使自己通过挑战。但乔舒亚告诉斯科特，自己一直在关注着他，默默观察他，注意他在课堂上和在宿舍里讨论经济学问题时发表的评论。他说，斯科特或许没有意识到自己拥有将经济学理论与现实世界相结合的惊人能力。斯科特总是在问这些图表和公式是如何反映人们的实际行为的。乔舒亚告诉他，在经济学领域里，擅长数学确实是一大优势，但是拥有斯科特这样将理论与实际相结合的能力更为重要。尽管在读研究生时可能会有些吃力，但是如果他能坚持探索这些宏大而重要的问题，他就能真正改变人们的生活。

多亏了那次在洗衣房里决定命运的谈话，斯科特决定留下来继续读研究生。不久，斯科特遇到了自己的第一位导师内森·罗森堡（Nathan Rosenberg），他肯定了乔舒亚的看法。罗森堡的办公室是一个安静的庇护所，在这里斯科特可以暂时远离竞争激烈的研究生院课程，也可以暂时远离斯坦福大学校园里野心勃勃的氛围。罗森堡快70岁了，他为斯科特理想中的职业生涯提供了近乎完美的范本。罗森堡在新泽西州的一个工薪阶层家庭中长大，和斯科特一样，他在学校表现不错，但从来没有成为校园之星。他本科毕业于罗格斯大学，在威斯康星大学获得经济学博士学位，然后从事了一份撰写有关工业革命的深入分析的职业。尽管罗森堡的书不那么令人着迷，但与传统经济学书籍相比它们更接近通俗历史。他的书没有数学公式，也没有什么抽象概念。相反，他仔细研究了特定领域的历史，包括冶金、电力和飞机工程，并分析了它们的社会和政治背景。他写的是真实的人，并探究了为什么有些创新和商人能取得成功，而有些却不能。

第1章
麻省理工学院的鞋贩之子

斯科特认为自己终于找到了一个和他一样热衷于将理论与真实情境相联系的人。他和罗森堡在一篇重要论文里共同探究了一个看似显而易见的观点：商人面临很多不确定性。具体来说，当某人有一个新想法要推向市场时，他或她不知道人们是否会接受，是否愿意为此买单。但是很少有经济学家会花时间思考这个基础又显而易见的问题，当然，这也没有被纳入他们研究的关于经济运行的各种模型中。

斯科特和罗森堡深入研究了激光、无线电和计算机发展的复杂历史。他们发现，最初发明者无法预知他们的发明是否会成为受欢迎的产品。例如，20世纪50年代最重要的发明之一——激光，是由一对连襟查尔斯·汤斯（Charles Townes）和亚瑟·肖洛（Arthur Schawlow）在贝尔实验室工作之余的业余爱好的副产品。

根据传统经济学理论，这些创新者没有什么动力在实验室里花费大量时间，年复一年地去开发那些很可能毫无价值的想法。的确，这些人为什么要花那么多时间和精力去尝试发明他们认为价值不高的东西？

通过研究去世已久的商人和发明家的历史记载很难回答这些问题。斯科特想找到仍然在世的做出同样选择的人。他了解到，一些发明家曾致力于合成人工胰岛素。胰岛素是治疗糖尿病必不可少的药物。在20世纪20年代这种人工胰岛素问世之前，糖尿病患者会迅速痛苦地死去。医生们尝试了多种提取胰岛素的方法，包括从狗、猪和牛的胰腺中提取。这些方法不仅成本高昂，而且产量也不能满足患者的需求。在20世纪70年代末，几个医学研究小组和几家生物技术公司一直在竞相研制便宜且可靠的合成胰岛素。这是一个完美的研究案例，斯科特能够据此了解为什么科研人员做出了特定的选择。为什么有些人会留在薪酬更低、成功机会更渺茫的公司呢？为什么一个群体极度专注于狭窄的研究领域，而另一个群体却在追寻广泛的不同可能性？这项研究最终成为斯科特博士论文的重要组成部分，当论文发表时，引起了经济学领域的小范围轰动。

斯科特的论文表明，科学家和创业者在发起新的研究项目或创立新公司之前，会考虑很多并不明确的非经济因素。一些人非常重视与行业大拿一起工作的能力，另一些人则珍视追随直觉的创作自由，也有一些人希望尽可能多地赚钱。斯科特还发现，为寻找合成胰岛素而创建的初创企业与大型制药公司之间的互动非常有趣，那些被称为"制药巨头"的企业很可能向首先破解合成胰岛素奥秘的小企业支付高价。在自己的论文研究中，斯科特效仿导师内森·罗森堡，使用新闻技巧报道了特定公司的特定人员，很少有经济学家这么做。他还运用了数学模型和系统的实证数据，让整个故事更加严谨。

对于非经济学家来说，斯科特的研究成果似乎是显而易见的。当然，不同的人想要不同的东西。但长期以来，经济学家一直认为个体差异并不重要。也许一个人喜欢科研探索，不太在乎钱，而且喜欢巧克力冰淇淋胜过草莓冰淇淋；还有人爱钱胜过一切，却讨厌巧克力。但是，当你研究的是数百万或数十亿人时，可以对所有个体的差异平均化，并假设这些差异在总体上并不重要。

至少从第二次世界大战以来，经济学家就一直痴迷于数学模型。

第 1 章
麻省理工学院的鞋贩之子

他们建立了各种模型来计算通货膨胀、就业、利率、经济增长和其他因素的相互作用。这些成功的经济学家有的在顶级大学获得了终身荣誉职位，还有的获得了诺贝尔奖，他们都是天才数学家，提出了更为复杂的经济理论模型。作为群体，他们毫无疑问做出了有价值的工作。不过，当斯科特从20世纪90年代走过来时，这种旧模式已经开始落后。经济学家有了新的渴求——同时更是针对普通大众而言——他们希望得到与数学和理论框架中抽象"代理人"毫无关系的问题的经济学答案。对于斯科特提出的问题，美国人乃至世界各地的人都想知道这个问题的答案：为什么有些人能够在经济上蓬勃发展，而另一些人却远远落后？

经济学的抽象阶段恰好与所谓的"大压缩"[1]时期相吻合，这并非偶然。在20世纪中叶的几十年里，在很多人看来，美国经济运转得非常好。而从庞大的人口角度来说，这是历史上仅有的穷人比富人更迅速地变富的一段时期，也是在大萧条、第一次世界大战之后广泛繁荣、经济稳定的一段时期，人们普遍持乐观的态度。当然，美国有许多穷人，很多人都在挣扎。尽管如此，几乎全国各地的人在1970年的经济状况都要比1950年时好得多（一些人的状况确实变好了，虽然种族歧视和性别歧视依旧猖獗，但就所有人口群体而言，1970年的人均收入高于1950年）。几乎每个人的收入都远超父

---

[1] 经济史学家戈丁与马戈将20世纪20～50年代期间美国收入差距的缩小称为"大压缩"（Great Compression），这表现为富人与劳工阶层差距的急剧缩小，以及工人工资差别的缩小。（保罗·克鲁格曼：《美国怎么了？：一个自由主义者的良知》，刘波译，中信出版社，2008）

母的收入，并且希望他们的孩子比自己挣得多。在如此大规模的经济增长下，个体差异的细节无关紧要。你喜欢风险而我讨厌风险，你喜欢科学研究而我喜欢稳定的现金流，没人会在乎这些。如果我们都比十年前赚得多，那就没有必要去关注这些吹毛求疵的细节了。

20世纪70年代末，这段良性的、广泛共享的经济繁荣时期开始土崩瓦解。1996年，斯科特完成他的博士论文时，美国（和其他富裕国家）的一些人已经非常清楚地认识到，虽然一部分人确实变得非常富有，但有相当一部分人却在苦苦挣扎。在这个贫富差距扩大的时期，经济学也在努力发展以适应需求。突然之间，个体的微小差异变得十分重要，因为弄清楚这些差异中的哪些导致了成功，哪些导致了失败，变得越来越重要。关于斯科特的父亲经营渔业（和制鞋）生意的费解之谜，已经成为经济学领域的一个核心问题——为什么有些人能实现事业兴隆，而另一些人却不能？幸运的是，斯科特使自己成了少数几个能回答这个重要问题的人之一，因为这需要像他一样在个体差异化研究和数理经济学两方面都有基础。

奇怪的是，经济学家和商学院教授很少花时间去研究影响大多数美国人的经济和商业问题：小企业成功和失败的驱动因素。在任何时候，都不会有超过几千家的大型上市公司，或许还有几千家想要做大做强的科技初创公司（大部分是徒劳的），但有数千万的小企业。然而，几乎所有学术研究的注意力都集中在少数几家大型企业或想要成为大型企业的企业上。大型企业得到的关注如此之多，而我们对小型企业成功或者失败的原因却知之甚少，关于后者很少有基于实证的、严谨的学术研究。现有的对企业成功经营的建议主要有三个方面。第一个建议,也是目前为止最主要的,是自助思想,即学会相信自己,财富和机会就会唾手可得(《企业家》杂志,2015年6月:"6个日常行动,建立你的自信";《福布斯》,2014年1月:"如何提高自我修养并获得商业成功";《Inc.》杂志,2015年3月:"6条建立自信取得商业成功的秘诀")。第二个建议,是创造满足人们需求的独特产品或者服务。比如说,如果你能生产出下一代iPhone,或者制作出改良的比萨饼,那么你就会在竞争中脱颖而出,发家致富。最后一个常见的建议是,一家经营良好的企业要重视经营的基本细节。你应该有一套商业计划和财务预算,在项目起步时你最好节省开支,并确保按时交税。

对斯科特来说,这些都是完全合理的建议。你当然需要提供人们想购买的产品和服务,你当然也需要在从事一份体面工作的同时注意跟踪资金的流入和流出。但是经过长达20年对创办新企业的成功与失败案例的仔细研究后,斯科特认识到,真正关系到企业成败的决定因素是战略。其他因素固然重要,但它们只是战术,只有战略正确时战术才能行之有效。

如今,在商界经常听到"战略"这个词。"你的创新战略是什么?你如何看待苹果公司的移动战略?"所有商学院都会开设战略课程。有成千上万本关于商业战略的书籍,还有数个专门研究商业战略的组织,包括战略规划协会和战略管理协会。从麦肯锡到贝恩再到普华永道,每家大型咨询公司都有战略部门,拥有数千名战略顾问。

尽管如此,"企业战略"这个术语作为商业思维的核心,在商业领域中还是一个新兴概念。这一概念最早出现于20世纪60年代,在70年代逐渐为大众熟知,2000年之后才成为几乎所有大型企业的核心组成部分。第二次世界大战后,在经济快速增长的年份里几乎不需要什么战略,任意一家销售公司通常都能获得发展。然而随着全球贸易的兴起以及计算机技术与自动化的出现,竞争迅速加剧,公司不能再年复一年地随波逐流,仅做些微小的调整,而是必须谨慎、艰难地决定该在哪里投放资源,该放弃哪个项目。

谷歌全球书籍词频统计器(Ngram Viewer)可以显示数百万本书中某个单词或短语的使用情况,它显示,"企业战略"这一词条在1960年之后才出现,1986年之后出现得更加频繁。毫无疑问,这归功于变革性的《企业战略》(*Corporate Strategy*)一书,这本书由哈佛大学迈克尔·波特(Michael Porter)所著,为实施战略提供了首个广泛应用的体系。它着眼于大公司的关注点,因为多年来主要是大公司和国家层面才会关注战略。而小企业无法方便地运用波特提出的大多数工具,例如影响着广泛交易商品的定价策略,因为它们的体量太小了。

战略更像是某种神秘的萨满教,而不是一种可学习的商业工具。这是刻意营造出来的效果。一些懂得"战略"的人赚了很多钱,其中的原理却不甚明了,因此他们被视为巫师,一种秘密艺术形式的实践者。这种情形在商业中很常见。以前,会计是只有精英才会使用的(在中世纪,会计基础是一种被小心保护的商业机密)。无独有

第1章
麻省理工学院的鞋贩之子

偶,在很长一段时间里,买卖股票和债券是人脉很广的特权阶层的特权。

2008年金融危机之后,斯科特评估自己的研究成果后得出的结论是,他在完全没有意识到的情况下,将波特等人的研究成果转化成了中小企业和企业家的关注点。他准备将战略转变成一种工具,就像许多其他工具一样,有一套任何人(包括不如他父亲聪明的人)都可以学习使用的清晰说明。他知道自己想和谁一起合作:老朋友乔舒亚·甘斯,他在洗衣房里遇到的出色的数理经济学家。斯科特给甘斯打了个电话,提议他们一起来做一些以前从未有人做过的大胆的事情,他想为小企业家创造一个如何取得成功的通用理论。斯科特有很多重大的想法,甘斯可以帮他完善这些想法,并把这个通用理论建立在研究和数学证明的基础上。斯科特以为他们可以很快实现这个计划。

两年来,这对朋友一起埋头苦干。大部分时间里,他们每天都要打电话、不间断地发邮件,他们的谈话经常持续到深夜,充满了争论和笑声。有几次争论过于激烈,最糟糕的一次,他们为了政府资助对胰岛素研究的影响的不同解释而大动肝火,此后的好几周,这两个男人谁都没和对方说话。两个人都骂骂咧咧,发誓放弃合作,然后,自然而然地,其中一人会给另一人发电子邮件,告诉他一些新的理论,于是他们又重新开始了讨论。

从智力上来说,这段时期是斯科特生命中的高光时刻。在他麻省理工学院的办公室里,我们有过多次会面,他在其中一次会面时向我表达了这个想法。斯科特的办公室有扇巨大的窗,可以看到查尔斯河和波士顿城的完美景色。当斯科特描述他和甘斯所做的工作时，他的重复短语就像终于顺利拨通了讯号，语言开始活跃起来。他一边在房间里踱步，一边大声跟我讲他的研究是如何从各个方面与他所钦佩的其他人的研究相吻合的。

斯科特和乔舒亚的想法之所以如此具有吸引力，部分原因在于，一旦你听到这些想法，马上就会意识到两件事：第一，这些想法很好，每个企业都应该遵循；第二，几乎没有人会在实践中遵循它们，人们无论是在自己的业务还是工作中都不会遵循这些规则。

斯科特和乔舒亚把这些想法分解成四个步骤，迫使你提出棘手但至关重要的问题，而这恰恰是斯科特的父亲——正如几乎其他所有商人一样——从未想过或极力避免的问题。

第一步：了解你的生意如何增加和获取价值。这一关键步骤值得详细说明。想想任何有机会成功的生意。有人在做一些创造价值的事情。她进购原材料并将其加工制造，例如用小麦、盐、牛奶和鸡蛋制作面包，或者用塑料、皮革和棉制造运动鞋；或者他可以提供一项服务，比如会计服务或钓鱼指导。这是一个商人创造价值的过程。然后，当人们决定为之花钱时，在这个独特的步骤中，价值就被获取了。比如，顾客买了一条面包，或者付了包船捕鱼的费用，或者给他的会计师寄了一张支票。大多数企业之所以还在苦苦挣扎，是因为这些企业要么没有理解自己正在（或者应该）创造的价值，要么没有抓住已经创造的价值。通常，企业既不了解怎样创造价值，也抓不住已经创造的价值。

以埃坦·斯特恩为例。他以较低的价格生产优质运动鞋，从而创造了真正的价值，但他创造的价值却乏人问津。运动鞋买家——尤其是20世纪80年代的运动鞋买家——并不希望以尽可能低的价格买到运动鞋。他们想要的是奢华感和兴奋感，而品牌会带给他们身份上的认可。他们希望购买值得信赖的耐克鞋，即使要花100美元，也不想购买仅需12美元的前锋牌白色运动鞋。埃坦认为价值取决于有形的物质：构成鞋子的橡胶、棉和皮革。如果真是这样，那么他以更低的价格出售材质几乎相同的鞋子的策略应该是合理的。但是耐克所创造的价值并不是物质上的，耐克的营销人员打造了一种无关价格的、人们对于鞋子本身的兴奋感。他们创造的价值中仅有一小部分来自物质价值，而大部分价值来源于文化共鸣。

埃坦也误解了他如何才能最好地获取价值。在互联网时代之前，大型零售商很少，从小型鞋店卖出的鞋子最多。而很多家庭式小型零售鞋店的老板都不想售卖超级便宜的鞋子，因为这种鞋子没有太多利润。他们绝不会劝说那些渴望新款耐克鞋的孩子少花点钱买一双低价的、无名品牌的鞋子。除了市场营销外，耐克还有专业的分销模式。耐克了解谁在卖鞋，也了解怎样能最有效地激励那些分销商卖耐克鞋。

正如斯科特向我解释的那样，耐克的营销策略表明价值创造和价值获取是同一战略的两个部分。通过创造包括高额溢价在内的价值，耐克还可以通过分享部分溢价来获取更多价值。埃坦没有意识到，他销售的这些低价运动鞋，即使质量和耐克鞋一样好，低价却也意味着他没有营销预算，无法慷慨地与店主分利，而店主通过出售广受欢迎的耐克鞋获得厚利时，也就没有动力去售卖利润微薄的前锋牌运动鞋了。

战略是一条清晰的路线，将价值创造和价值获取联系起来。我们可以通过观察像耐克一样大获成功的公司来总结成功的原因，也可以通过观察埃坦这样失败的商业案例来总结失败的原因。斯科特和乔舒亚指出，对自己的业务做出决定的人不能预知未来。他们必须先选择一项战略，然后才能知道这项决定是否会起作用，这往往意味着他们必须对要遵循的战略做出艰难的决定。鞋子的案例很能说明问题。对于许多企业而言，首要决定之一就是埃坦面临的情况：是采用高成本、高利润率的战略，还是采用低成本、高产量的战略。

埃坦试图通过采用低成本战略在高利润市场中竞争，事实证明这行不通。试想一下，相反，如果他认识到自己与耐克不在同一个市场，他在做的是廉价鞋生意，其价值来自以低成本生产的产品。低成本战略完全不同，一切都是通过降低价格来推动的。在那个市场上，没有人会想到耐克。他们考虑的是从生产、运输和营销中节省出每一分钱。在那里，价值来自销量，来自比任何竞争对手在更多的商店以更低的价格卖出更多的鞋子。埃坦的产品对低价市场来说太贵了，而对高利润市场来说又太便宜了。由于没有明确选择市场战略，埃坦的生意注定会失败。

值得一提的是，在过去的50多年里，耐克已经改变了战略。早期，耐克的战略是让运动员相信，花更多的钱购买高质量鞋子是值得的，这样可以让他们表现得更好、更持久。耐克公司在竞技运动领域占据主导地位之后，才转向采用植根于文化底蕴的新战略。斯科特认为，你可以转换策略，但必须非常谨慎、深思熟虑地进行转

第 1 章
麻省理工学院的鞋贩之子

换。这样做是有道理的,以耐克为例,在达到某种程度后,它已经在运动鞋市场占据了绝对主导地位,如果想要业务继续增长,就需要转向非运动员市场。

至少对我而言,"战略"一词令人望而生畏。战略是一种知识形式,一种顶尖商学院的教授和顶尖咨询公司的合伙人可以传授给他们的学生和下属的知识。令人高兴的是,斯科特表明战略可以简单易懂,并植根于一些基本的问题:你在卖什么?谁最想要它?他们为什么想要它?他们如何付款?与 20 世纪的小商品经济相比,战略在当代经济中的地位更加重要,因为现在这些问题的答案更为复杂,变化也更为频繁。例如,如果你在 1950 年卖牙膏,答案很简单:人们想要清洁牙齿,因此他们会在当地商店中的少数几个全国性牙膏品牌里选购。而今天,像大多数产品一样,牙膏也变得越来越复杂。你可以在数十种品牌牙膏中挑选任何一种,每种牙膏都有多种配方和目标市场。仅高露洁牙膏就拥有超过 50 种不同的牙膏配方,包括专为口干的人设计的牙膏,专为儿童设计的牙膏,还有一系列专为注重不同美白功效的人设计的牙膏。现在我们选择牙膏的原因更加复杂,购买方式也更加多样化——本地商店、连锁商店、在线购买以及订购服务。任何一个新的牙膏创业者都需要更深入地探索战略问题及其答案。这同样适用于所有的新企业。答案越清晰,你就越有可能成功。

斯科特还提供了一些有用的好思路。对于想要培养企业家思维的创业者、小商人或者上班族来说,有一条清晰的道路可走:审视内心，并对自己的能力、兴趣、个性和弱点进行全方位的评估。你是否喜欢每天努力工作，忽略所有的干扰？或与之相反，你是否渴望更安静、舒适的生活，可以有足够的时间陪伴家人和朋友？你做决定的速度是快还是慢？你享受激烈比赛和激烈竞争的高压时刻吗？你想和你的同事和睦相处吗？你更擅长关注细节、大局，还是组建团队？你讨厌什么？有哪些技能是你不具备的，但可以轻易雇用其他具备这些技能的人？哪些技能是你永远也学不到的？当你试图弄清楚前进的道路时，了解自己是至关重要的。举个例子：你想不惜一切代价制造出世界上最畅销的牙膏吗？还是你更愿意关注那些你非常熟悉的小众客户？你会因为成功优化出气味完美的牙膏配方而获得愉悦感和成功感吗？还是你的优势在于评估分销和发掘将产品推向客户的新方法？十有八九，你能够迅速排除大多数选择，并专注于少数潜在战略。斯科特说，通常情况下会有两到三个可行选项。这应该是个令人高兴的消息，而非坏消息，因为你可以从中选择如何最大化地发展你的事业。

第二步是选择你的客户。这可能听起来很奇怪。有人会认为，客户要么就出现在那里，要么本来就不存在。但是斯科特指出，客户并不是一群完全相同的人。他们有不同的兴趣，对你的产品或服务有不同程度的渴望。企业需要识别它想要的客户，并找出对产品需求度高的客户，这样才能赚取任何它需要的利润来维持企业的可持续发展。如果你的兴趣点非常冷门，并且没有市场，那么你在开始之前最好知道这一点。因为谁也不能保证你的激情会找到合适的市场，这就是为什么一定要做市场测试。

第1章
麻省理工学院的鞋版之子

市场调研就像"战略"一词一样令人望而生畏,似乎是一门只有少数人才能掌握的秘密科学。但是斯科特说,市场调研比人们想象的容易得多,尤其是当你第一次构思一个商业创意的时候。从一个假想的理想客户开始。想象一个最欣赏你的产品或服务,并从中受益的人或企业。然后找到与这个假想客户相匹配的真实人物,并询问他们如何看待你的构思,以及他们如何评估你的竞争力。这可以通过非正式的方式来实现,比如联系朋友,和朋友的朋友,可以到这些人聚集的地方亲自访问或者在线咨询。你可以联系行业组织,并找到企业名录进行电话访问。当人们意识到你可以帮助他们改善业务或生活时,你就会惊讶于他们多么乐意与你交谈。当你和至少20个潜在客户交谈之后,大概率会找出你的"理想客户"理论中存在的重大缺陷,这将有助于你进一步完善这个商业假设。

斯科特还鼓励创业者粗略估计有多少人符合客户标准。如果你打算出售中世纪长笛音乐的黑胶唱片,则可以假设很少有人会购买,而你需要制定高昂的售价,并几乎占领整个市场,才能使业务运作。但是,如果你相信自己发现了一种非常美味的巧克力,那么你就有了其他选择。因为巧克力爱好者多,市场大,你可以在低成本、高产量的战略和高成本、高质量产品的战略之间进行选择,由于巧克力的市场足够大,并且可以细分成足够多的子市场,因此你在这两种选择下都很有可能成功。

第三步,也就是斯科特所说的大多数人感到困惑的一步,即选择你的竞争对手。怎样选择竞争对手呢?斯科特指出,每家公司都有各种各样的方式将产品或服务推向市场。再次以埃坦为例。他围绕耐克铺开了整个运动鞋业务，他谈论着耐克，他设计的运动鞋看上去有点像耐克鞋，他从耐克的同一家代工厂定制鞋子，他觉得耐克是他的竞争对手。然而人们会将他的鞋子视为廉价的耐克仿冒品，没人愿意买廉价的耐克仿冒品。他本可以选择不同的竞争对手，比如最便宜的折扣运动鞋；他本可以宣称，他的产品比这些折扣运动鞋更耐用、更时尚、性能更好；他本可以通过选择合适的竞争对手，并夺取其市场份额来规划自己的业务，从而更容易地看清自己后续的选择。他需要的是低利润、高产量的商业战略。

斯科特认为，没有放之四海而皆准的唯一正确答案。正确的道路取决于你的产品或服务，以及你的激情和目标。通常，你的事业会有几条潜在的竞争途径。你可以专注于从庞大的行业龙头那里抢占市场份额，或者确定一个更小的利基市场[1]。你还需要选择分销渠道，比如线下销售还是在线销售，直接销售还是通过中介分销。无论哪种情况，你都在选择你的竞争对手，在决定你的产品或服务以怎样的方式与潜在客户见面，在决定你的潜在客户会把你的产品或服务与哪些竞争者相对比。从定义上来看，基于激情的企业不会出售与其他产品和服务几乎没有区别的大众商品。即使对于新的和独特的产品，客户也会不可避免地根据现有的框架和参考来做一些比较。通过选择销售环境，你也选择了你的竞争对手。这是至关重要并且有益的决定。

---

[1] 利基市场（niche market），又称小众市场、缝隙市场，针对的是被竞争者忽略的数量较小的客户群。

第 1 章
麻省理工学院的鞋贩之子

你在选择竞争对手时,也在选择合作对象。潜在的竞争对手通常也可以成为合作伙伴。如果你想做线上销售,那么你的网站将与亚马逊竞争,还是会与亚马逊合作,通过其平台来销售和分销你的产品?你会直接制作并出售你的手工苏打水给消费者,还是将配方授权给可口可乐使用?

第四步,确定了自己的能力和短板、要创造的价值、获取价值的方式、目标竞争对手,以及打算采用的整体战略之后,便要专注发掘如何从客户端获取价值的所有具体细节。如果你打算在农贸市场上出售手工编织的毛衣,这并不困难,你可以直接与买家交谈。但是大多数业务都是通过价值链进行的,因此你要成为价值链运作方式的专家。比如,你会将产品卖给为当地商店供货的批发商,还是会直接卖给当地商店或者终端客户?你要零售还是批量销售?你的实体产品有多少种不同的尺寸和形状规格?你所提供的服务以什么单位来计量?你会按小时收费还是按项目收费?你需要长期合约还是按需工作?

斯科特鼓励商人们花更多的时间去思考如何销售自己的产品和服务,就像思考出售什么产品、目标客户是谁一样。你应该尝试探索各种方法,把理念传递给客户,给产品和服务定价,评估、选择合作伙伴,并研究你的竞争对手。有太多的人以为其他公司采用的方式就是唯一的路径,他们直接复制了这种标准,而不去探索是否存在新的或者意想不到的价值获取方式。

斯科特说,一旦企业家制定了自己的方法,就应该明白这个方法只有在他接受其中的约束时才会奏效。他需要切断其他道路。追逐每一种方法，等同于不采用任何方法。一个人不能与另一家公司既合作又竞争，你必须要选择某一个立场并全力以赴。而且，不能同时给一个产品定价高（因为它质量好）又定价低（为了吸引更多的顾客）。

随着我与斯科特走得越来越近，并且越来越理解他的想法时，我开始思考一些事情。他的理想是帮助像他父亲那样没受过良好教育或缺乏人脉的商人。然而，他却在麻省理工学院商学院做这样的研究，这里是世界上精英汇聚、花费高昂的顶尖院校之一。他难道不是在帮助那些已经很幸运的人变得更加成功吗？他为什么不去寻找像他父亲那样的人呢？

所以有一天我和斯科特坐下来交谈时，问了他这个问题。

"不，"他温和而坚定地说，"我没有背弃我的父亲，也没有背弃美国的创业者。我很幸运能够成为麻省理工学院的一员。这是一个神奇的地方，这里有资源来支持我的研究。它有资源来支持疾病、机器人技术、人工智能和其他许多项目的最新科学研究，这些研究将使全世界的人们生活得更好。但是我所做的研究并不是为这里的人，而是为大众服务的。我相信，我和这里的许多人正在奠定坚实的基础，在此基础上会有更多人可以获得远超以往的蓬勃发展。这些基本的思想——增加价值、获取价值和制定战略，适用于所有地方和所有人。你不需要有 1 600 分的 SAT 成绩或者常春藤高校的教育背景。整个想法非常简单明了：知道你的销售产品、目标客户，以及如何与客户建立持久的关系。道理很简单，也经过了验证。理

第 1 章
麻省理工学院的鞋贩之子

论需要大量的数据和研究以及分析这些数据的能力做支撑,而这就是在麻省理工学院这样的地方能得到的。"

同样是那一天,我问斯科特的另一个问题是,他的研究成果是否仅适用于创业者。因为大多数人都不为自己工作,也不会创办自己的公司,他们通常为雇主工作。一般来说,员工不能决定他们的老板会采用什么战略;无法决定雇主要提供什么样的产品和服务,以及这些产品或服务应该如何定价或销售;也无法决定要与其他公司进行竞争还是合作。员工得到一份工作,被告知要做什么,成败全取决于他们在执行他人战略方面的表现。

"不。"斯科特在几分钟内第二次对我说。这一次他更加坚定,并且着重强调。"那是旧的思维方式。"他解释道。每个公司,尤其是历史悠久的大公司,都需要回答这些问题:他们创造的独特价值是什么?谁最需要这些价值并愿意为此付钱?你要如何获取该价值?谁是你的竞争对手,谁又能成为合作伙伴?在 20 世纪的小商品经济中,这些也是开展业务的关键问题,每家公司都需要找到这些问题的答案。但在那个年代,答案很少改变。如今,随着科技发展和贸易的迅速增长,这些问题的答案在不断变化着。就在制造商适应了中国在全球廉价劳动力市场中的主导地位时,中国的工资水平提高了,生产技术也不断进步,低薪工厂逐渐转移到孟加拉国、越南和其他国家。当大公司逐渐适应在台式机和笔记本电脑上的网页购物时代后,他们发现顾客开始更多地使用手机购物。每一次重大转变都会以意想不到的方式改变创造和获取价值的方方面面。

2005 年,当播客开始成熟时,我在美国国家公共广播电台

（NPR）工作。起初，对于我们这些接受过传统广播电台训练的人来说，这很可怕。该行业自20世纪20年代诞生以来，基础技术几乎没有改变过。广播电台和无线电网络会将编制的广播内容播放给听众。每个人都会在同一时间收听到相同的广播。由于政府分配的频道数目有限，因此竞争状况相当稳定。相比之下，播客的出现意味着每个人都可以选择自己喜欢的节目组合，而播客节目和播客制作公司的数量也可能会无限增长。我们这些传统的广播从业人员曾担心，随着听众迁移到这个新的、混乱的市场，我们会失业。这种情况确实有所发生。传统广播的听众减少，就业人数也下降了。尽管如此，我们中的许多人最终意识到，有更好的东西正在取代旧系统。如今，越来越多的人用不同的方式收听更多的音频。价值获取的方式也变得多元化。

广播电台通过广告来获取几乎所有的价值；公共广播电台用听众捐款，以及政府和基金会的补助来补充广告收入。播客制作方可以通过许多不同的方式赚钱：广告、订阅或者通过播客推广其他业务。我想了解这项新技术及其应用，因此我创建了NPR的《金钱星球》播客栏目，这是NPR的第一个主要新闻播客。大家很快发现，播客听众比广播听众更"有价值"。广播听众是各种各样的。有的人会认真收听；有的人会在另一个房间开着收音机，几乎不知道广播的内容是什么。从本质上讲，广播旨在为最大数量的听众服务，这样一来，与广大听众建立密切的关系就很困难。而播客的听众会主动选择收听自己最喜欢的节目，他们与播客节目的关系比一般的广播听众与广播的关系更密切。广告商很快就明白了这一点，并开始

第1章
麻省理工学院的鞋贩之子

支付高额费用,将广告投放给播客听众。这意味着听众更少的播客比广播节目的盈利能力更强。这催生了一个丰富的播客生态系统,每个播客节目都针对特定类型的目标听众。对于音频记者和讲故事的人来说,这在很大程度上是个福音。我们可以通过更能带来满足感的工作来赚更多的钱,因为那能让我们投入更多的激情。我们与听众的关系会更加密切,互动更加频繁,尽管听众的数量要少一些。

播客的出现颠覆了传统广播行业,这使人们联想起了报纸、胶卷相机、复印机、广播电视以及其他无数行业的变革,这些行业的核心逻辑已经稳定了几十年,然后在短短几年内发生了多次变革。在我对播客转型的直接观察中,我注意到有些人比其他人更能适应这些变化。一些并不认识斯科特·斯特恩的人凭直觉提出了他的核心问题:我们正在创造什么样的价值?谁最需要这种价值?他们怎样为此付费?谁是竞争对手?我们应该与谁合作?答案随着科技的发展而改变。与牙膏一样,如果只有单一的客户受众,那么获取价值的方式也是单一的。然而,人们对价值和获取价值的理解日益加深且不断变化,那些有心人可以从中受益。当我刚开始在电台工作时,我认识的人中没有一个是有钱人。除了少数几位知名主持人以外,很少有人能表达独特的自我。我受到的广播训练不是发出自己的声音,而是学习制作对老听众来说既熟悉又不会让他们感到不适的节目。广播节目提供了收入稳定而舒适的中产阶级工作,几乎没有被解雇的风险,但也很少有致富的可能性。如今,我认识十几个做播客发家的百万富翁,他们从公共广播电台做起,从未想过自己会变得富有。还有很多人没那么富有,但他们通过创作自己喜欢的内容也赚了不少钱，这也让他们能够充分地表达自己的观点。

然而，许多资深广播电台专业人士仍然不明白有关广播价值的基本问题是如何变化的。他们继续用同样的方式制作同样的节目。听众数量没有增长。年轻人不喜欢用收音机，对面向广大听众的普通节目也没有兴趣，因为他们是在定制内容的环境中长大的。

每个人，甚至是那些从未考虑过创业也没有兴趣走这条路的人，都应该至少花一些时间思考一下所在行业的基本价值问题。这样你会成为更有价值的员工，或者你会比其他人更早意识到，你的雇主是否陷入了旧的思维模式，是时候去一家更有前途的、更注重战略的公司工作了。

在本书中，你会不断发现斯科特·斯特恩及其同事所发掘的价值。值得一提的是，我在本书中介绍的这些企业家们从未与斯科特共事过，甚至也从未听说过他。但他们都遵循了类似的成功创业之路，经历了反复试验与失败，最重要的是，他们愿意在激情经济中定义自己的角色。这往往需要难以想象的飞跃，他们既要对自己独特的能力抱有信心，也要愿意重塑自己的业务，以期在新经济模式中获得成功。而他们每一位都有一些经验教训要分享。

当我想到我们正在经历的经济转型时，我脑海中浮现的画面是1900年左右，一对中年夫妇住在中西部某处的农场里，他们有一群十几、二十几岁的孩子，对生活深感忧虑。这对夫妇的生活方式和他们的父母、祖父母、曾祖父母一样，甚至和他们几千年前的祖先一样。他们是农民，从事着平凡的工作：耕田种菜，依靠收获的作

第 1 章
麻省理工学院的鞋贩之子

物生存。技术在不断变化，但基本逻辑从未改变。也许除了部分星期日之外，他们日复一日地辛苦劳作，并祈求着好天气。如果你的孩子努力工作，他们会像你做的一样好。而且他们会像你一样，和家人以及几个相熟的邻居一直住在一起。

然而突然之间，孩子们开始谈论各种各样的新事物，他们想搬到城里，去工厂里工作，被一些素未谋面的商人所承诺的薪资吸引。他们将不得不远离一切稳定和保护的来源，远离他们的家庭、社区和教堂。而世界上怎么可能有足够的工作给每个人呢？他们的父母一定说过，去城市是踏入可怕的未知世界的一步，其中蕴含着巨大的风险。

在 1900 年，这确实是危险的一步，我们现在认为理所当然的许多规则尚未建立。童工和无薪加班司空见惯，人们被迫每天工作 12 小时，拿着最低工资，而且即使受伤了也没有工伤补偿。如果工人死于工作岗位，家庭将一无所获。在城市的工厂里谋生比妈妈靠种田谋生要危险得多。

新的规则，即 20 世纪的规则，是慢慢形成的。公共教育体系建立了起来；随后，工会推动着改善工作条件；童工被取缔（尽管直到 1938 年才在全国范围内实施）；那些家属在工作中受伤或丧生的家庭得到了最低限度的保护。最终，这些新规则为世界创造了一些新生事物：庞大而稳定的中产阶级，和前所未有地给更多人口带来经济增长和稳定性的经济体。

我们正处于类似的转折点。我们已经从一种经济转向了另一种根据完全不同的规则运作的新经济。还没有完美的制度、保护措施和共同期望，能让我们看到如何在这个新体系中蓬勃发展。但确实有一些具备远见卓识的人已经找到了这个新体系的逻辑和前进道路，我们可以研究他们、学习他们，然后将这些经验运用到自己的生活中。

早在1900年就有这样的人，甚至可能是那对农民夫妇的一两个孩子，他们同样凭直觉抓住了从农业社会到工业社会的转变中存在的新机遇。我们今天认为是现代社会创变者的许多人都在以农业为主的国家长大，但他们能够预见工业发展带来的新机遇。其中包括米尔顿·好时（Milton Hershey），和他最大的竞争对手、发展了现代糖果产业的福里斯特·马尔斯（Forrest Mars），以及协助皮埃尔·杜邦（Pierre S. du Pont）发明了现代公司制度的约翰·雅各布·拉斯科布（John Jakob Raskob），还有其他无数的商业骄子。

在本书中，我们将与身处今天却能看到未来远景的人会面，并向他们学习。我特意找了这样一些人，他们的故事很容易理解，任何人都可以借鉴其中的经验。为了帮助你学习、理解这些经验，我想从新规则讲起——激情经济的规则。

第 2 章

激情经济的规则

规则1：追求激情与技能的规模化结合

想要在21世纪取得事业成功，就要把19世纪和21世纪的成功诀窍结合起来。

确定你喜欢做和擅长做的事情。你无须在某方面成为世界上最好的人。人们之所以能够取得成功，是因为他们拥有一系列通常不会融合在一起的技能。

在某些时刻，你特定的激情和能力可能会显而易见。你擅长为大众制作素食吗？是否热衷于寻找已经停产的汽车零部件？喜欢给房子拍照吗？有无数像这样的"激情＋技能"的追求。你可能需要花些时间，通过内省和反复实验来确定你的激情和能力所在。直到三十多岁，我才了解自己的激情和技能。这种特殊的技能可能并不明显，也不是你周围的每个人都能看到的。它可以是一些不起眼的小事，一个奇怪的兴趣或兴趣组合，如同用一种你几乎听不见的微小声音预示着未来。确定你独特的激情是拥抱激情经济中最关键，也最困难的部分。它可能是你做的某样东西，可能是你擅长的服务，也可能是你作为员工在自己的工作领域内进步的方式。

将你的激情与最需要它的人相**匹配**。当你确定了自己的激情和可以提供的某种技能后，就能很容易地找到最需要它的人。他们在人群中已经具备了自我认同感。你可以通过行业杂志、行业组织、在线留言板或 Instagram 账号找到他们。我会向你展示很多例子来说明人们如何将自己的激情转化为赚钱的生意和就业机会。正如你将在本书中了解到的,你可能需要发挥创造力,做出实验性的尝试,并愿意接触很多人,他们也许一开始对你所提供的东西不感兴趣。但是,一旦你为自己的激情和技能找到了合适的客户,就会惊讶地发现,在这种经济环境中,开创有利可图的利基市场是多么容易。

一旦你拥有了这些客户(或同事),下一步就是仔细聆听他们的反馈,也包括那些不愿意成为你客户的人的反馈。我们不再生活在一个"一刀切"的经济环境中。为了满足客户的需求,你必须不断打磨你的产品和技能。

倾听反馈意见和匹配客户需求密切相关,但有时也会相互矛盾。如果你发现自己在倾听那些不适合你的客户的反馈意见,并拼命地调整产品以满足他们的需求,那么你就是在浪费时间和技能。相反,你应该寻找那些更匹配你的客户,他们的反馈将有助于巩固或推动你的业务。不过最好不要把时间都花在寻找完全匹配的客户上,而应该意识到,根据准目标客户群的反馈意见来调整产品并进行销售会更好。

规则2:只创造无法轻易复制的价值

在激情经济中,你可以用难以想象的、前所未有的规模通过销售和分销产品来获取价值,就像线上销售商品或者使用推特

（Twitter）来吸引客户一样简单。但应该注意，不要通过大规模生产人们需要的某种产品来创造价值，因为通过大量生产来创造价值是只有大公司才能盈利的模式。大公司拥有能够生产无数运动鞋和糖果的工厂，有制作音乐或电影的工作室，也有向全世界提供咨询服务的大型公司。你应该慢慢地、谨慎地创造价值。这一点的意义可能很难理解。只有把注意力集中在那些规模相对较小且主观意愿强烈的客户群上，集中在那些难以做到的事情上，你的努力才是值得的。这正是在当前的经济形势下激情如此重要的原因。幸运的是，我们的激情让我们能够花时间去做自己喜欢，而其他人觉得困难，甚至抓狂、无法集中精力去做的事情。这或许是本书中最违反直觉的一个观点：在当前的经济环境下，你想做的事情与过去人们通常认为良好的商业意识背道而驰。一旦你的某个产品或某项服务获得成功并被广泛复制，你就应该逐渐放弃它，去寻找下一个产品或服务。

你生产的产品越多，服务的客户越多，就越难保持卓越，也就越难让你的产品和服务同时满足你和客户的需求。把规模留给大众市场。激情经济关乎质量，以及你与客户的对话。

规则3：你收取的价格应该与你提供的价值相匹配

价格应该决定成本，而不是成本决定价格。我花了很长时间才理解这条规则的意义。我们习惯性地认为价格与成本挂钩。你计算你所使用的原材料的成本、生产产品或提供服务所需的时间，在此基础上再加一些利润，就得到了你的价格。但是，我们会花费诸如时间之类的无形资产去关注竞争对手，遵循他们的定价方式来收费。

这恰恰是逆向的定价方式。想想一辆豪华汽车的制造过程，在选材之前，你更想知道人们愿意为某种程度的奢侈品支付多少钱。在确定价格点之后，再根据满足价格条件的成本来反向设计汽车。比如，你想在汽车的内饰设计中使用光滑的皮革，但意识到手工加工可能会增加汽车的制造成本，超出你制定的最优价格。

尽管这一事实似乎令人费解，但在当下的时代，这条规则尤为现实。想想你的会计，你可能希望这个人非常了解你适用的税法，可能也希望这个人花点时间来发挥创造力，为像你这样的商人开发出新的发展模式。做这些事情都需要时间。现在没有哪个会计师可以为自己在公园漫步时进行创造性思考的时间而向客户收取时薪，但他可以向合适的客户群体收取一定的费用，让他能够花费时间进行相关的思考。知识、创造力和思考时间，这些都是服务界的"科林斯皮革"[1]。因此，与其抱怨你收取的时薪不足以让自己花时间去提高知识储备和创造力，不如收取更高的费用，通过合理利用时间来赚取更多的报酬。

价值是一场对话。亚当·斯密在其1776年的著作《国富论》中，描述了标志性市场的特征——价格由竞争的激烈程度决定。许多制造商正在生产同样的产品，这些产品也有许多相应的买家，该

---

[1] 科林斯皮革，用来形容产品或服务配置豪华，20世纪70年代首次出现在克莱斯勒（Chrysler）豪华车广告语中。

过程不受买方或卖方所控，价格是所有人讨价还价的结果。

你不应该按照市场价格收费。市场价格建立在你卖的东西和其他人卖的东西没有好坏差别的基础之上。而你的产品，尤其是你的服务，应该是独一无二的，对你的客户来说应该是特别的、没有公认参照物的。你应该花时间告诉你的客户，你是如何通过其他方式帮助他们省钱、赚更多钱，或者让他们生活得更加快乐的。你应该收取的价格并非价签上的固定价格，而是通过与客户频繁讨论来确定的。

基于激情的定价是一项服务。 讨论定价的整个过程通常是你所提供服务的核心部分。当你向客户解释你的产品或服务提供了多少价值，即客户多赚了多少钱、节省了多少成本时，你正在帮客户更好地了解他或她的业务和需求。建筑师和网站设计师帮助客户理解设计选择的价值时也是如此。当我们对不同选择带来的影响有更充分的了解时，每个人都能做出更好的选择。正因为你花费了大量时间去思考，所以你的独特激情也属于你的专业知识和独特认知的一部分，可以用来为客户增加价值，这个价值可以用金钱或情感获益来计算。而帮助客户理解你的产品和服务所提供的价值，本身就是一种真正的服务。

注意谈判协议最佳替代方案（BATNA）。 有时，商人会使用"BATNA"这个词来理解无法达成协议的含义。这种思维对定价很有帮助。如果有一项能让你发挥激情的事业，你为此投身于激情经济中，那么你提供的是独一无二的产品或服务，没有确切的竞争对手。即便如此，客户也并不一定会购买你的产品。他们可以考虑其他产品或服务，也许这些替代品并没有提供与基于激情经济的产品同等的价值，但是它们便宜得多，更具性价比。在定价时，你应该抱有野心和信心，而且几乎可以肯定的是，价格应该远高于你最初的设想。此外，你必须注意产品和服务的替代品，甚至应该问那些不选择你的产品或服务的人，他们决定用什么来替代。

高收费，厚盈利。 有一个好方法能够让你的思维向激情经济延伸：想象你的定价、单价或薪水翻倍。这种想法可能会令你感到震惊或不快，但它会迫使你开始想象为了得到双倍的报酬，你需要做什么、为谁做。在某些情况下，人们可以立即将单价提高一倍，而不会损失很多生意。在其他情况下，想象价格高得多的思维实验，可以帮助人们意识到他们没有把产品或服务卖给正确的客户。不过，对于另一些人来说，考虑将定价翻倍具有激励作用，这将促使他们意识到自己需要获得更多的技能、更深层次的教育，或者更好的产品组合形式。

意识到你所得的回报可能来自金钱之外的事物。 我认识许多记者，他们可以通过从事公关工作或其他某些工作轻松赚到更多的钱，但他们选择继续做记者，因为他们热爱这份工作，这份工作使他们拥有影响力并获得揭露真相的机会。我的父母都是搞艺术的，他们赚的钱也许没有从事其他行业赚得多，但是他们过着美好的生活，在情感上获得了满足，他们不会牺牲喜欢的生活来换取高收入。

你的定价应该不断变化。 你的技能、能力和激情在不断变化，客户的需求也在不断变化，世界的本质同样在于变化。这些都是影响定价的因素，由于这些影响因素在不断变化，你应该跟随变化来

第 2 章
激情经济的规则

调整价格。通过不断地评估定价，你也不得不审视自己提供的产品和服务，评估它们为付费用户带来的价值，评估可能更看重它们的潜在客户。价格是一个简单的数字，但它能体现你在激情经济中做得有多好。

不应该改变报价，除非你提供的服务和产品发生变化。 虽然定价应该随着所创造价值的变化而变化，但是一旦你向客户报价了，价格就应该保持不变。这不仅是一种战略，更是一种战术。有用的定价策略始终能提供三个定价层：一个中价层——以客户认为合适的价格向其提供一套特定的服务；一个低价层——削减了一些服务，但具有低价优势；以及高价层——以更高的价格为客户提供能拥有更多权利的服务。这样你便可以与客户就价格问题开展对话，向他们说明，如果想要支付更低的价格，那么得到的服务就会相应减少。

在此过程中存在一种微妙的平衡。初始阶段的开放性对话，能够使客户更清楚地了解服务与定价之间的关系。接下来是定价的时刻，老练的定价者表现出的定价灵活性要小得多。在最初的"价值对话"中，你与付款人交谈时，有必要保持开放、灵活和创造性的态度，讲解不同价位所对应的服务。然而，在第二阶段针对性的"定价对话"中，则需要更坚定、不那么灵活的态度，甚至可能会在某种程度上产生紧张和尴尬的氛围。即使定价是基于价值的，但当客户得知他们刚刚商定的价值所对应的实际价格数字时，可能仍然不免感到震惊。如果定价对话一点也不紧张，价格也完全没有令你的客户感到震惊，有可能是你为了避免冲突的迹象，把价格定得太低了；也有可能是你没有完全理解自己所提供的价值，或者对你所提供的价值不够自信。

薪水也是一种定价。 即使你在公司上班，你仍然在定价收费，定价就是你的薪水。所有的定价规则同样适用于此。如果你找到一份固定薪水的工作，那么你就被当成了一种商品，你的价值和其他可能胜任这份工作的人的价值相同。想象一下，如果你要求自己的薪水翻倍，你如何为这样咄咄逼人的要求证明自己的价值呢？你大概率不能，因为认可你双倍价值的公司不会用目前的薪酬来聘请你。这意味着你可能必须做两件事：去另一家认可你价值的公司，然后设法更清晰地展现自己的价值。

激情经济中的商业规则也同样适用于上班族。每个人都认为像守时、与同事友好相处、认真及时地完成分配任务等这些普遍品质是有价值的，但这些品质永远不会让你从同事中脱颖而出。这就像做了一条非常不错但平平无奇的面包。不过，我绝不会建议你开始迟到、行为粗鲁、不完成工作。相反，你应该明确自己独特的激情和技能，分析公司里其他人和客户的需求，找出你——并且只有你——能够想象和执行的特殊项目。一些企业文化不允许这种内部创业精神，但是大多数企业至少在一定程度上是允许的。

你收取的价格应该令你满意。 我们习惯于将价格视为不可控的外部因素，就像气温一样不受我们控制。这是因为在 20 世纪的规模经济中，标准化定价是标准化生产模式的核心组成部分。因为在任何商业环境中，感觉不满而产生价格错误的争议都是荒谬的。但是，在激情经济中，定价可以是情感化的。关键是要让你的内在激情和技能与客户的具体需求和期望相匹配。基于激情的定价是你和客户

第2章
激情经济的规则

一致认同的价格。在残酷的商业环境中，情感并不是软弱、愚蠢且无关紧要的事情，情感关乎事业的全部：如果定价低于你认为合理的价格，你就不能充分调动自己的激情，从而令客户失望；如果客户不能支付令人满意的酬劳，这说明你选错了客户，或提供了不合适的产品。

基于情感的定价有一个令人惊讶的特点，即价格会随着你的感受而变化。你可能会对一个令人兴奋的项目收费较低，因为你会从中受益匪浅。一年后，同样的项目就不那么令人兴奋了，因为你已经从该项目中学到了你能学到的一切东西。你可能不想做某个项目，无论价格多少，或者你可能希望某个项目大幅涨价。同样，如果你的生活改变，定价也可能会随之调整。比如，你的孩子长大了，不会再占用你太多时间，那么你可能想要降价，从而接更多的项目。

对一些人来说，基于情感的定价最困难的一点是，它很难将买卖双方的感受相匹配。某些人可能会对此感到无力。我们习惯于将定价视为一场意志之战，双方都希望迫使对方屈服，最终价格是一个买方认为过高而卖方认为过低的数字。而激情经济的交易则不同，价格来自不断的对话，包括卖方需做的工作和买方所获收益的真实数据。如果任何一方不满意，则意味着对话不够深入，或者双方匹配不佳。

低价不是一种策略。 人们最常犯的错误就是找出竞争对手的收费标准，然后参照对方的定价，把自己的商品或服务的价格定得稍低一些。这不是真正的策略，而是放弃竞争的策略。这种行为回避了激情经济中的关键问题：我创造的价值有哪些超过了同类业务？

我为谁创造了这些价值？

当你理性评估了产品和服务对于客户的价值后，你可能会发现自己的定价比一些竞争对手的低，但这与基于外部标准价格的定价有很大区别。

定价就是你的价值。定价通常是事后考虑的问题。商人创造了某种产品或者服务，然后一般会根据竞争对手的定价来收取大致相同的费用。与此相反，定价应该是你的业务、你的工作，理解你在世界上所扮演的角色的核心。至少从商业角度来说，定价就是你的价值。(但是我不建议你为与孩子、配偶或者朋友相处的时间制定价格。)你应该得到你的全部价值，而不应该让其他因素来决定你的价值，比如竞争对手、客户，或者某些社会规则。如果你感觉当前定价太低，那说明你需要调整。你需要关注不同的领域，获取更多的技能，定位不同的客户。你可能无法控制现在的定价，但从长远来看，你可以，也必须能够做到。

规则4：几个热情的客户胜过一群冷漠的客户

根据价值定价需要面向合适的客户。跟客户说再见是最困难的部分。当你转向激情经济的路径之后，停止为许多现有客户服务这一决策也许与直觉相悖，却是必要的。如果你以前没有应用过激情经济的规则，大多数现有客户可能都无法真正意识到你的全部价值，并为此支付适当的价格。可能有些客户会认识到你的价值，并支付合适的报酬；也许你还可以说服一些客户，转而建立基于激情的关

第 2 章
激情经济的规则

系。但是几乎在所有情况下,大多数客户都已经不再合适了,你需要以温和的方式将这些客户移交给其他专业人士。只有这样,你才能将大部分时间花在那些最清楚地理解你所创造的价值的客户身上,为他们创造最大的价值。

不要太快说再见。 利基市场永远不会太小,但需要注意的是,你可能会过快地冲向你的利基市场。对于你的生意来说,可能最合适的受众是渴望用完全趁手的刀来切洋葱的左撇子厨师,或者是其他某些非常特殊的群体。找到人数足够多的小众群体,并且说服这一群体,你(并且只有你)才能为他们提供合适的产品或服务,这一过程是需要花时间的。某天醒来,你意识到你的客户并不适合自己,然后让他们全部离开,这可能听起来很诱人。但是,除非你积累了足够的余裕资金,否则最好慢慢地、谨慎地剥离客户。有些公司会注册一个新名字,在一段时间内以两家公司的形式运营:一家为现有客户服务的老公司,另一家只针对目标市场的新公司。每年至少和你的团队一起认真检查一次现有客户群。你应该会发现,大约有 10% 的客户不再适合公司。然后,你可以委婉地解释说,另一家公司可以更好地为他们服务。通常,你会发现服务这些客户的成本很高,虽然他们付钱给你,但当你发现你为他们服务花费的所有时间还可以用在更合适的客户身上,你就会意识到这些现有的客户实际上有损你的生意。当客户不重视你提供的产品或服务时,通常会消耗你大量的时间和努力,正因为他或她的期望和你提供的产品或服务之间存在差距。这就像方枘圆凿格格不入,你必须锯、磨、晃,才能把这些方榫头楔入圆卯眼。

剥离客户的速度取决于你的财务状况、过渡计划和其他因素，包括你对剥离长期客户的接受度。这个过程不要太快，以免最终破产；但也不要太慢，以免把时间浪费在那些不理解你的全部价值或不愿为之买单的人身上，陷入困境。

最终，最好的客户是主动寻找你的客户。当你确定了合适的利基市场，并在该利基市场中为客户提供了良好的服务后，你最终会在目标客户群中建立声誉，这样在你寻找新客户之前，新客户就已经知道你了。你瞄准的利基市场越狭窄，就越有可能吸引目标客户入场的兴趣，而无须采取激进的销售策略。

你的激情、定价、价值和目标客户都是同一件事的不同方面。激情经济的本质是：一个人特定的激情和技能组合成一种产品或服务，可以在特定时间满足特定类型客户的迫切需求。这种互动为客户创造了真正的价值，并转化为买卖双方都能承受的价格。简言之，所有这些因素紧密相连，构成同一核心事物——激情经济的不同方面。如果任何一个元素缺失，激情经济都无效。

规则5：激情是一个故事

无论你卖的是什么，你都在卖一个故事，并且最好是一个真实的故事。价值不是一件实物：一块金属、塑料或玻璃；价值也不是一段时间：专业人士为完成某项任务所投入的工作时间。价值是对某种产品或服务如何改善人的生活的主观衡量。价值是一个故事，就像所有的好故事一样，有人物、有情节、有讲完之后听众获得的

第 2 章
激情经济的规则

感受，也许还带有一点戏剧性。哪怕最平常的购物也是如此。比如，你对你的肥皂很失望，于是上网找到了一款新的、评价很高的肥皂，购买之后它被寄到你手中，并且你很喜欢它——这就是一个故事。故事中有一个英雄，那就是你，你面对障碍，采取行动，害怕失败，最终胜利。当然，没有人会把这个故事拍成电影卖给好莱坞。但故事比制作这块肥皂的任何化学物质都重要。

永远说实话。暂时不考虑道德，不考虑做一个诚实的人的愿望。即使你所关心的是不计代价创造利润，你也永远不应该撒谎。价值创造过程需要投入精力和资本，而这些投入通常只有经过一段时间才能得到回报。你需要客户帮你建立口碑，你需要培养声誉。你可以为一笔大生意撒一次谎，但你不能在这个谎言的基础上继续下去，除非你一直撒谎，否则你无法维持这个谎言。你必须在与新客户的每一次互动中维持这个谎言。建立在谎言之上的业务并不稳定，谎言是可以被揭穿的，维持谎言需要付出额外的努力，而这并不会增加你的核心价值。简言之，说谎对做生意不利。

你能够而且必须会讲故事，尤其是当你不擅长讲故事的时候。一个建立在激情和真实价值基础上的真诚品牌具备讲故事的能力，哪怕该品牌的创始人很害羞，哪怕他通常不擅长讲故事。我常常注意到，笨拙、真诚的故事讲述者比圆滑的、善于讲故事的人更具说服力。为了将故事带入他人的现实生活，聘请专业的市场营销人员来帮助传播故事是值得的。但如果故事是虚假的或是由外人编造的，那就行不通了。视觉效果、市场营销材料以及公司名字都植根于所销售产品或服务的激情和价值的真实本质。

这个故事讲述了你生意的每一个细节。当你对事业充满激情时,你会将想象力融入与客户互动的方方面面。产品实物所使用的材质也反映了激情的因素,并且产品基于激情设计而成。提供服务的方式同样能表达和反映公司的核心激情和价值。

我最近聘请了一位律师,他告诉我他不会按小时收费,而是会根据我们要一起完成的工作来收取固定费用。他解释道,按小时收费有悖于他为客户服务的核心价值观。这种收费方式一方面会促使他花更长的时间完成工作,尽管绝非必要;或者,另一方面,他可能会选择仓促完成一些工作来帮我省钱。他宁愿不考虑时间因素,而专注于为我提供最优质的服务。这令我感到很舒服。

规则6:技术应始终支持你的业务,而不是驱动你的业务

在当前的经济形势下,采用合适的技术对你来说是件好事。得益于互联网,我们可以更容易地从世界各地找到匹配的客户,与他们保持联系,并更快地设计出他们所需要的产品。出色的软件可以帮你更好地管理业务,协助你处理从库存到设计再到更新客户档案的所有流程。但是,如果你只关注前沿技术,那么技术有可能会取代你与客户、员工和同事之间本应非常稳固的关系。在这个技术进步和自动化的时代,商业中的人际关系比以往任何时候都更为重要。

做技术和大型产业做不到的事:不做相同的事,只是做得慢一点儿。 要想在激情经济中取得成功,人们不应谴责大型企业和技术,也不应将它们斥为劣等。相反,成功采用激情经济模式的企业主能

第 2 章
激情经济的规则

够认识到大企业及其自动化工具的巨大力量,并避免直接竞争。如果你的核心客户无法轻松地找出你的产品或服务与大型竞争对手所提供的产品或服务的差异点,那么你需要转变方向,并提供一些其他东西来吸引客户。正如我们在本书后面将看到的那样,没有一位人力会计能够承诺做工比 TurboTax 税务软件更快、更便宜来进行竞争。一家总部位于美国的小型铅笔制造商,无法通过以最低价格出售大量铅笔来超越竞争对手。

当然,技术在迅速发展,随着人工智能应用的普及,自动化对更多行业的影响之广可能会超出我们的想象。基于激情经济模式的商人需要密切关注其大型竞争对手能够使用的自动化工具,并且要意识到,昨天不受竞争威胁的产品或服务,明天可能就不那么安全了。

技术驱动的大规模经济为立足于价值和激情的企业创造了空间。规模庞大的企业必然无法充分地吸引小众客户。当然,他们可以利用计算机程序创建个性化推荐,或者让客户设计专属自己风格的鞋子或衬衫,但这与通过提供基于激情的服务,引导顾客做出一些他们从未想过的选择,满足顾客自己所不知道的潜在需求是不一样的。对于亚马逊而言,雇用一群历史词典专家是不合理的。但如果那是你的激情所在,对你来说是可以的,你还可以利用亚马逊接触到最重视他们价值的人。

技术趋向于做大,所以要保持小规模。技术驱动的经济有一个核心特征,即其创新规模通常大得难以想象。比如创建脸书(Facebook)、推特或生产一款新手机等,很快全世界的人都可以使用它们。除非你恰好拥有数十亿美元的资金和前沿技术创新的天赋,否则永远不要盲目扩大规模。小规模有小规模的安全。如果你以难以扩张的方式集中为一个小的利基市场服务,没有一家大公司会考虑花这么多钱去发现一个如此小的市场,并服务于你的客户的特殊需求。

规则7:了解你从事的行业,它可能并不是你所想的那样

你所销售的产品的核心是为渴望你的产品的客户带来的真正价值。价值传递系统通常与特定的历史时期相关联。人类吃面包的历史已经有上千年,我们都很珍惜新鲜出炉的面包。它可以消除饥饿感,带来美味体验,还提供了植根于家庭、文化,有时是宗教价值观的慰藉感。但是面包的传递方式一直在变化。如果你的兴趣是制作面包,你可以开一家面包店,批量生产面包并通过超市销售,或是开办一个面包制作培训班,还可以直接把面包运送给顾客,又或者为家庭提供面包配送服务。你所创造的价值——完美的面包——是不应该改变的。传递方式反而是次要的,人们往往过于关注次要方面,比如是在面包店卖面包,还是通过超市渠道供应商来销售面包。不要局限在业务的次要价值获取上,相反,你应该专注于你所创造的核心价值,并对如何获取这种价值进行实验性和创造性的尝试。

我所在的行业——新闻业,正在经历痛苦的转型。我们知道,人们觉得真正有价值的是了解世界上正在发生的事件,并听取媒体对事件的分析。但是许多人并没有特别希望新闻以报纸等传统媒介形式传播。弄清楚如何向公众传播新闻,更困难的是如何从中赚钱,

已成为新闻业面临的严峻挑战。

由于全球化和自动化的力量，几乎每个行业都在经历着巨大的变革。医药、金融、法律、教育、零售、旅游以及其他无数领域的基本形式正在发生变化。这种变革是痛苦的、颠覆性的，但同时也提供了大量的机会。如果你能专注于自己创造的核心价值，而不是形式，你就能创造新的业务形式、业务类型以及获利方式。

在线预订机票和行程的功能重创了旅行社的业务，导致旅行社纷纷关门。然而，我们现在看到了一些新业务，有人通过帮助游客定制个性化旅行来谋生。预订网站、评分网站和旅游博客市场均已饱和，游客又开始寻找那些真正了解目的地的人来帮助制定旅行计划。雇用这些人的旅游公司可能也会提供预订机票、酒店和租车业务，但这些不是他们的主要业务，他们卖的是知识。他们非常了解某一地区的具体情况，并能引导客户在一定的价位范围内做出最好的选择。他们投资于客户体验的方式是大型旅游网站和预订网站无法做到的。在某种程度上，他们从事的也是激情经济。

不断地改变价值获取的方式，慢慢地改变价值创造的方式。仅仅在过去的十年里，产品和服务的销售方式就经历了多次转变。我们经历了从实体店里购买商品，甚至是数字文件，到线上购物的转变。过去我们只用现金、支票或信用卡支付；现在有越来越多的支付选择，从我写下这段话到你读到它的时间里，就出现了从 Venmo 到 PayPal 再到比特币等多种支付工具。价值获取只是一种工具，你应该使用最快、最简单的工具；而价值创造是业务的核心，你应该珍惜它，呵护它，慢慢地、慎重地去改变它。

规则8：即使你出售的是别人眼中的大众商品，也永远不要陷入过度竞争的行业

大众商品是没有特殊差别、很容易被他人仿制和复制的产品。大众商品就是量产产品。普通肥皂是大众商品，上班路上的干洗店和附近街区的理发店也是如此。大众商品企业是价格接受者，无论市场价格是多少，他们都只能被动地接受。对于他们来说，要想取得真正的成功，唯一的途径就是量产，并使生产成本低于竞争对手。这就是为什么大众商品业务往往由大型跨国公司主导，这些公司能够利用自动化和业务外包将成本削减到最低限度。

基于激情经济的企业从来不卖大众商品。从定义上看，基于激情经济的企业与其他企业的区别在于，基于激情经济的企业可以为自身体现的独特价值收取独特的价格。

但问题是，商品和激情之间没有严格的界限。当苹果公司的iPod首次面世时，有些人对它嗤之以鼻，认为它是一款价格过高的普通MP3播放器。在任何一家丝芙兰，都有大量昂贵的洗发水和护手霜打着"独特价值"的旗号，标价不菲。但是，如果你分析任意一瓶产品的实际物质组成，会发现其化学成分很可能与沃尔玛超市里2.99美元一瓶的护肤品几乎相同。星巴克之所以能够蓬勃发展，是因为它在为咖啡这种日常消费品设计了附加包装的同时，打造了气氛愉悦的店面，为顾客带来了生活方式上的增值体验。

在20世纪的商业环境中，雇员大多是大众商品。他们有一份特

第 2 章
激情经济的规则

定的工作，其头衔和职位描述清楚地表明：对于同样的岗位而言，任何时候任职的人都可以立即由其他人取代。在大公司里，识别每个员工的独特能力和激情太困难了，所以将他们视为大众商品比较简单。如今，确定每个员工的确切贡献要容易得多。在线指标和受众调查可以准确地判断不同员工的表现，从而明确哪些员工贡献了超额价值，哪些员工提供的价值最小。

大众商品就像地心引力，总是吸引着每个人，总是试图将每种产品、服务和员工拉到同一个水平。这就是为什么苹果公司不断尝试推出新产品和新功能，三星公司和其他公司也一直紧随其后。在一项增值业务，也就是基于激情经济的业务中，你应该经常问自己，我是否让业务，甚至是我自己，掉进了大众商品的陷阱？在职场中，长时间工作而不增加价值的工作方式会让你成为大众商品。一旦停止思考如何让你的业务或产品甚至你自己远离大众商品的陷阱，你就脱离了激情经济。

第 3 章

看呐，奶瓶刷

一把长毛刷如何解释美国经济的未来

....

我在办公桌上方的架子上一直放着一把奶瓶清洁刷，用来激发灵感，这已经有一段时间了。这把刷子不算特别漂亮，它长约一英尺半，有一个木制手柄，刷子顶部围有一圈厚厚的、带刺的白色刷毛，大约占全长的三分之二。我从未用它清洁过任何东西，但是我会不时地看它一眼，提醒自己所学到的核心课程：关于经济如何变化，以及如何在这个新世界中蓬勃发展。这是本书中心思想在文字层面的体现。一把 19 世纪的刷子，却引领了一家 21 世纪公司的前进之路。

这把刷子是 9075P 型号的博朗夸特（Braun Quart）奶瓶刷，零售价为 41.20 美元，它是位于长岛的家族企业——博朗刷子公司的老板兰斯·切尼（Lance Cheney）送给我的礼物。正如其口号所宣称的那样，"始自 1875 年的特级刷子制造商"，博朗刷子以其悠久传统为豪。博朗刷子公司由兰斯的曾祖父伊曼纽尔·博朗（Emanuel Braun）创立。1865 年，14 岁的伊曼纽尔·博朗从德国移民到纽约，身无分文、孤身一人的伊曼纽尔沿街寻找工作，他渴望从事一件收

第 3 章
看呐，奶瓶刷

入还不错的工作。最终，他在布鲁克林的一家牛奶场找到了一份清洁奶瓶的工作。

说实话，这份工作实在是令人反胃。在均质化处理和巴氏灭菌技术发明之前，用过的奶瓶会被收回牛奶场，一层干奶皮附着在奶瓶的内壁上。酸臭的牛奶和发霉的脂肪散发出腐烂的气味，即使以19世纪的纽约街道标准来看，这样的气味也令人无法接受。博朗的工作是把这些脏兮兮的瓶子刷干净，让它们看起来像新的一样，以便继续灌装新鲜的牛奶，并在第二天早上分送出去。他日复一日地将一块湿抹布从瓶口塞进去，绕着瓶子内壁转动，尽可能地擦去残留物，直到奶瓶看上去干净如初。有很多次，瓶子刷得不够干净，老板就会对他咆哮，让他重新刷干净。毕竟没有公司愿意用脏瓶子送牛奶。

由于博朗无法轻易辞职，他就开始专注于寻找让工作变得能够忍受的方法。19世纪70年代，制造刷子需要最先进的技术，这在今天很难想象。发梳于1854年获得专利，但当时它被认为是一种有缺陷的、并不令人满意的产品。刷毛的间距并不均匀，胶水也粘得十分粗糙，因此刷毛很容易脱落。每天梳理头发的过程变成了恼人的折磨，会导致头发、头皮、刷毛、胶水，甚至还有一点血混作一团。其他个人用刷和工业用刷也存在类似的问题，虽然没有那么痛苦。

年轻的博朗是热情的发明家，他努力研究如何做出合适的刷子来解决奶瓶刷不干净的问题。一开始，他尝试用松木柄和马鬃毛做成细长的刷子。随后，他尝试用鲸须做刷子，鲸须是一种长在鲸鱼的口中、用来过滤水中磷虾的耐用材料，但鲸须太贵了。他最终选定了从墨西哥进口的坦皮科（Tampico）纤维，这种理想的材质能够兼顾功能和成本。

那时候，制作刷子的方法通常是在刷头上钻孔，插入刷毛，然后用大量的胶水填充小孔周围的空隙。这种制作过程只适用于宽刷头，但是太宽的刷头又塞不进奶瓶里。令博朗感到非常恼火的是，他发现了合适的木料和刷毛材质，却不能把这两者结合起来制成刷子去清洁该死的奶瓶。在位于布鲁克林布什维克的（用以工作和居住的）房子的地下室里经过了几年实验之后，他最终设计出了巧妙的解决方法：把一段长长的金属线缠绕在特别坚硬的刷毛上，然后把金属线固定在细木柄上的凹槽里。这样制成的刷子很细，可以塞进奶瓶；同时又很牢固，可以承受成千上万次的洗刷。成了！伊曼纽尔·博朗终于有他自己的刷子了！

霎时间，博朗彻底革新了奶瓶清洁工作。他可以在一小时内而不是一天内刷好几十个瓶子，而且刷得更干净。

博朗的解决方案是激情经济第一条规则的完美范例：追求激情与技能的规模化结合。博朗对独特而具体的问题给出了定制化的解决方案，那是只有花了时间清洁奶瓶的人才能想出的方案。其后，他还成了各种可用刷毛和刷柄材料的专家。他了解这个问题，并且以无人能及的专业知识找到了解决方案。问题是在他那个时代，博朗无法将自己的发明进行规模化生产。对于家住布鲁克林的发明家来说，没有太多途径可以让全国和全世界的乳品企业都知道他的新产品。但是他确实辞去了清洁奶瓶的工作，并开创了博朗刷子公司，

第 3 章
看呐，奶瓶刷

而他宣传自己产品的唯一途径是——走。他走遍了布鲁克林的几百家牛奶场来展示他的发明。博朗得到了足够的订单，这让他得以买下一个旧仓房，改建成一家简单的制刷厂。每天早上，他离开工厂，走遍整个布鲁克林去销售和运送刷子。每天下午，他都会回到工厂制作更多的刷子，以备第二天发货。

博朗没有止步于一支奶瓶刷。久而久之，他意识到有多到数不清的问题可以用刷子解决。仅在乳品行业中，就有动物需要梳毛刷，而牲畜棚需要清扫刷。他研发了用来清洁水管的细长刷子，还有宽而柔软、用于给工业化量产的奶酪平滑表面的刷子。博朗没有涉足发梳制造领域，梳子由一位美籍非洲裔女性发明家莱达·纽曼（Lyda Newman）改良，并于 1898 年获得专利。但博朗成功地将业务拓展到其他食品行业，例如，他研发了一款柔软的、用于在糖果表面涂抹巧克力的海狸毛刷。然而，他最引以为傲的成就仍然是第一款奶瓶刷，这是一款近乎完美的产品，直到今天它的设计也没有改变，仍然在广泛使用。

伊曼纽尔·博朗的热情完美融入了当地以工匠为基础的经济中。他的儿子阿尔伯特·博朗（Albert Braun）进一步发扬了父亲的事业。阿尔伯特意识到，刷子有无限的可能。刷子的三个要素——刷柄、刷毛和黏合剂，可以用来解决各种问题。事实上，阿尔伯特成了一名刷子艺术家，他经常在一本皮面大账本中勾画产品设计创意。阿尔伯特设计出了各种各样的刷子：牛奶场用的刷子，面包店用的刷子，分拣工厂流水线产出的零件时用的刷子，清洗马车车轮用的刷子。当电影成为流行的娱乐方式时，他发明了一种刷头特别宽但并不锋利的刷子来清洁电影银幕。在网球盛行时，阿尔伯特看到有人打网球后，在笔记中草草记下了一些想法，并设计出了后来纽约市首屈一指的网球场刷子[1]，这种刷子特别宽，有两个很长的刷柄。他还设计了一些别出心裁的产品，比如用于清洁昂贵的室内装潢、擦净木制扶手，以及掸去非常精细的装饰雕刻缝隙中的灰尘的刷子。

阿尔伯特·博朗没有亲生儿子，因此在20世纪50年代初，他将生意留给了养子麦克斯·切尼（Max Cheney）。这时，刷子是否美观似乎已经变得不重要了。美国经济开始向国民经济发展。艾森豪威尔总统推动建设的州际公路系统促进了汽车货运业的一体化，这使得纽约的一家小型刷子制造商也可以为亚拉巴马州、科罗拉多州和俄勒冈州的客户提供服务。

对博朗刷子来说，这是相当不错的便利条件。这些蕴含智慧的解决工具——专业刷子，原本是服务于布鲁克林、皇后区和长岛的客户的，现在可以销往全国的牛奶场、面包店和消防站了。但是麦克斯·切尼必须更改过往的模式来适应新系统。博朗刷子经过两代人的经营和发展，业务一直聚焦于创造许许多多满足特定需求的专用刷子。现在麦克斯必须了解哪种刷子最实用，然后决定如何尽可能多地制造这种刷子，并将它们分销到全国各地。他决定顺应商品化潮流。

---

[1] 为维护网球场，需定期用刷子除去球场上多余的粗砂石。

第 3 章
看呐，奶瓶刷

麦克斯不再注重如何研发新刷子，而是将养父和祖父发明的所有刷子进行分类。他在工厂中设立了专门制造奶刷、烘焙用刷以及新兴洗车业（州际公路系统的另一受益者）用刷的生产工段。麦克斯尽可能多地订购了全国各城镇的黄页电话簿，希望能将生意覆盖到全国各地。这些黄页电话簿多达几百本，他会雇用附近的青少年在暑假里翻阅这些电话簿，记下特定行业中每一家公司的名字和电话号码。他的分类电话簿里几乎写满了全国每一家面包店、每一家牛奶场、每一家电影院和每一个网球场的电话号码和地址。他会给这些公司打电话，发送专门的产品目录，出席贸易展览。他签下了数百个全国各地的客户，在他的努力之下，博朗刷子公司的事业大幅提升。

麦克斯是 20 世纪商人的典型代表。他的成功路径与伊曼纽尔的完全不同。麦克斯不喜欢创造很多特定的刷子来满足各种不同的需求，因为从生产一种刷子转变为生产另一种刷子的生产成本更高。制造更多同类产品并找到新的销售市场，速度更快，成本更低。他不像博朗刷子的前两任领导者那样，对创造新品刷子有着浓厚的兴趣，尽管牺牲了创造力，但他享受这种舒适、稳定的生活。

20 世纪 80 年代，博朗刷子公司的现任首席执行官兰斯·切尼还年轻时，就进入了这家公司。兰斯进入公司时才刚刚大学毕业，他发现这里无聊得令人难以忍受，每天的工作日程都是一样的。兰斯承认，自己确实是个糟糕透顶的员工，他能保住工作，仅仅是因为父亲太宽容了。兰斯经常上班迟到，而且很多天宿醉难醒，因为他喜欢在格林威治村的俱乐部里听音乐度过夜晚时光。为了追逐某个不确定的梦想，他辞职了几次。有一次，他为了成为一名雕刻家而求学；还有一次，他试图组建一支乐队。他承认自己太懒，而且注意力不集中，以致一事无成。因此，最后他回到了父亲身边，那里总有为他准备的工作。

到了20世纪90年代，兰斯与他的父亲一同工作的日常节奏已经逐渐稳定下来。兰斯变得更成熟了，他按时上班，帮父亲打理生意。然而，这项工作对他来说仍然非常枯燥。他会尽职尽责地核对最新的生产数量，并确保销售人员达到他们的销售目标，但他唯一的乐趣来自空闲时间里在工厂后面做的业余项目。那时，他已经是个了解各种类型的刷毛和刷柄的专家，他开始用坚硬的尼龙刷毛制作色彩大胆的雕塑。他通过朋友结识了著名画家和雕塑家理查德·阿奇瓦格（Richard Artschwager），理查德对使用刷毛创作产生了浓厚的兴趣。切尼成了他的技术顾问和加工制造者，并建造了70座以刷毛创作的雕塑，其中包括一个用刷毛做成的黄色感叹号，这件极佳的雕塑作品在惠特尼美国艺术博物馆（Whitney Museum of American Art）展出。这项工作没有带来很多收入，麦克斯认为兰斯在浪费时间，但兰斯认为很有趣，所以坚持了下来。

兰斯和麦克斯养成了例行公事的生活习惯。他们会一起吃午餐、讨论生意、核对数据，然后聊聊生活。他们的关系非常亲密，但有一个分歧一直挥之不去。兰斯每天都会告诉父亲，公司应该回到其早期的根基，专注于创造新型刷子，能够解决各类问题、还能应用于艺术领域的刷子听起来令人兴奋。他的父亲每每都对此一笑置之，

第 3 章
春吶，奶瓶刷

然后他们会转到其他话题。

20 世纪 90 年代，中国制造商开始向美国出口大量刷子。起初，他们聚焦于刷子行业的低端市场：通过大型零售商出售廉价油漆刷。这些中国产刷子的质量较差，刷毛易脱落，容易在油漆上留下刷痕和残渣。然而，每年进口的中国刷子质量都在提高，中国制造商也将产品范围扩展到了更多领域专用的刷子。在与父亲的午餐谈话中，兰斯警告说中国人很快就会在刷子生产领域中赶超上来。麦克斯仍然一笑了之。但是到了 2002 年，中国工厂已经开始生产跟博朗刷子完全一样的刷子。兰斯不得不承认，中国制造的刷子要便宜得多，而且质量几乎与博朗刷子一样好。绝望情绪在他给父亲的警告话语中日益增加，他担心公司有一天会倒闭。兰斯的父亲安慰他说："我们的事业已经持续了一个世纪，不会有事的。"

我遇见兰斯·切尼时，他体格健壮，就 55 岁的年龄来说，他看上去相当年轻。他给我的印象，像是一个年轻版的奇斯·克林格（Kris Kringle）——尚未长胖、胡子还没长长的圣诞老人。如果早些年有人跟兰斯讲，他会继承他父亲、祖父和曾祖父的事业，他多半会尖叫着拒绝。但在 1988 年年初的一天，他偶然看到了 IBM 的一则广告，介绍了 36 位系统、5363 型号的新型计算机。这是一台过渡性的计算机，填补了大型主机和小型个人台式机之间的产品空白。5363 型电脑可以放在一张桌子上（尽管它几乎占满了整张桌子），而且价格便宜，像博朗这样的公司也能买得起。5363 型电脑是为没有受过高级计算机培训的人设计的，尽管与后来推出的用户友好型操作系统相比，这款电脑的软件相形见绌。

兰斯对这则广告念念不忘。他非常想买一台电脑，但是这笔购买费用需要父亲批准。兰斯在一个有计算机背景的朋友的帮助下，准备了一个电子表格来说服父亲，以此说明这台电脑可以让博朗公司更快、更准确地向美国的每一位潜在客户发送特定产品目录。最终，麦克斯答应了兰斯的请求，同意购买一台电脑。

在20世纪80年代末，学会正确使用商务计算机只需要花几个月的时间（如果将时间轴再向前推十年，受过多年培训的全职雇员才会操作计算机）。最终，计算机在公司安装好并开始运行后，兰斯发现，自己并不知道计算机到底能为博朗公司这样的刷子制造商做什么。但在反复阅读了几遍说明书后，兰斯偶然发现了一些有用的信息，他意识到这台电脑可以整理父亲的所有客户资料。电脑记录系统的便利性远胜过分类记录本、便签卡和填满整墙文件柜的打字纸。他花了几个月的时间输入客户信息，慢慢学会了如何建立有效的数据库。

那台电脑从根本上改变了刷子行业的运营模式。在计算机化之前，使用麦克斯的分类记录本那样的方式来查找和整理信息是极其困难的。但这些新型电脑催生了新兴的数据库公司，这种公司可以提供包含任意行业里所有企业名称的软盘。很快，博朗公司发现老客户被其他公司提供的更优惠的报价吸引走了，这些公司正在以越来越低的价格出售相同类型的刷子。不久之后，来自中国的廉价刷子突然涌入美国市场，使问题变得更加复杂。

与此同时，兰斯和麦克斯仍然每天一起吃午餐。这是一个简单的仪式。麦克斯喜欢街头熟食店的汤和三明治，兰斯则喜欢大

第 3 章
看呐，奶瓶刷

份沙拉。他们会坐下来，拿着一大堆行业期刊，比如 *Brossapress*、*Brushware* 杂志以及大刊 *Broom, Brush & Mop*（BBM）等，互相交流各自的看法。一般来说，他们在交流中非常关注细节。一个人可能会说："大陆牌刷子（Continental Brush）正在退出动力清洗机的业务。"或者会说："德什勒笤帚（Deshler Broom）刚刚把工厂搬到了墨西哥。"在交谈中兰斯或麦克斯可能会提到新订单，比如清理比萨烤箱用的三打刷子，并简单说说该收费多少。有时候，他们也会仔细考虑客户对新型洗瓶刷的需求。他们从不争吵，和对方分享意见时从不提高嗓门。

如果只旁观一次他们的午餐会谈，也许难以看出会有什么戏剧性的事情发生。但是，在 1988 年到 2002 年间，渐渐地、不知不觉地，兰斯和麦克斯对博朗刷子公司的发展方向产生了巨大的分歧，更广义地说，他们对科技和贸易时代的美国经济有着不同的看法。两个人的观点都与各自那一代人的思维一致。

麦克斯在战后的美国长大，当时美国商品几乎主宰了全球市场，对他来说，生意成功的关键是销量。那时候，大多数企业都是通过坚持商品化经济而蓬勃发展的：按部就班地重复销售同样的产品。麦克斯想把尽可能多的刷子卖给尽可能多的客户。他的目标是绝不让一笔买卖落空。为了达成交易，他会主动降价，承诺任何能促成交易的事情，比如更快地交付刷子。兰斯飞往德国弗莱堡参加刷子行业年度博览盛会 Interbrush，并会见了每一个主要的刷子制造机械供应商。他买了一台新机器——沙郎斯基（Zahoransky）ET120，这是由先进的计算机技术驱动的刷子制造机器。它可以大量生产普通刷子，并且可以迅速重置来制造一些定制的刷子。这台机器的价格为25万美元，是博朗公司历史上最昂贵的单笔采购订单。但随着中国和其他低薪国家占领了越来越多的市场份额，高科技的刷子制造机也无法延缓博朗公司的衰落。

兰斯经常对父亲为了销售产品不惜一切代价的做法感到恼火。兰斯可以用那台新电脑来运行报告，报告显示整个行业都不盈利，除非卖出数百万支特定类型的刷子，并一直保持这个销售额。但是作为老板，麦克斯有自己的生意之道。尽管如此，兰斯还是忍不住指出一条条关于又一家竞争对手因为无法与低价量产刷子竞争而倒闭的新闻。

最终，当兰斯试图说服父亲接受新的经济现实时，他们的午餐对话变得越来越不投机。如果博朗是世界上唯一一家拥有刷子制造机的公司，它将在竞争中独占鳌头，但是每家公司都在购买这些机器，每家公司都能够生产越来越多的刷子，竞争也变得越来越激烈。在这种情况下，总是有中国公司和更大型的美国公司会以更低的价格出售更多的刷子。显然，低成本、低价格、大批量的战略最终会摧毁博朗公司。兰斯说，公司能在这样困难的时期保持平稳发展，是一个奇迹，也是麦克斯出色的销售能力的体现。然而，新的经济现实下问题的严重性不容忽视。兰斯在业务拓展上曾取得过一些成果。1997年，他买下了域名 brush.com 并创建了首个主流的刷子销售网站，但他未能从根本上改变业务模式。

麦克斯一直在工作，即使他的健康状况每况愈下——由于膝盖损伤，他在工厂里走动也变得十分吃力；他得了白内障，看不清东

第 3 章
看呐，奶瓶刷

西——但他对厂里的工人隐瞒了这一点（或自认为成功隐瞒了）。麦克斯思维敏捷，他一直是积极进取的公司领导者，直到死于突发性心脏病。

兰斯悼念了父亲几个星期，整理父亲留下来的文件，然后回到了工厂，将全部精力都投入工作。他做了决定之后，立刻开始实施举措。兰斯召集了销售人员，宣布从即日起，他们将不再销售和中国制造的刷子同款的廉价刷子，避免直接竞争。如果中国工厂能够生产出十分类似的刷子，那么博朗公司将完全放弃这条生产线，不再生产这类刷子。他们避开了过度竞争的业务，转而进军高度专业化的刷子市场。这样，博朗公司就不必在价格和销量上竞争，而是可以像兰斯的曾祖父那样，基于他们为客户提供的价值进行竞争。欢迎来到激情经济时代。

那些便宜的量产刷子，也就是他父亲多年来寄给商家的产品目录中的刷子，占据了博朗刷子的大部分销售额。然而，特制刷子却有着巨大的利润空间。它们是为有特定需求的客户而设计的，因此没有竞争对手。问题是这样的客户很罕见。兰斯告诉销售团队，成功并非来自销售数量，而是取决于销售质量。低销量业务是好事，销量越低，中国刷子制造商参与竞争的可能性就越小。而且，如果没有竞争对手，公司就无须根据商品的竞争程度来定价，他们完全可以根据刷子为客户带来的价值来定价。如果客户想要特殊的刷子，如果他们确实有这样的需求，就会为此支付额外的费用。兰斯还告诉员工要放松。从前作为艺术生和鼓手的兰斯·切尼知道，这种新销售方式至少会有趣得多。

激情经济
如何把热爱变成生意

兰斯抓住了一次偶然的机会,使博朗公司开始向专业刷子公司转型。他接到了一个电话,是刚完成核电站例行检查的工作人员打来的。这位检查员在冷却剂箱盖上发现了一枚金属钉。这显然是巨大的风险,因为核电站里非固定的细小金属零件可能会造成难以想象的巨大破坏。检查员意识到,金属钉是从他自己的刷子上脱落的:他用的刷子的刷毛是用金属钉固定的。检查员会用力刷冷却剂箱管道的配件来清除污垢,在这个过程中有时会脱落一些刷毛和金属钉。

为了设计出符合上述需求的刷子,兰斯模仿了曾祖父发明的奶瓶刷的基本设计。他设计了一种刷毛与刷芯一体、不可脱离的刷子,没有一根刷毛会脱落。更巧妙的是,这种刷子没有使用金属钉,这样就不会有金属钉脱落从而污染冷却剂箱。他带了几把这种刷子在核电站里进行了大量的测试,经检验这种刷子是安全的。如今,世界各地的核电站都在使用这种刷子,选择使用这种刷子进行清洁的核电公司每年都能节省数百万美元。虽然这种刷子的原材料成本只有 12 美元左右,但兰斯出售它们的利润相当可观。通过制定相当高的定价,他可以保证一直按照核工业的严格标准制造这些刷子。这正是激情经济下的商人应该追求的目标:产品的价格是由其提供给客户的价值决定的,而不是由制造该产品的原材料决定的。

如果麦克斯·切尼看到如今的博朗公司,他肯定认不出来了。当然,这家公司仍然在生产刷子,但其利润并非来自生产的实体产品。公司的利润来自产品所包含的创意、知识和思考。

兰斯成了一名定制刷子的专家,参与了各种严肃的专业项目。其中,他对自己为美国国家航空航天局(NASA)完成的一个项目

第 3 章
看呐，奶瓶刷

深感自豪。2004 年，"勇气"号和"机遇"号火星探测器被送往火星，根据程序设定，它们需要在火星岩石上钻孔，以确定岩石的化学成分。钻头需要干净的表面，所以 NASA 需要一把刷子来清除岩石上的灰尘。这把刷子必须足够结实耐用，能在火星的极端环境下正常使用，又要足够轻，以免给航天器增加昂贵的重量。兰斯说，他会时不时地抬头仰望太空，想着自己造了一把能在火星上使用的刷子。

兰斯确认了他在请求父亲改变公司战略的那些日子里就浮现过的猜想：如果你制造的刷子真正解决了公司或者个人最具挑战性的问题，那么生产更少的刷子也可以赚更多的钱。兰斯通常会为这些刷子要价数千美元，而他的客户很乐意买单，因为这些刷子为他们省下的钱远不止这些。

兰斯现在拥有 30 名制刷工人，更准确地说是工匠，可生产 15 000 种不同类型的刷子。他销售各种独特的刷子，专门为满足小客户群的需求量身定制。兰斯和他的团队专精于刷子的三个要素：刷柄、刷毛和胶水。就像他的祖辈一样，兰斯和他的员工也成了制造刷子的艺术家：他们在刷毛纤维方面有着深厚的专业知识，也熟知将刷毛固定到刷芯的各种方法。例如，野猪毛特别适合涂油。添加了腈纶的尼龙刷毛要更好用。獾毛将柔度和韧度完美地结合，能够去除可可脂从巧克力中分离时在表面形成的白色物质（也叫"霜"），而不会吸收巧克力，獾毛也足够柔软，不会留下纹路。马毛适合用来抛光木头，它的质地足够坚硬，能刮去碎屑，但不像尼龙，它不会把木头切开。兰斯不仅了解各种合成纤维，而且能解释木柄、塑料柄和金属柄的优点。不过，对刷子专家来说，胶水才是真正的考验。应该根据使用场景来选择最适合制造这种刷子的胶水：刷子会在高温还是低温环境中使用？刷毛是会被平拉过去还是侧推过来？刷子需要在极端环境下经受数年的高强度使用（比如用在火星探测器上），还是仅仅用于几个小时的涂漆工作？

谈起生意时，兰斯的快乐是显而易见的。他喜欢这份工作的方方面面。他喜欢每种纤维的独特品质，他对各种材质的刷毛了如指掌，并为自己这种专业能力感到欣慰；他喜欢发明满足不同需求的特种刷子，并乐于寻找对口客户。我很怀疑，他的激情未必只有刷子才能实现。他真正显著的激情在于发明创造。他喜欢创造性地解决问题，也同样喜欢艺术创作。我能够想象，大概兰斯也会同样认为，他在许多其他工作和行业中也能够找到快乐。他本可以成为一名终身艺术家，或者特殊面料制造商，但他出生于一个刷子制造商家庭，继承了一个刷子工厂，于是他想出了如何将自己的核心激情与现实生活结合起来的方法。

兰斯并不是特别喜欢科技。当他制作新刷子时，他更喜欢把双手弄脏，粘上厚厚的胶水和松散的刷毛。但与他的先辈不同，兰斯可以利用现代科技向全世界的小众客户群推销这些产品。他推出了一系列产品，比如用于甜点加工的巧克力抛光刷、工业用的牛角面包黄油刷以及可以清洗热油炸锅的耐热刷。顺便说一下，早期的奶瓶刷（现在的手柄是塑料的）现在仍然很畅销。

兰斯还为得克萨斯州的菲多利（Frito-Lay）工厂发明了一种特殊的刷子，当薯片穿过大型机器时，这种刷子可以用于分拣薯片。

第 3 章
看呐，奶瓶刷

就像核电站一样，菲多利的主管们非常担心劣质刷子会危害他们的生意。即使只有一根脱落的刷毛掉入了一袋薯片，也可能会导致昂贵的诉讼和糟糕的口碑。兰斯说服他们，他可以制造出一种刷子，既结实到不会脱落一根刷毛，又柔软到不会弄碎一片薯片。

兰斯解释说，面对每一种不同的情况，他的定价不是基于原材料——原材料的成本通常只有几美分或几美元——而是基于多年的训练、技能和设计刷子的创造力。而且，兰斯做了一件会很可能会让他父亲大惊失色的事。他每年会从公司的产品目录中淘汰数百种刷子。通常，淘汰的恰恰是那种销量最高，但利润率最低的刷子。如果中国的制造商可以生产同等质量的某一类刷子，兰斯就会放弃这条产线。

对兰斯的许多客户来说，他们不会使用"激情"一词来描述对兰斯的刷子的感受。菲多利和核电站的主管们只是为了应对业务挑战，才决定采用兰斯制造的刷子。然而，兰斯的激情是具有感染力的。他通过建立起来的客户口碑接到了大部分定制订单。人们把他的名字分享给其他需要定制解决方案的人；他们之所以记得兰斯，是因为他们被他在特种刷子这项事业中充满激情的投入所打动。

不过，在一些其他场合，兰斯通过更直接的方式展现他的激情。其中兰斯最引以为傲的成就，我们当中少有人会认为那只是刷子——他把以刷毛为介质进行艺术创作的副业坚持了下来，并创立了名为"刷子瓷砖"（Brush Tile）的品牌，使用制刷技术来制作纤维瓷砖。通过将不同颜色的纤维（包括可以发光的光纤）水平地粘在一个垂直的方形支架上，"刷子瓷砖"创造了非凡的、有编织纹理的墙壁。兰斯说，他记得有一天坐在办公室里，读到有关微软公司和谷歌公司变得多么富有的报道，"我在想，怎么才能把刷子卖给他们呢？"

他意识到，他们似乎在不断地建造和翻新办公室，试图创造一个独一无二的、生动有力的形象。事实上，"刷子瓷砖"在甲骨文、谷歌、微软、亚马逊和其他许多公司的总部，建造了许多重要的展示墙。公司为自己的入口购买艺术瓷砖时愿意花的钱，比购买清洁地板用的刷子时愿意花的钱要多得多。

在许多方面，兰斯的观念都回到了公司的立足之本，制造出专门的刷子来解决其他公司难以解决的针对性问题。他还吸取了父亲和祖父做生意的精髓：运用20世纪的规模化生产。兰斯并没有将目光局限在布鲁克林的布什威克周围。他可以接触到全国乃至全世界的公司，并了解它们最棘手、最重要的问题。由于这种广泛的接触，他可以舍弃批量生产低价刷子而轻易赚到的钱，转而锚定那些需要用刷子来解决的、最有利可图、最令人兴奋的问题。博朗刷子现在完全是一家现代化的21世纪公司，是其他公司的榜样。但显然，它并不是一家高科技公司。

我发现兰斯的生意简单得鼓舞人心，这是一个很好的典范，只要适当掌握一些专业知识，拥有好奇心、创造性思维和倾听他人需求的能力，我们都可以取得成功。兰斯非常了解制作刷子的三要素，并能创造性地将它们以最佳方式结合起来，从而解决无数复杂问题。从本质上讲，他已经将刷子业务变成了问题解决业务。他的卖点不

第 3 章
看呐，奶瓶刷

是刷柄、刷毛和胶水制成的刷子，而是他（和他的团队）利用这三要素来解决问题的专业技能。这足以让他建立起蓬勃发展的企业，养活他和 40 名员工。自打公司从商品刷子制造商转型为解决方案提供商以来，业务一直稳步增长。博朗公司在过去十年的业绩增长超过了它在整个 20 世纪的增长。

激情与技能规模化结合的好处在于，当你的业务范围向整个世界拓展的时候，就会发现自己在某方面的兴趣和专业知识可以为某地的某人解决最棘手的问题。随着科技的进步、人工智能的发展以及自动化设备的改进，兰斯的生意会越做越好。他将能够发现越来越多的问题，更有针对性地解决它们，并以更低的成本构建解决方案。他不仅能面向未来，而且，事实上，让很多人感到害怕的未来反而有利于他的事业。技术和全球贸易的每一步跃进，都有利于兰斯更容易地发现问题，并集中精力解决问题。如果自动化和外包业务的增势不减，那对于他的业务来说只会是个利好消息。

了解兰斯之后，我研究了刷子行业。在美国有很多像博朗刷子这样的公司：家族经营的公司多年来大量生产同类型的刷子。我拜访了一家这样的家族企业——基施纳刷子公司（Kirschner Brush），它位于纽约市南布朗克斯，距离博朗总部不到一小时的路程。

我的向导是伊斯雷尔·基施纳（Israel Kirschner），他今年 69 岁，身材高大，精力充沛。坦率地说，对于他古老的家族企业仍旧在布朗克斯经营这件事，他看起来和我一样惊讶。在一幢摇摇欲坠的工厂大楼里，是混乱的工厂车间。其中有一些旧机器，他提到一台刷毛清理机:"那可能有 100 年的历史了。"随后,他眨了眨眼睛,炫耀着一笔最新的采购——一个能给刷毛涂胶水的奇怪旋转装置,而这笔采购已经发生在 20 世纪 80 年代。机器周围零乱地堆积着箱子,替换零件的琐碎部件和刷柄随意地散落在暗沉破旧的木地板上。这个地方看起来好像几十年都没有打扫过了,基施纳似乎在开玩笑。

恐怕没人会比伊斯雷尔·基施纳更反对基施纳刷子公司继续存在了。他的父亲在第二次世界大战后的经济大繁荣时期创立了这家公司。几十年来,这家公司一直在制造和销售用于最艰苦的刷漆工作的、坚固耐用的专业刷子。基施纳的大多数客户是大型建筑公司和政府机构,他们需要用刷子来粉刷桥梁、大型建筑物的墙壁和其他大型工程。粉刷一座桥或一大堵墙可能需要几百把刷子,这些刷子都由基施纳提供。后来,在 21 世纪初,中国制造商开始向美国大量出口这种类型的刷子。基施纳回忆说,起初这些刷子都是粗制滥造的,刷毛容易脱落,手柄是粗糙的塑料。而他的客户不会考虑购买那些会弄脏油漆涂层、掉毛,同时还会伤害工人双手的劣质刷子。但是没过多久,中国制造工厂就通过技术上的改善使刷子的质量大大提高。基施纳发现越来越难以证明他昂贵的刷子物有所值。

他递给我一把刷毛一英寸长的木柄猪鬃刷子。像他所有的产品一样,这把刷子小巧简单,但造型很精致。有那么一瞬间,我认为他是激情经济的典范。毕竟,他似乎和兰斯一样对刷子充满激情。然而基施纳没有遵循其他规则来改变现状,他并没有将刷子卖给最需要它们的人,而是继续批量销售,大部分卖给了市政府,而后者根本不在乎精心制作的刷子在细微之处的美感。基施纳不会听取客

第3章
卷吠，奶瓶刷

户的反馈意见，根据客户的需求调整产品，而是继续制造其他人也可以大规模生产的产品。

他告诉我，在使用古老的机器和大量劳动力的情况下，每把刷子的制造成本超过了1美元，导致每把刷子的批发价高达2美元，零售价则要4美元，而一家中国制造商出售的几乎同等质量的刷子仅需30美分。当然，中国工厂不仅可以雇用廉价劳动力，还拥有许多更新、更高效的机器，所以他们可以比基施纳以更快的速度、更低的成本生产更多刷子。为了在刷子行业内保持竞争力，基施纳不得不花费数百万美元升级设备、建造新工厂，但他的这些努力并没有解决问题。每一年他挣的钱都比上一年少，甚至每个月挣的都比上个月少，他知道不久以后的某一天，自己的工厂就会倒闭。基施纳之所以能坚持经营下去，是因为这是他喜欢做的事情，而且身边还有一些老客户。我和其中一位老客户，格雷科刷子公司（Greco Brush）的迈克尔·沃尔夫（Michael Wolf）交谈过。他说，他可以改用中国制造的刷子，这样可以省下一大笔钱。但是他告诉我："我父亲和基施纳的父亲从（20世纪）50年代起就一起做生意，我们两个也会将这种合作关系延续下去。"当然，每年都会有一些忠实客户由于退休、去世或者屈服于价格压力而流失。

对于各行各业的美国企业来说，这个故事并不陌生。一种维持了数十年的可靠的谋生方法，突然之间因为新技术和贸易的结合与发展而难以为继。美国到处是像基施纳这样的人，终其一生他们都在一个体系下蓬勃发展，当原有体系不复存在时，他们无法适应。

我非常喜欢伊斯雷尔·基施纳，他风趣且有自知之明，也接受自己因年纪太大而无力回天，孩子们也没有兴趣接管公司的事实。几年后，在我写这本书的时候，听说基施纳去世了，我感到很难过。他的孩子们把公司卖给了一家大企业。没有什么可卖的，旧设备并不值钱，但他们还有一些剩余客户，这些客源有一定的价值。基施纳未能成功转型以适应新的经济体系，在新经济体系中，解决新的问题能够创造利润。这并不是说基施纳不够聪明或者知识不够渊博，他对刷毛、刷柄和胶水的了解可能与他的竞争对手兰斯不相上下，甚至还要更多。产生差别的原因要更简单一些：虽然基施纳能够观察到经济形势发生了变化，而且明白坚持固有做法不再有效，但他想不出解决之道。

博朗和他的奶瓶刷已经成为我的图腾、我的榜样，告诉我如何在 21 世纪蓬勃发展。随着现代科技，特别是计算机和互联网的发展，人们能够将自己独特的激情和知识与最需要它们的人相匹配。正如我们所看到的，有很多方法可以实现这一点，而且人们需要根据实际情况调整自己的策略，因为每个行业、企业和个人都是独一无二的。这是本书的核心教训之一：在 20 世纪的大部分时间里，最安全、最赚钱的策略就是尽可能地与他人保持一致；而在 21 世纪，最好的赚钱策略就是做你自己，突出自己与他人的不同之处。这种不同之处正是利润所在。

很少有企业家能够通过一而再再而三地提供同样的产品来赚钱。无论你是会计还是刷子制造商，不仅是其他人，甚至越来越多的电脑和机器人都很有可能以更低的价格提供你的产品的类似版本。结

第 3 章
春呐，奶瓶刷

果，许多人发现自己陷入了艰难的漩涡：工作时间变长，收入减少，生活在担心自己有一天会失业的状态中。大多数刷子制造商已经放弃挣扎，或者更糟的是被迫倒闭。这是一种恶性循环。

在 20 世纪 90 年代的大部分时间里，博朗刷子的年销售额一直卡在 100 万美元上下。正如前文所述，此后博朗刷子公司发展迅猛。兰斯·切尼的成功秘诀不是秘密。如今，想要在美国的刷子行业取得成功，不仅要退出大众商品市场，放弃生产低薪国家的企业能够以廉价成本生产的低端产品，而且要结合 19 世纪的最佳要素（工艺和创意）和 20 世纪的最佳要素（规模）。兰斯拥有和他曾祖父一样的创造力和解决问题的能力，还能沿用父亲的体系化和标准化生产模式。计算机、自动化机械和全球贸易的发展，使兰斯能够将他所继承的一切、所学到的一切和所有的想法投入钟爱的事业，并将他的触角延伸到世界各地，从而在激情经济中蓬勃发展。

我特别喜欢兰斯的最佳客户以不带感情色彩的方式来评价他的激情。如果他想继续收取让自己获利颇丰的溢价，那么他就必须以一种持久的、可衡量的方式真正解决客户的问题。对于兰斯的许多客户来说，他的激情、他的情感驱动力，都可以用清晰的、合乎逻辑的方式表达。他们可以看到，由于刷子的创新，兰斯的产品给他们提供的使用时间增加了多少小时，给他们节省了多少钱或者能让他们多赚多少钱。但是，即使是最合乎逻辑的业务分析也会得出这样的结论：如果不是一个充满激情却又沮丧的艺术家继承了一家大工厂，并找到了看待刷子的全新方式，这些问题就无法得到解决。

案例研究：柯林·芬奇

市场研究——受朋友之邀

劳拉·莫法特（Laura Moffat）和凯莉·桑德斯（Kelly Sanders）于2014年在佛蒙特州结婚。劳拉在苏格兰长大，凯莉在新泽西州度过了童年，一种相同的挫折感可能与她们二人终身相伴。当她们还是小女孩的时候，就已经意识到她们穿的衣服都不适合自己。她们知道自己讨厌裙子和任何过于女孩子气的东西。但是男童服装也不完全适合她们，她们不喜欢大多数衣服上都印着的恐龙和火箭飞船图案。作为女性，她们只好将就着买衣服。劳拉会买男式工装衬衫；身材娇小的凯莉仍然会在男童区买衣服。然而，为小男孩和成年男性设计的衣服并不适合大多数女性的身材。女性的身体通常更具曲线美，胸围更大，臀围更宽。男性的上衣和下装通常太紧。但是，为女性量身定做的衣服不可避免地带有她们都不喜欢的女人味。

劳拉和凯莉并不特别注重着装。劳拉从事制药业，凯莉是一名教师。但当她们决定结婚时，她们的生活发生了更多微妙的变化。她们都想在婚礼上穿着裁剪合体的、有传统男装风格的套装，但是试穿的衣服都不合身。她们不想在婚礼当天感到不舒服，于是委托一位裁缝，定制了既具有传统男性风格又符合她们身材的套装。在那个特殊的日子里，她们感觉棒极了。那不仅是一件合身的衣服带来的乐趣，更重要的是，她们第一次感到自己穿着的衣服完全符合她们的真实身份。

案例研究：柯林·芬奇

这对新人度过了九个月的蜜月旅行，那是一次环游世界的冒险之旅，她们花了很多时间讨论穿着完美合适的衣服的感受，并且开始设想创办一家能够带给别人同样感受的公司。她们知道这种类型的服装多少会有些市场。她们有很多有着相同困扰的朋友，包括同性恋和异性恋的女性，这些人都想穿上合体的男款中性风格服装。此外，越来越多的人认为自己是非二元性别，也就是说，这些人既不认为自己是男性，也不认为自己是女性，这部分人也想要合体的男款中性风格服装。劳拉和凯莉知道这项业务会有顾客，但顾客的数量有多少？这会是面向少数人的小众产品，还是会有足够多的需求，从而建立起可观的业务？

她们都不知道斯科特·斯特恩，但她们选择的道路和斯科特所建议的一样。首先，她们聚焦于美国市场。劳拉和凯莉找不到关于目标客户的可靠数据，她们用"假小子"一词来定义她们的目标客户，这是一个宽泛的类别划分，既包括同性恋和异性恋女性，也包括那些自我认同为非二元性别的人。她们能找到的最好的支撑数据来源于性少数群体（LGBTQ）市场，这一群体将构成她们目标受众的很大一部分。目标客户的数量很难确切地统计，因为很多异性恋女性喜欢假小子风格的衣服，而许多同性恋女性、变性者和非二元性别者却不喜欢。更令人困惑的是，民意调查和美国人口普查还没有形成准确表明性别身份的标准化工具。劳拉和凯莉估计，在人口普查中被认定为女性的人中，大约有 5% 会成为潜在顾客。这个群体中很大一部分人会特别忠诚于一家由 LGBTQ 社区成员创办，并且非常周到地服务于他们需求的公司。

接下来，她们分析了目标受众的购买力和人口分布。最后得出结论：有超过一百万，大部分（但并非全部）集中分布于大城市中心区的女性，有兴趣也有可支配的收入来购买她们的衣服。

以上这些数据是比较模糊的，但即使跟真实数据相差50%，在公司成立的早期阶段也非常有用。她们知道公司的规模一开始会很小，也不指望在最初的几年里就拥有数百万的客户。但她们知道这个市场潜力巨大，值得她们将更多的时间、精力和金钱投入这个能够成长壮大到足以成为毕生事业的生意上。这些数据还表明，目标市场还没有大到有朝一日能与李维斯（Levi's）或 J.Crew 等大型服装公司匹敌的程度。这是个好消息，意味着她们的目标客户群体较少，不足以吸引那些可以快速甩开她们的大公司参与竞争。

对潜在市场的初步评估，可能需要花费几分钟的时间做一些创造性思考，并通过谷歌搜索获取信息。花费这些时间可以让刚刚起步的创业者避免多年的无用功。你的目标市场是否小到无法维持业务？是否大到让大公司将你挤出竞争？抑或它是一个"金发女郎"市场，即规模大到足以让你的企业成功，但又小到能够让你占据市场的主导地位？

接下来，劳拉和凯莉做了完全不同于之前大而宽泛、模糊估计的调研：缩小调研范围。她们制作了几件衬衫，并举办了一次市场调研会。她们联系了朋友，还有朋友的朋友，聚集了几十个潜在客户。她们联系了一些自称双性或假小子的女同性恋、非二元性别者，还有一个喜欢男装中性风格但苦于找不到合体衣服的异性恋女士，并邀请他们到家里吃东西、喝饮料。那是个欢乐而有趣的场合。劳拉和凯莉了解到，确实有一些人非常渴望得到她们热衷于创造的东西：为女性身体或非二元性别者设计的男款中性风格服装。

劳拉和凯莉也开始深入研究细节。诸如，哪些种类的衬衫最吸引目标客户?她们对纽扣的大小、选用的面料以及衣领的剪裁有什么看法?她们询问了客户对价格的接受程度,以及客户会选择网购,还是只会在可以试穿的实体店里购买?

劳拉和凯莉不需要雇用昂贵的市场调研公司就迅速认识到她们的核心假设似乎是正确的,抱着这样的信心,她们订做了最初的几百件衬衫。那些衣服确实卖得很快,所以她们决定将订单翻倍,就这样一次又一次。当然,这些加订的衬衫同样卖得很快。由此,她们意识到自己拥有了真正的事业。那时,她们已经有了足够多的实际购买客户和持续的收入,这足以证明有针对性地进行市场调研是合理的。如今,这家被命名为柯林·芬奇(Kirrin Finch)的公司正在蓬勃发展,该公司为客户提供数十种衬衫、裤子、西装外套、帽子和配件。劳拉和凯莉已开始集中精力扩大生产规模、降低成本,保证合理的定价,让柯林·芬奇的所有目标客户都能买得起她们的衣服。

第 4 章
勇敢的会计

颠覆传统模式后，一个无聊的金钱"处理器"了解到，
他可以通过弄清楚自己的真实产品及其真实价格来蓬勃发展

....

杰森·布卢默（Jason Blumer）的外形和卡通人物丁丁很像，一头鲜红的头发在前额上方竖直梳起，眼睛睁得大大的，似乎对他所看到的一切都感到惊奇。唯一的区别是，布卢默的鼻子更圆，戴着眼镜，说话带着浓重的南方口音。布卢默喜欢自己卡通人物一般的形象，总是戴着色彩鲜艳的塑料圆眼镜，时不时用"哇哦""酷毙了""这太疯狂了！"这些感叹句来强调他的评论。

布卢默改变了很多人的生活。美国和加拿大有 300 多家企业因为布卢默而更加成功。我曾经和数十位小企业主交谈过，他们告诉我，得益于布卢默的指导，他们变得更富有、更快乐、更有成就感。一位在达拉斯经营网站设计公司的男士告诉我，布卢默是他生命中最重要的人。"哦，除了我的妻子，"他补充道，"还有我的孩子们。"尽管有了家庭，但布卢默对他的重要性依然不亚于亲人。他和布卢默曾经见过一面。这位男士还告诉我，自己每月为布卢默的服务支付的账单是他最大的一笔开销，也是他唯一真正愿意支付的一笔开销。

第4章
勇敢的会计

杰森·布卢默是一名会计，一名能改变人们及其事业的会计。也就是说，他一点也不像人们听到"会计"这个词时脑海中浮现的形象。首先，他几乎每次参加会议都穿人字拖、牛仔裤和T恤。他连一套西装都没有，多年前还把所有领带都扔掉了。他几乎句句不离"伙计"这样的口头禅。虽然他的确会谈论一些典型的会计细目，比如税务结构和损益表，但他很快就会告诉客户，他觉得这些东西本身甚至比他们做的事更无聊，而且他很不屑于全盘思考这些要素。布卢默宁愿让他的客户解释他们是如何定义幸福和成功的，并精确描述他们所拥有的技能和兴趣的独特组合。

布卢默的常客往往是一些有创造力的小企业主，比如平面设计师、公共关系顾问，还有精于业务、工作尤为努力但入不敷出的数字营销机构负责人。这种情况很普遍。富有创造力的小企业主往往缺乏商业背景，不了解如何制定成功的战略。他们接受客户的任何要求，全力以赴地工作，并希望获得成功。布卢默问了他们很多问题。他问，什么让他们感到最快乐，他们认为自己能做什么与众不同、很少有人能做到的事情。布卢默要求他们仔细定义他们为客户带来的价值。几个月的时间里，布卢默时而温和，时而严厉，帮助这些商人重新认识自己的业务。让他们可以花更少的时间工作，却能够为客户提供更多的价值，赚更多的钱。

布卢默可以举出几百个成功案例，但最好的案例是他自己的故事。布卢默并非天生在商业方面具有远见卓识，恰恰相反，他知道人们犯的所有错误，也知道改变是多么困难，因为这些错误他都犯过，并花了很长时间才改正。

故事发生在2003年秋天一个寒冷的早上，这一天布卢默的生活发生了变化。早上六点刚过他就醒了，开始了例行公事的一天的第一件事。他安静地走到浴室，以免吵醒他的两个小女儿。他从衣柜里找出一套妻子替他买的大众款式的蓝色西装。他一边照着浴室的镜子将领带系在脖子上，一边再次觉得自己不是当年那个年轻人了。那时候，年轻的布卢默留着长发，穿着牛仔裤和破烂的匡威鞋，他梦想着成为一名艺术家，更重要的是，实现重金属音乐的辉煌。

布卢默在南卡罗来纳州格林维尔的郊外长大。他的父亲是当地一些小公司的会计。但是在杰森的记忆中，父亲很少谈论工作或会计事务，反而在谈及城镇北部的阿巴拉契亚山脉的长途徒步旅行时兴趣盎然，这是他每周末都想做的事情。杰森是个平凡的学生，就读于北格林维尔大学，那是一所小型基督教学院。他对自己所学的课程没有什么深刻的印象。他的兴趣点在于他的乐队，一个名为"寂静如此喧嚣"（Silence So Loud）的基督重金属乐队。

在20世纪80年代末至90年代初的短暂时间里，基督金属[1]音乐风靡一时。Stryper、Bloodgood、Barren Cross、Whitecross和Leviticus等乐队在"圣经地带"[2]或更遥远的基督教学院和音乐场馆演出，收入不菲。当时这种硬摇滚基督音乐有许多狂热的爱好者，即使是很

---

1 基督金属（Christian metal），又名白金属（white metal），是一种重金属音乐风格，会通过歌词宣扬基督教精神。

2 圣经地带（Bible belt）是指美国原教旨主义基督教信仰盛行的地区，尤指美国南方腹地和得克萨斯州。

第 4 章
勇敢的会计

小的、只会拨弄两下吉他、对着麦克风尖叫几声的本地乐队也能进行现场演出，布卢默现在承认这些乐队非常糟糕。

于是，布卢默留着摇滚乐手标志性的打了发胶的长发，在南卡罗来纳州北部到处演出，甚至还到附近的州举行巡演。有那么一周的时间，乐队成员收到了一个认识音乐圈人士的亲戚的错误信息，导致他们误以为自己即将成为大明星。然后，像大多数大学乐队一样，他们在激烈的争吵中解散了。令人震惊的是，杰森立即剪了头发，在沃福德学院取得了会计学位——他之所以选择这个专业，是因为他的父亲也从事会计工作，除此之外他也不知道该学什么。在学校里，他认识了自己的妻子珍妮弗，并和她结婚了。婚后不久，妻子怀孕了，他开始找会计工作。

布卢默在第一家雇用他的公司工作时，得知他的收入取决于他的工作时间和维护的客户数量。他是个资质平平的会计师，考了六次才通过注册会计师考试，但他很快就有了年薪6万美元的收入，这在南卡罗来纳州北部属于相当不错的收入。布卢默的第二个女儿即将降生时，他为添丁进口的家庭买了一所不大但温馨的房子。

如果你问布卢默是否喜欢自己的工作，他可能会奇怪地看着你。他甚至没有考虑过这个问题。他认为，人们不会喜欢工作；人们工作是为了养家糊口，并且如果幸运的话，可以支撑一些不错的业余爱好。如果你继续追问，他会坦白说，他真的很讨厌穿西装打领带，他觉得这份工作很无聊，甚至有点令人沮丧，尽管他不知道该怎么做才能改变现状。

2003年秋天，在距格林维尔90分钟车程的小镇上的一家工厂里，一个决定性的任务降临了。这家有着悠久历史的工厂[1]被一家更大的国营公司收购，后者聘请布卢默对该公司的账簿进行彻底审计。项目规模变得越来越大；最终，布卢默需要在两个多月的时间里，每天早晚开车 90 分钟往返这家工厂。

那些每天开车上下班的时间，成为杰森进行自我反省的固定时间。这家工厂位于一个乡村小镇，远离格林维尔附近的大城市和州际公路。在抵达目的地的路程中，杰森会开车途经一连串濒临消失的小镇。南卡罗来纳州北部的经济完全依赖于纺织业。近一个世纪以来，该地区一直生产棉线、T 恤、袜子以及其他纺织品。纺织厂极大地促进了当地经济的发展。这些工厂为很多人提供了非常稳定的工作，以至于父母大都会告诉孩子不要完成高中学业，因为不管他们是否取得学位，最终都会进入纺织厂工作，所以为什么不早点上班，早些赚钱，从 16 岁开始计算工龄，而不必等到 18 岁。

此外，技术进步和与中国的贸易对北卡罗来纳州和南卡罗来纳州的纺织业造成了最严重的影响。变革几乎发生在一夜之间，一些机器可以自动把棉花变成棉线，再把棉线织成布料，而不需要人工干预。一个关于现代纺织厂的笑话广为流传：一家纺织厂只要两个雇员——一个人和一条狗，这个人是来喂狗的，而狗是让人远离机器的。也有些工作是机器无法取代的，主要是把布料制成衣服的裁剪和缝纫工作。但由于廉价劳动力——首先是墨西哥和中美洲的，

---

1 根据布卢默的保密要求，下文对本项业务的明确细节描述已作出修改。——原文注

第 4 章
勇敢的会计

然后是中国的廉价劳动力——的出现，这些工作机会消失了。从 1995 年到 2003 年间，廉价劳动力浪潮就好像一场瘟疫席卷了南卡罗来纳北部，带走了所有抱有雄心壮志的适龄劳动人口（当然，他们搬到了其他有更好工作机会的地方），留下了年老体弱的人。

布卢默开车穿过这些挣扎求存的城镇，他不自觉开始思考自己的未来会怎么样。他的许多客户都是纺织公司及其上下游公司。将来还会有很多工作机会吗？如果纵观发展趋势，他认为，会计行业的前景与纺织业并无不同。日益完善的会计软件使数百万客户可以自主完成税务工作。欧洲和亚洲的离岸会计师通过互联网就能提供可靠而廉价的服务。

布卢默知道自己被指派的这份工作是安全无虞的，因为他要审计的公司财务实在是一团糟，要让电脑取代一个在一堆堆乱七八糟的文件中翻找资料的人，还需要很长、很长一段时间。就在他上班的第一天，这家公司的老财务人员就告诉他，他们必须到工厂的几个地方去收集所需的资料。然后她带领布卢默参观了这栋大楼里的每一间办公室和贮藏室：包括位于地下室的档案室，里面的箱子里塞满了存款收据；工厂主管的办公室，里面有一个盒子装着购买每台机器的收据；一个一楼的房间，其中存放着一份古老的账本，由两个上了年纪的妇女在账本上记录每一笔销售额。布卢默意识到，他需要根据最粗略的参考记录重建该公司的现金流量体系，将每一笔现金流入和现金流出匹配起来。这项工作耗时漫长又乏味，可能要花费几周甚至几个月才能完成。

布卢默明白，最糟糕的是，这份工作是他所能期望的最好的工作了。从这份工作开始，分配给他的大部分任务将会是完成那些极其无聊的、无须与电脑和离岸会计师竞争的工作。和其他中型会计师事务所里的中级注册会计师一样，布卢默的工作质量不是依据才能来评估的，而是根据一个单一的、严格的标准：他所收费的工作时长，或者正如业内周知的那样，时间利用率。在很久以前的某个时刻，似乎已经有人确定，会计恰好需要用工作时间的30%来吃午饭、上厕所和参加会议，意味着剩下70%的时间应该为崇高的有偿工作而献身。几十年来，对于任何一个梦想加薪或成为事务所合伙人的年轻会计师来说，70%的时间利用率都是基本要求。当经济衰退时，那些时间利用率低于70%标准的人通常最先被辞退。

布卢默成了公司的计算机技术专家，他热切地研究每一个广泛应用的会计软件程序。这给公司带来了巨大的价值。会计工作正变得越来越自动化，有员工选择恰当的数字化工具，并培训其他会计师如何使用它们，这无疑是有价值的。但是在会计行业的残酷逻辑中，布卢默花在学习计算机技术上的时间价值为零，因为这段时间没有向某个客户收费。他的时间利用率常常降到70%以下，不止一次降到60%。而时间利用率为55%的会计师通常很快就会被解雇，布卢默担心这就是他的结局。他知道为什么这份大量而草率的审计工作会成为理想工作：因为整整几周的全天工作。他会快速吃一个三明治，然后马上回去工作，一个月的时间利用率就能超过90%。

即便如此，他反而感到很痛苦。这项工作令人不快，更糟的是，它毫无价值，也真的无关紧要。即使他做了最全面、最出色的审计，他的客户——买下这家工厂的公司总部的人，也不会在意。当一家

第4章
勇敢的会计

公司收购另一家公司时,其高层往往会要求进行这样的审计工作以表明他们已经做了所有适当的尽职调查。但很明显,这家工厂即将被关闭,工厂的所有员工都会被解雇,唯一有价值的就是客户名单,这也是这家工厂被收购的原因。布卢默的审计报告会被放在总部某处的一个文件抽屉里,甚至可能永远都不会被查看。

杰森所做的很多工作就像那次的审计一样敷衍了事,没有给任何人带来快乐。最好的情况是他帮助某个客户省下了一些税款,这确实给对方带来了一些满足感,但对杰森来说这还远远不够。虽然少付政府的钱是一件开心事;但只有发掘有创造性的会计工作,才是真正令人感到兴奋的。

对于会计来说,提出这样的问题是危险的:我的工作有什么意义?尽管如此,这个想法还是在上下班途中悄悄潜入了杰森的脑海,他的脑海通常被各种源自牢骚的幻想所占据。他会想,也许在另一个世界里,有一种方式可以让他既令客户满意,又能做创造性的工作,而且再也不必担心时间利用率。然后,他会猛然想起,他生活在一个必须偿还抵押贷款、必须完成工作且工作毫无乐趣的世界中。

慢慢地,在上下班途中,他的白日梦变得更加具体。他开始在脑海中描绘自己理想工作的图景。他开始制订计划。这似乎有点冒险,他需要先和妻子谈谈,但他怀疑最大的风险就是他不敢迈出这一步。

会计变成了安全而乏味的工作,这简直是一场悲剧。毕竟,会计曾经是世界经济史上最具创新性的职业之一。在15世纪,威尼斯是世界的文化和经济中心。这个共和国的财富在很大程度上来自颇具传奇色彩的威尼斯兵工厂[1]，这在当时是地球上最强大的军事制造基地。通过控制海洋，威尼斯也控制了商业。威尼斯商人从来不用为自己的生意操心。大多数生意的规模都很小，小到一个商人可以凭着记忆，同时借助纸上不可靠的刮痕记号来记录库存。这种方式也更方便。在阿拉伯数字（实际上发明于印度）广泛采用之前，商人不得不使用罗马数字进行加减计算。如果你有357蒲式耳[2]的小麦，每蒲式耳小麦价值29金币，你需要用CCCLVII乘以XXIX来计算这些小麦的总价值。不出所料，一些人算不清楚。

因此，很少有威尼斯商人能够回答经济学中两个最基本的问题：他们赚了多少钱，欠了多少钱？由于威尼斯商人不能回答这些最基础的有关偿付能力的问题，因此当法国和西班牙以及其他新兴海军强国经济体开始进入市场并蚕食其利润时，他们就显得尤为脆弱。

会计的出现挽救了这一局面。1494年，威尼斯修士卢卡·巴尔托洛梅奥·德·帕乔利（Luca Bartolomeo de Pacioli）煞费苦心地跟踪了每笔交易的来源和流向后，首次提出了将借方和贷方相匹配的复式记账法。尽管这看起来是一个简单的解决方案，但会计却相当于那个世纪的互联网。这种创新可以让商家更清晰地了解他们的业务，更好地了解他们的主要客户和产品，清楚要订购什么、不该订购什么，明白哪些业务可以舍弃而哪些不能，并能处理更大量的交

---

[1] 威尼斯兵工厂是威尼斯城邦的造船厂和海军补给军械库，在维护威尼斯13~17世纪期间商业贸易的中心地位方面发挥了十分关键的作用。

[2] 蒲式耳，英美制容量单位，计量干散颗粒用。美制1蒲式耳约等于35.24升。

第 4 章
勇敢的会计

易。会计方法提供了一个财务基准,使企业得以发展壮大,由此竞争也变得更加激烈,商业变化更为迅速。

关于工业革命的大多数讨论都集中在机器创新上,但会计对现代经济的贡献和工程一样大。工业革命不仅归功于巨大的机械进步,如蒸汽动力、铁路、电报,还得益于为它们提供助力的财务进步。1813 年,弗朗西斯·卡伯特·洛厄尔(Francis Cabot Lowell)在马萨诸塞州的沃尔瑟姆开设了世界上第一家综合性纺织厂——波士顿制造公司。这是第一家真正意义上的现代工厂,能够将原棉加工成成品布。洛厄尔花了一年时间来完善能将动力从一个水轮车输送到几台机器上的皮带轮传送系统,实现了工程上的突破性进展。但是,真正的挑战却是他花了十年时间思考的问题:如何结算一个多级生产过程的账目。

以往的制造过程比较简单,通常采用一步法工艺。一家企业将棉花纺成纱线;另一家企业把纱线织成布。这种简单性也反映在了会计核算过程中。企业主只需确保成品的售价高于原材料的成本。但是洛厄尔的公司购买原棉,经过纺纱、编织、裁剪成布这些过程,最终出售成品,并向完成这些工序的工人支付报酬,所以他需要知道每一个环节的成本是多少,以及这一环节本身是否盈利。尽管他可以以比原棉成本高得多的价格出售成品,但仍会因为综合生产过程中某一个环节的成本过高而赔钱。

此外,他需要知道哪些环节的效率高,哪些效率低,以及哪些投入——无论是升级新机器还是雇用更多工人——会得到远期回报,而哪些会亏本。由于他有几个投资人(这是另一种创新),而且欠银行一大笔钱,所以他需要通过各种不同的方式分配收益以保障公司的偿付能力。开发沃尔瑟姆系统花费了数年时间,这一系统使洛厄尔可以在他离工厂半天骑马距离的波士顿豪宅里,远程监督工厂每一环节的精确盈利情况。到19世纪20年代初,他已经在新英格兰各地开设了几家规模更大的工厂,改善了当地经济,由此加快了美国迈向工业时代的脚步。如果没有会计,这些就不可能发生。

在19世纪余下的时间里,会计一直推动着美国经济的增长。铁路的快速发展带来了更大的财务挑战。管理人员需要监督远布各地的业务。同时由于电报的出现,公司必须实时掌握比其他任何商人都要多的信息。到20世纪初,随着管理人员学习如何在几个不同业务之间分配资源,事业部制[1]公司应运而生,这一新生事物带来了一系列全新的深刻挑战。值得称道的是,在公司发展的每一个关键环节中,会计师都开发出了应对这些新挑战的新技术。

就很多方面而言,美国的时代也是会计的时代。几十年前几乎不存在的职业,已逐渐成为美国最稳定的职业之一。随着商业竞争日益激烈,每家公司都需要会计师来监管成本和收入,确保公司免遭财务困境。当政府通过法律要求所有上市公司仔细监管其账目后,除了内部会计人员外,公司还需要聘请外部会计师进行审计。

当1913年个人所得税通过立法正式纳入美国税收体制后,普通美国人开始聘请会计师来确保他们正确填写纳税申报单。开设会计

---

[1] 事业部制(multidivisional)组织结构,又称M型结构,是指在公司总部领导下,按产品、地域等设立若干事业部,每个事业部都拥有较大的经营管理自主权。

第 4 章
勇敢的会计

课程的学校数量和受过培训的会计师人数稳步增长,但会计师这一岗位仍然供不应求,因此,所有掌握相关专业知识的会计几乎都可以保证终身受雇。

于是,19 世纪曾充满创造性远见的大胆领域逐渐发展为常规工作,甚至于常常成为"无聊和可预测"的代名词。而"创造性会计"一词则带有一种阴暗的、违禁的色彩。我们不希望会计师有创造力或富于激情,我们希望他们坐在办公桌前按部就班地做着无聊的工作,确保所有数字加起来都是正确的。

接下来,进入了计算机、互联网和全球贸易的时代。事实证明,如果一项工作的最大价值只是完成例行程序,那么这种工作完全可以由计算机或其他国家的廉价劳动力完成。大多数会计师都意识到这一点并做出了反应。许多大型会计师事务所转向了咨询业务,不仅向客户收取核算账目的费用,还通过提供咨询服务帮助客户赚更多的钱。为了保住业务,本地会计师挣扎着降价,承诺找到更有利可图的税收优惠,或者寻找其他方式与计算机和海外会计师竞争。这成了会计师保持地位的孤注一掷的努力。

布卢默意识到,竞争的突然加剧已经使这个行业失去了根基——会计不再是一份有着体面工资的"铁饭碗"了。他还明白,会计行业的天花板也消失了。现在,布卢默可以让计算机和其他人完成工作中他最讨厌的部分,诸如计算、审计、纳税申报,这样他就可以如愿以偿地专注于寻找对客户来说具有创造性、启发性的价值创造方式,从而让客户乐意为此付费。

当这份看起来没完没了的审计工作结束后,布卢默告诉妻子他有一个梦想。他本以为妻子会告诉他，他不仅有一个梦想，还有两个孩子、房贷和家庭责任。但她没这样说，她鼓励布卢默追求自己的梦想，即使那意味着他们会面临一段经济困难时期，事实也的确如此。布卢默辞去了年薪6万美元的工作，加入了他父亲濒临倒闭的会计事务所，严格来说甚至算不上"事务所"，办公场所只有一张桌子，在他父亲的房子二楼的一间卧室里，还有几位客户，其中大多数都是他父亲几十年的老客户，年纪都很大了，很难意识到计算机可以帮他们省钱。

如果有人想拍一部电影，主人公是一个面临重重问题的会计师的话，在杰森·布卢默的生活电影中，这将是最黑暗的时期。不知何故，在致力于追求梦想的过程中，他反而倒退了一大步。他仍然每天忙于纳税申报和临时的审计工作，但现在他的客户付的钱更少了，而且正是这些人最有可能转而选择会计软件，最终抛弃他。

但对杰森而言，这是一个神奇的时期。会计工作很简单，为退休人员填写纳税申报表要比对一个快倒闭的工厂做长达数月的审计容易得多。而且由于工作时间变短了，他有更多时间探索自己的新想法。他找来相关书籍、播客和博客，帮助自己通过直觉思考事务所如何为客户提供有价值的新服务。在我看来，这个过程有点像电影《十一罗汉》，布卢默召集了一群头脑聪明的人组建了一支团队，每个人都专精于眼下问题的特定方面。当然，在这种情况下，团队从来没有真正聚在一起，眼下的问题也不是从赌场窃取数亿美元，而是想办法成为一名为客户提供更令人满意、更有价值的服务的会计师。

第4章
勇敢的会计

布卢默团队的第一个重要成员是罗恩·贝克（Ron Baker）。贝克是一名有远见的会计师，他一直执着于一个问题：会计师不应该按小时收费。贝克来自北加利福尼亚州，身材魁梧，是个自豪的"保守主义者"，他将这一词定义为具有自由主义经济倾向的保守派人士。他比杰森大15岁，在20世纪80年代曾是大型会计师事务所毕马威（KPMG）的一名会计，从事与杰森类似的工作：为企业审计和报税。他说，在毕马威工作期间，与客户的一般业务往来中，他和同事通常会在审查客户账簿的最初几分钟内得出一些见解。因为贝克和他的团队拥有丰富的专业知识，可以立即看出公司的账目记录是否糟糕。

财务记录通常是按照几十年前制定的规则编制的，也很少被审查，老公司尤为如此。大多数人可能认为财务记录是以某种标准方式来组织的，也许是按照法律规定。的确，管理财务记录的法律法规是存在的，但给每家公司留下了极大的自由裁量权，公司可以根据自身情况选用合适的方法。尽管财务记录看起来像是对客观事实的机械记录，但实际上，这些记录是为回答特定问题而设计的文件，具有一定的灵活性。一家快速发展的新兴企业在设计账目时，可能会把重点放在获取新客户的速度和成本上。在成熟的市场中，一家老公司可能会强调如何尽可能地降低产品的生产成本，因为它不太可能获得大量新客户，只有通过降低成本才能提高利润。

贝克发现，很多公司没有做这两件事。很久以前，有人设计了一个财务系统，财务团队沿用了这个系统，却没有意识到它不再能解决公司当前的大多数问题。贝克一眼就能看出这一点，并立即向公司的高管提出新想法，告诉他们如何利用财务报告来发现和解决一些最棘手的问题。

由于贝克受过培训，具备专业知识，他能够提出可以为公司带来数百万美元利润的点子。通常，他只需要不到一天的时间就能提出初始构思。有几个案例中，最有价值的洞见只花了他几秒钟的思考时间，因为公司财务记录的缺陷非常明显。但是，贝克不会因为这种洞察力而得到报酬。像几乎所有会计师一样，他按小时计费，但他认为这很荒谬。在 20 世纪 80 年代，与客户的一次常规业务合作可能需要 300 个小时，每小时 100 美元。但这些时间的价值不是均等的，第 1~10 个小时的价值远远超过每小时 100 美元，最初的观察和洞见能够为客户提供数百万美元的实际价值，而随后 290 个小时的价值要低得多。贝克的大部分时间都用来核对数字以确保输入正确，但这些事第一年刚入职的助理或计算机也可以做得一样好。贝克讨厌工作的这一部分，也对自己没有得到足够的报酬感到不满。如果他只提供最初至关重要的洞见，按其价值收费，然后让别人做那些无聊的琐碎工作呢？贝克认为，解决这个问题的方法是停止按小时收费，除此之外别无他法。

会计师应根据为客户提供的价值来收费，这就是贝克的心得。这种收费方式使能够提供真正有价值的洞见的会计师把所有工作时间都花在思考这些见解上，从而赚更多的钱。这一模式将改变整个行业。年轻的会计师会明白，要想过上体面的生活，最好的办法是找出增加价值的方式，而不是仅仅死板地工作。这种变化还有一个令人高兴的额外好处，那就是会计师们也会由此热切地接受计算机

第 4 章
勇敢的会计

技术和会计外包服务。如果能通过其他人或某种方式解决那些无聊的、不那么有价值的事情再好不过，这样一来，专业人员就能腾出时间去做那些令人兴奋的、创造性的工作。

贝克开始设想，如果会计师因此获得自由，美国会是什么样子。会计师将提供更多、更好的洞见。从经济逻辑的角度来讲，会计师应该花更多的时间学习知识和提高技能以造福客户。如果你花一个小时做计算器式的工作就能得到同样的报酬，那为什么还要花费数年的时间培养专业能力来提供深刻的洞见呢？

贝克热衷于指出按小时计费的其他问题：它造成了会计师和客户之间的完全脱节。从来没有人说，伙计，我喜欢会计师工作时间里的某三个小时。人们希望解决会计问题，而不关心解决问题需要多长时间。他们希望付给会计师的费用是真正有价值的。贝克认为，当价格由价值决定时，会计师和客户的动机会更加一致。会计师的动机将是提供更高的价值，而不是尽可能地延长工作时间。

按小时计费还会促使会计变成一种大众商品化服务，就好像每个会计师在每个小时的工作中所做的事情完全相同，并且可以通过价格对两个会计师进行数字化的比较。但是，不同的会计师之间存在着很大的差异。有些人，比如杰森，非常善于快速发现能为企业带来改变的洞见；另一些人则更善于谨慎地处理费时的工作，比如确保账目得到妥善管理。

贝克痴迷于新的收费模式。虽然"痴迷"一词经常被不合时宜地滥用，但这里没有夸大的成分。贝克辞职创办了一个智库机构——维拉塞奇学院（VeraSage Institute），全身心致力于说服会计师停止按小时收费。他写了一份"独立宣言",有玩笑成分,但也含有认真意味。他在其中阐释了自己的信仰,刻意以夸张、激昂的风格写道:

> 我们认为这些真理是不言而喻的,所有价值都是主观的,客户是我们在职业中所创造价值的唯一仲裁者……
>
> 按时间计费的模式将这一隐性的判定强加于会计职业:时间 × 费率 = 价值。这个等式显然是错误的,需要理所当然地予以拒绝。在此,"时间就是金钱"的观念被直接否定了。
>
> 按时间计费的模式使会计师与其所服务的客户之间的利益出现分歧。
>
> 按时间计费的模式让会计从业者只关注工作时间,而不是价值,从而使会计师陷入平庸的泥潭,失去了追求卓越的企业家精神。
>
> 按时间计费的模式将自愿交易风险完全归于客户一方,直接违背了为客户利益服务的宗旨。
>
> 按时间计费的模式培养的是一种生产的思维方式,而不是创业精神,因此阻碍了会计师创新的尝试和促进自由市场活力的努力。
>
> (继续阅读,请访问:https://verasage.com/DofI/)

贝克周游世界,面对世界各地的会计师团体发表演讲,现在,他的听众也包括其他行业中按小时收费的专业人士;他举办年会、

第 4 章
勇敢的会计

主持播客,将他的思想传播给任何愿意听的人。据他估计,已经有大约 10%~15% 的会计从业人员将思维模式转变成了按价值收费。杰森·布卢默便是贝克这一思想的坚定拥护者。

  布卢默智囊团的下一位成员是蒂姆·威廉斯(Tim Williams)。威廉斯和贝克完全不同,贝克身材壮硕,嗓门大,穿着邋遢。威廉斯又高又瘦,动作优雅,穿着得体,无可挑剔。贝克认为,按小时间计费不仅是一种糟糕的商业运营模式,而且实际上是一种非美国式的做法。相比之下,威廉斯是一名左倾的民主党人士,支持创造一个更公平的社会。尽管威廉斯和贝克的观点存在分歧,但他们已经成了好朋友和好同事。威廉斯是贝克所创建的维拉塞奇学院的成员之一,他们的想法融合成了一个有凝聚力的整体。
  威廉斯是一名广告主管,曾在世界上几家最大的广告公司和较小的广告公司工作。他在 20 世纪 90 年代转变了自己的观念,与贝克有着相似的见解。那个时期的广告业正在经历重大变革。随着全球贸易的发展,可口可乐、波音等大型公司注意到了将业务扩展到其他国家的绝佳机会。这些公司希望能够雇用一家大型的广告代理公司,监督它们在世界各地的广告和市场营销活动。这种需求导致了大规模并购的出现,大型广告代理公司收购了许多小公司。如今,几家市值数十亿美元的跨国广告代理控股公司控制着几乎所有大客户的业务,其中最著名的有 WPP、奥姆尼康(Omnicom)、阳狮(Publicis)、埃培智(Interpublic)、哈瓦斯(Havas)和电通(Dentsu)。威廉斯从剩余较小的广告代理公司着手开展业务。美国有一万三千多家广告和营销公司,所有这些公司都在争夺尚未被大公司吞并的业务。

许多较小的广告代理公司认为,与大公司竞争的最佳方式是提供大公司所提供的一切。冠名"综合广告代理商"的企业似乎无处不在,指的是能为任何公司做任何事情的广告代理公司。这些公司愿意与任何向其致电的客户合作,并提供客户需要的任何服务:设计一个新标识,"可以";出一份电视宣传活动策划,"没问题";为即将在连锁超市推出的一款新产品打广告,"好的,好的"。威廉斯曾是一家广告代理公司的合伙人,该公司无意中采用了这种策略。尽管这家公司因其创意工作获得了全国性的赞誉,但在吸引大型的国家级客户方面,它也面临着和其他小公司相同的挑战。当一家广告代理公司宣称自己和大公司一模一样,只是规模更小时,它就已经放弃了竞争。它唯一有竞争力的优势是更低的价格和更长的客户专属时间。宣称收更少的钱、提供更多的服务并不是一个有利可图的策略。另一方面,如果你说你提供的东西和你的竞争对手一样,只是少一些,那就不是成功的策略。正如威廉斯观察到的那样,小公司非常急于承接业务,不惜做出各种承诺,答应任何事情,只为签下新客户。

几十年来,威廉斯制定了一个截然不同的策略。从本质上讲,这一策略的立足点,是要经常说"不"。威廉斯现在是帮助各种公司调整其策略的顾问,他解释说,小公司立足的关键是不要一切向大公司看齐。小公司不应该提供全面的服务,而应该只服务少数几类客户,只从事少数几种业务,并且比其他公司做得更好。为了说明

第4章
勇敢的会计

这一原则，威廉斯向我介绍了他提供过咨询服务的一家公司雷沃德（Wray Ward），这家公司位于北卡罗来纳州的夏洛特市。它是一家典型的区域广告代理公司，对上门的任何业务来者不拒。它的客户经理会在为一家银行策划大型宣传活动的同时，也为附近一家家具制造商设计最新的杂志广告，然后为镇上一家大型能源生产商提供营销服务。

在与威廉斯的合作中，雷沃德的总裁珍妮弗·阿普尔比（Jennifer Appleby）认识到这种全面服务的策略是行不通的。每年都有越来越多的当地客户转向总部设在纽约的全球性咨询机构，这些公司提供各种优惠，包括以更大的折扣购买媒体广告位和更广泛的服务类型。威廉斯开始在雷沃德发起一系列激烈的内部讨论，促使阿普尔比和她的同事找出让他们与众不同的因素，而不是直接与大公司竞争。讨论过程花了很长时间，最终威廉斯、阿普尔比和她员工意识到，有一种客户是他们真正喜欢合作的，此外，他们似乎给业务活动挖掘出了新的意义。他们非常了解家具和家居用品。北卡罗来纳州是美国的家具之都，成千上万的大小公司在那里生产床、椅子和家具装饰织物。雷沃德与许多这样的公司合作，而且正如威廉斯指出的那样，没有一家广告公司专门关注这些家具公司的需求。

阿普尔比和她的员工开始研究这一领域。除了已经比较了解的家具和家居用品的销售地点和销售方式，他们还大大拓展了研究范围。他们订购了几项服务，以便深入了解购买家具的客户群体。他们沉浸在编织、染料、木工和金属家具的研究中。经过几年的深入钻研，他们准备好了。雷沃德公司的董事们并没有抛弃现有的客户

（就像我说的，这并不总是最好的主意），但他们决定只接受家具领域的新客户。他们能够深入了解这些客户，具备其他公司在专业知识上无法比拟的深度和广度。那些巨型公司实在是太大了，无法投入必要的时间和精力去了解某一个行业的来龙去脉。

威廉斯向雷沃德公司的董事们表明，他们对特定类型客户的专精度使得他们可以收取更高的服务费。他们提供的不再只是其他公司所提供的相同服务的简化版，更重要的是，他们提供了其他公司无法提供的专业知识、深度见解和数据。从本质上讲，雷沃德公司可以成为家具公司商业战略的核心合作伙伴。他们的营销活动更有针对性，更具有成本效益。雷沃德公司的员工可以向客户解释，虽然他们公司的收费的确远远超过竞争对手，但成为公司的客户后，将不需要再向数据提供商支付高昂的订阅费用，也不必再监视竞争对手的市场营销和广告宣传活动，更不用再花那么多时间来了解最新的家具设计趋势。

威廉斯可以指出几十家类似的转型广告代理公司，比如俄勒冈州一家专精酿酒制造的广告公司；圣路易斯市一家只与中型医院合作的营销公司；亚利桑那州一家专门针对老年人的营销公司。

某种意义上，威廉斯呼吁更精准的定位与贝克坚持放弃按小时收费的目标是一致的。两人都主张发掘专业人士能为目标客户带来的真正价值。按小时收费和提供全方位的营销服务都植根于简单地遵循行业的外部规则，而不是专注于实际服务的价值。乍一看，贝克和威廉斯的想法似乎都不是那么现代化。有人可能会问：为什么这些想法在21世纪变得越来越流行，而在20世纪却很少有人这么

第 4 章
勇敢的会计

想？答案是，由于现代技术和全球贸易的发展，这些想法现如今更有可能实现。全球贸易的发展使大公司为了覆盖全球受众变得越来越庞大。随着大型会计、广告和其他专业服务公司的发展，它们必然为规模更小、更敏捷的公司留下空间，使这些小公司与客户变得更加亲密。这种亲密关系具有真正的价值。如果询问大公司的客户，他们是如何被对待的。这些客户会说，一开始还会有人积极地跟进，不久之后就几乎无人问津了。除非是真正的大型公司，否则没有一个客户可以长期吸引庞大的跨国专业咨询公司的注意力。与此同时，互联网和其他计算机技术的发展使小公司能够为全世界任何地方的客户提供服务。小公司可以提供高度亲密感，这与大规模的量产有着天壤之别。

多年以后，布卢默才见到这些英雄人物——蒂姆·威廉斯、罗恩·贝克和其他几个人。这些年里，杰森阅读各种书籍，关注社交媒体上的激烈辩论，并研究如何实现自己的想法。终于，在2010年，他准备好了。那时，父亲已经退休，他直接接手了父亲的事务所。他制定了一些新规则，他不会按小时收费，甚至不会在某个客户的账户上记录自己为该客户工作了多少小时。同时，他会把几乎所有的客户都赶走。按照威廉斯的建议，他意识到自己最喜欢与创意服务商合作：诸如网站设计师、广告代理商、营销公司以及其他遵循特定模式的人。他喜欢那些极具创造力、擅长本职工作，但在商业战略方面感到困惑和迷茫的人。他只会保留那些符合新模式的客户。

罗恩·贝克经常重复这句话："价格决定成本，而不是成本决定价格。"起初，杰森并不理解这一点。成本是外部因素，拥有一间办公室、支付抵押贷款和水电费都要花很多钱。对于生产某种产品的公司来说更是如此。无论是士力架还是航空母舰，价格是如何决定所有东西的成本的？难道价格不是像组装零件并加工成最终产品那样，将各部分原材料的成本加总得出的吗？

后来，杰森意识到，贝克的这个想法具有深刻的意义。他坐下来，分析自己需要多长时间才能为客户提供合理的服务。他不再想为客户处理税务、审计和工资这类业务。他想深入了解他的客户，并精心地指导他们取得事业上的成功。杰森认识到自己无法像大多数注册会计师通常做的那样为数百名客户提供服务，他至多只能服务四十位客户。如果只有这么多客户，他除了收取更高的费用之外别无选择。他还必须每周花很多时间来扩充知识，以便能够正确地指导这些客户。这意味着他永远无法达到大多数事务所要求的70%的时间利用率。如果他每天有50%的时间直接为客户服务，那就算幸运了。他意识到，他向客户收费的时间不包括那些充电时间。如果他变得更加专业，客户就会受益，因为他会立即将这些知识应用到他们的业务中。他向每位客户收取的费用比当时一般的收费标准要高得多。

这迫使他意识到另一件事：他必须对客户精挑细选。只有那些对他提供的东西真正有需求的人，才会长期按时付费。他认为这一想法是可行的，因为他打算经营一项完全通过远程办公的业务。他不会亲自与任何客户见面，几乎所有的工作都是通过视频聊天、电

第4章
勇敢的会计

子邮件、安全服务器和电话完成的。他还雇用了另外两名会计师来接手他再也不想做的无聊工作，他们同样可以在家自由办公。

布卢默给所有现有客户写了一封信，向他们解释自己即将采用新的商业模式，并给他们推荐其他仍然采用旧模式（即为机械性的工作按小时计费）的公司。突然之间，他就没有客户了。他开始在播客和社交媒体上宣传自己的策略，反响很热烈。不到三个月，他就有了三十个客户（下一章将提到其中的一个）。一年内，他的收入增加了两倍。

如今，布卢默是会计界的名人。他不得不把某些客户拒之门外，因为想聘请他的人数超出了他设定的接受上限。每年，他都会劝退三到四名现有客户，因为他认为这些客户不再是合适的人选。对大多数会计师来说，这是难以想象的事。布卢默的公司已成为典范，于是他开展了第二项业务：为其他会计师提供咨询，帮助他们建立同样的业务模式。

我已经把布卢默视为本书思想的典型代表。他能够精确地利用颠覆行业领域的力量，并将其转化为自己的优势。他以一种更平淡的方式改变了定价模式。这是新经济环境中最重要的因素之一。我们不再需要把从糖果到会计服务的每样事物都看作相同的商品，以相同的方式收费；有太多的人接受每样东西都有自己的标准价格这种模式。我们可以根据特定关系创造的实际价值，收取合适的费用。

布卢默教给我们的关键教训是，人们并没有把多少时间花费在分析他们出售的产品、应该收取多少费用上。如果正确地对待，这是商业或职业生涯中最重要也是最有趣的两个部分。不如问问你自己:我会做哪些事情,哪些人将从中获益最多?以实际金额计算,他们能从中获益多少?我该如何界定我的服务,使人们清楚地看到收益,并同意基于价值,而不是基于可能不再有任何意义的惯例付费?

布卢默通过自己的经历证明,这不是一个立竿见影、容易实现的过程,需要一些内在的自我探索和大量的实验。布卢默说,他仍然在寻找自己的方向,试图每年进行一到两个全新的实验。但是,有了布卢默这类人的帮助和指导,你自我探索的进程可以加快。

当我在脑海中勾勒布卢默的形象,我看到他在笑,也许是对我说的某句话或者他开的一个滑稽的玩笑报以大笑。他的状态是轻松愉快的。我无法想象他改变生活之前的样子:一个沮丧、心烦意乱的会计,穿着一套不合身的西装,痛苦地填写纳税申报表,然后精疲力尽地回家,几乎无法享受与孩子们在一起的天伦之乐。我真的无法将那个形象与杰森联系起来,因为现在的杰森是我见过的最有活力的人之一。

杰森的家庭生活也变得更好了,他有更多的时间陪伴孩子。正如他的妻子告诉我的,工作上的满足感让他成为一个更关注当下、尽职尽责的父亲和丈夫,尽管她接着补充说,杰森一直是个好父亲,即使是在他工作最痛苦的时期。在工作中,杰森的转变是最明显的。我目睹过很多次杰森在活动中的表现。我参加了他的"深度周末"活动,这是一个有百余名会计师参加的交流会,他们想要学习如何成为像杰森那样的人。看着他站在这群人面前,引导他们选择核心利基市场,并确定他们可以提供的独特价值的过程,真是令人激动。

杰森是一位富有激情的演讲者，他会向听众传授实践中的具体操作方法，例如教他们如何根据提供的价值为服务定价。对于所有的实用主义者而言，布卢默的话语传达的主要信息是他本人在转变中的探索过程。这就是他的本意：根据自己的发现，引导他的客户和其他会计师进行转变。

我曾经问过杰森，他现在是否真的更快乐了。他看着我，好像我根本没听他说话似的。"伙计，"他笑着说，"伙计。我每一天每一分钟都更快乐。"

第 5 章

酒后吐真言

一瓶葡萄酒和一双农民的脏手诠释了基于价值的定价机制

....

杰森·布卢默不怎么喝酒,就算喝酒也只喝波旁威士忌。有一次我问他对葡萄酒有什么看法,他说他对葡萄酒了解不多,只喜欢冰的、不太贵的白葡萄酒。所以杰森驱车前往加州北部的葡萄种植区索诺马这件事会让人感到奇怪。杰森知道,自己在不知不觉中帮助几个最有趣、最杰出的酿酒师改变了生活,他们就来自这里和附近的纳帕地区。与我们一同驱车前往的还有梅根·菲利普斯(Meghan Phillips),她是一位出色的葡萄酒营销人员,自称是个糟糕的商人,公司几年前差点倒闭。绝望之下,她聘请了杰森。

在途中我向车窗外观察,令我有些吃惊的是,旧金山的城区景观消失得很快。我们一路向北行驶,穿过金门大桥,几个小时的车程里除了混凝土和沿途的汽车之外,看上去什么都没有。然而,突然之间,城市景观彻底消失了,我们来到了一个由大型农场、小山丘和单层建筑组成的乡村地区。从本质上来说,在同一地理区域内有三种截然不同的葡萄酒业务。最著名的是葡萄酒旅游业,从眼光

第 5 章
酒后吐真言

独到的葡萄酒爱好者到醉醺醺的巴士狂欢者,这些人参观品酒室,在不同的葡萄园中品尝各种葡萄酒。这是葡萄酒行业的公众名片,每个人都能看得到,也是大多数游客对这里的印象。

还有一种只有受邀者才能参加的酒乡之旅。对这些受邀者来说,没完没了的派对似乎是必备项目,这些派对为富有的葡萄庄园主、名流、美食和葡萄酒评论家以及其他能够帮助塑造公众对葡萄酒印象的人士举办。一些硅谷"老兵"在这里买下了一座葡萄园作为他们的豪华度假屋,在这个葡萄园的度假屋里,几乎每天晚上都有高档晚宴,每周都有场面宏大的葡萄酒发布会、慈善晚宴和其他只有穿着燕尾服或酒会礼服才能参加的活动。

在葡萄酒行业中,除了上述为人熟知的两种世界,同时还存在着另一个世界,却在许多方面与前者脱节。这是一个普罗大众的真实世界,人们种植葡萄、采摘葡萄,并监督将葡萄酿造成葡萄酒的复杂、艰苦的过程。这些人手上长满老茧,穿着脏兮兮的靴子和牛仔裤,相比大多数人所看到对葡萄酒的华丽展示,他们对葡萄酒的态度要更务实、更虔诚。

这是梅根·菲利普斯成长的世界。她的父母没有从事葡萄酒行业。她的父亲是一家大型连锁超市的区域经理,母亲是学校的辅导员,但是葡萄酒渗透进了她生活的方方面面。她最好的朋友是葡萄种植者和酿酒师的孩子。梅根就读于索诺马州立大学,主修商务,专攻葡萄酒市场营销。梅根长得又高又漂亮,有一头明亮的金发和一双引人注目的眼睛,充满了活力。她走进房间时往往带着热情洋溢的问候,并且迅速提出一系列问题和由观察得出的见解。有些大人物可能极度自恋,喜欢滔滔不绝地谈论自己。而梅根不是这样的,她也会关注房间里的其他人。她语气轻柔,很爱笑,因此很容易让人觉得她在闲聊。

不过,相处的时间久了就能发现,她是在有目的地聊天,并且很快就能发掘出某个人身上一些隐藏的事实。我不止一次地亲身体验过她的这种能力,并且每次都上当。我与梅根的第一次接触是我在索诺马通过爱彼迎租的房子里,我的妻子和小儿子也在。当时梅根拎着一个大袋子,走进来时讲话声音很大,不时发出笑声。当我准备好迎接她时,她蹲下来问了我6岁的儿子几个问题。一周后,我收到了梅根的一封电子邮件,告诉我她的女儿受到了我儿子的启发,开始研究我儿子最喜欢的恐龙。我的儿子从未见过她的女儿,我没有想到,梅根如此迅速地发掘出了他对恐龙的痴迷,同时,我在更深层地思考后意识到,亲近我的儿子是赢得我好感最可靠的方式。这并不会让人觉得她在心理上操纵别人,反而让人觉得是她热情和直觉的自然流露。另外,不容忽视的是,这也符合她巩固我们关系的战略利益。

梅根说杰森·布卢默改变了她的生活。他没有把她变成另一个人,而是帮助她学会了如何围绕最真实的自我来组织业务。像他的许多客户一样,梅根是在一种特殊的危机中找到杰森的,这种危机是由突然而至的巨大成功带来的。

梅根还在上大学时就在维安萨(Viansa)工作,维安萨是她的家乡索诺马一个发展迅速的葡萄酒品牌。推销葡萄酒需要独特的才能,事实证明,梅根天生就有这种才能。为了销售葡萄酒,营销人

第 5 章
酒后吐真言

员需要在平易近人和神秘感之间找到平衡。根据大量的葡萄酒市场营销调查,销售的最大障碍是许多美国人都被葡萄酒的华丽外表吓倒了,对自己区分优质和劣质葡萄酒的能力缺乏信心。许多葡萄酒营销人员花费大量时间来寻找消除消费者顾虑的最佳方法,那就是让他们的葡萄酒看起来既有趣又平易近人。不过,走得太远也有风险。像维安萨这种零售价格从 22 美元一瓶到 100 多美元一瓶的葡萄酒,还需要展现出一种吸引力,一种值得人们高价购买的特殊之处。葡萄酒营销的关键挑战是在可接近性和神秘感之间找到平衡点,这取决于价格和目标市场的变化。

与此同时,葡萄酒营销人员需要了解一系列令人眼花缭乱的法规,用于管理其产品的分销和销售。1933 年禁酒令解除后,酒精仍然是一种高度管制的产品,后来受美国烟酒枪炮及爆炸物管理局以及一系列不胜枚举的各州法律管辖。有些州非常严格,例如,犹他州只允许政府所有的商店出售酒类,而其他一些州包括亚利桑那州、科罗拉多州和加利福尼亚州,则几乎没有限制。这些混杂的法律对葡萄酒的营销方式产生了巨大影响。例如,大多数州允许在超市销售葡萄酒,但也有一些州仅允许在酒类专卖店中销售葡萄酒。在超市购物和在酒类专卖店购物完全不同。在超市购物的人大多是女性,她们经常带着孩子,对价格和价值非常敏感。在超市买酒通常是一种冲动性购物,人们选购得很快,也许带有一丝罪恶感或叛逆的火花。而在酒类专卖店购物的人大多是单身男性,他们会热切地花费时间咨询购买葡萄酒的事宜,甚至与知识渊博的导购讨论。

很明显,在梅根的职业生涯早期,她似乎天生就擅长葡萄酒营销。梅根说，从小在葡萄酒环境中长大的人，会以一种很少有人想到的角度看待葡萄酒：葡萄是一种农产品，就像橘子、生菜或杏仁一样，受土壤、阳光和水的养分所滋养。在索诺马长大的她可以看到，一些农民沉迷于照料他们的作物，而另一些人则不惜一切代价追求利润最大化。那些买葡萄酿酒的人也是如此。好酒并不是天才创造的神秘之物，而是充满激情的酿酒师们通过辛勤的劳动酿制出来的，他们购买在合适的土地上种植得当的葡萄，并沉迷于发酵过程。以这种方式来看待葡萄酒，可以让它立刻变得平易近人又充满魔力。梅根在品尝一瓶好酒时，也能够体会到酿酒师的个性和辛勤劳作。对她来说，一瓶好的葡萄酒可以既有神秘感，又平易近人，两种特性兼容并蓄，互不冲突。

在梅根的童年经历中，另一个关键的影响使她成了天生的葡萄酒营销人员。她的父亲不仅是连锁超市的经理，也可以说是超市的哲学家。对他来说，超市不仅是一个摆着货架的宽敞空间，它更像一只鲜活的野兽，有一个循环系统、一颗跳动的心脏，和那些走进商店的人有一种共生关系。父亲告诉小梅根，每次购物时，大多数顾客都会走同样的路线去同样的货架购买同样的产品。一个聪明的营销人员能够把这些购物者从他们的常规路线中拉出来，让他们尝试购买新产品。

梅根的父亲特别喜欢超市过道尽头的大型货架。我经常想，为什么尾部货架常常摆着不在相邻通道中的产品。例如，在销售饮料的货架尾部区域可能摆着大量的薯条和沙拉酱。梅根从父亲那里得知，尾部货架的设计目的是促使购物者作出即时的、潜意识的决定。

第 5 章
酒后吐真言

如果他们在去买啤酒的路上看到薯条，他们可能会买薯条，因为薯条和啤酒很搭。更巧妙的是，精心设计的尾部货架可能会让购物者放慢脚步，让他们留意之前通常不会光顾的过道。"我爸爸总是谈论超市货架的周边布局和内部布局。"梅根说。内部布局是当人们知道自己想要什么并即将购买时走向的地方的布局。周边布局陈列的商品种类更加自由，购物者可以随时选购新的产品。"人们在周边货架浏览时，经常不自觉被吸引到过道里。"

这种洞察力帮助她策划了最成功的营销活动之一。她为拥有数十个葡萄酒品牌的、全球最大的葡萄酒集团之一设计了一场零售营销活动。这次营销活动主打的是该集团旗下的一个子品牌，该品牌的目标客户群体为二十多岁到三十岁出头的单身女性，这些女性可能会想在与闺蜜共度的夜晚喝点清淡、提神、易入口的葡萄酒。梅根的第一个项目是推广这一子品牌的白葡萄酒。她的营销目的是将这款新品白葡萄酒与可能在约会时饮用的浓烈、庄重而浪漫的红葡萄酒进行对比，着重表明这款酒易于入口，是一款清新且令人愉悦的酒饮，适合轻松愉快的夜晚。那些陈列在超市葡萄酒专区各种各样的葡萄酒品牌和品类，可能会使目标客户敬而远之。

"一旦进入葡萄酒货架过道，那就是一场噩梦。"梅根回忆说，"那儿已经完全饱和了。所以，我想起了我的父亲，然后我想，噢，天哪，还有周边货架可以摆放。"她意识到年轻女性经常会在超市的周边货架旁逛来逛去，只要找到她们容易被吸引的购物区就行了。她促成举办了一场位于花卉区的特殊展览。"我们把鲜花摆放得到处都是，布置了灯光。这就是跨品类销售葡萄酒的方法，把它从葡萄酒货架上拿开。"这场展览取得了巨大的成功。

很快，梅根接到了无数葡萄酒行业高管向她寻求营销指导的邀请。她认为有足够的市场需求可以支撑她创办自己的营销公司。"太可怕了，"她回忆道，"我甚至不知道自己在想什么。当时我怀着第一个孩子，我丈夫还在法学院读书。客观地说，这是一个非常糟糕的决定。我们没有经济保障，没有医疗保险。此外，我们成立这家公司的时候正是2008年，当时正处在金融危机期间。"蜂蜜营销代理公司（Honey Agency）就在这样的环境中诞生。

令她震惊的是，她很快接到了处理不过来的大量业务。公司规模在第一年就翻了两番，第二年又翻了两番。"太疯狂了！"她笑着回忆道。她没有为自己打任何广告，就接到了蜂拥而至的电话。她接手了主要葡萄酒品牌的营销业务，向全球客户销售廉价、受欢迎的葡萄酒，还有一连串当地餐馆的营销业务，一大堆家庭经营的小公司的营销业务，等等。她同意与任何找上门来的客户合作。

资金不断涌入，但流出的速度更快。她不得不雇用很多人来处理所有的工作，包括设计师、客户经理以及生产人员。她没有办法确保他们合理地分配时间。她承担了远超出一般人负荷能力的工作量。"我整夜都在工作，"她回忆道，"我有一个刚出生的宝宝。我会在晚上起床、看护宝宝并继续工作。我无法入睡。简直太糟糕了。"

由于急于支付账单，梅根接待了每一位给她打电话的客户，这意味着有大量业务与她对葡萄酒的热爱毫无关系。每当她回想那些日子时，她总会想起一个特别的客户，那是一个家具制造商，有一天打电话请他们设计一个新的标志。梅根和团队搭档接见了他，他

第 5 章
酒后吐真言

是个热情、矮小、结实的男人，说起话来滔滔不绝。他解释说自己的生意不景气。他有两种完全不同的销售方式：一种是直接零售给消费者，另一种是批发给其他零售商。零售时消费者为每件家具支付更高的价格，但他们也需要更多的时间和人手；批发客户则更省心，他可以和零售商谈论他的家具在工艺上的质量，但之后他会觉得这些零售商抢走了他的零售业务。不知什么缘故，他得出结论：解决方案是设计一个新的标志。他讨厌自己的旧标志，他认为一个真正的好标志能把一切重要的东西传达给他所有的顾客。梅根听完他的陈述一时无言，震惊地坐在那里。

她心想，标志是他最不需要的东西。她明白，在他们甚至还没有构思出一个新标志之前，他需要就他的业务做出一些艰难的决定。他应该选择零售或批发其中一种销售方式，或者至少更好地理解如何在这两者之间取得平衡。然后，一旦他确定了目标客户，就需要完善他所掌握的信息，了解他能为客户提供什么。梅根认为，对于合适的客户，他以这种热情的谈话方式解说家具工艺会非常有效。他确实令人讨厌，而且以自我为中心，但他似乎知道自己在说什么。她设想了一个围绕无所不知的家具专家建立起来的整体营销策略。这会让他的很多原有客户群体失去兴趣，但那些做出回应的人会成为他最忠实的客户。

只有当他们把上述这些问题都弄清楚了，他们才能开始考虑用什么样的标志来支持新的营销活动。但她没这么说。她想要这份工作委托；她觉得自己需要这份工作，于是就简单地说：“好，我会给你做一个新标志。”

这项工作糟透了。他不断打电话，几乎拒绝了她的所有建议。这对解决梅根面临的问题来说无济于事。梅根有十几个像那位家具制造商一样的客户，他们希望她能为自己的问题提供速效对策，但实际上解决这些问题需要做更多的工作。她感到陷入了困境，她能想到的唯一对策就是更努力、更快、更多地工作。她尽可能多地接待客户，这意味着远离葡萄酒客户，转而接近像家具销售商这样的客户。

尽管梅根在葡萄酒营销方面非常专业，但她承认，自己是一个相当糟糕、无知的生意人。她沿袭其他营销公司的标准为客户设定了每小时的计费费率和员工的工资标准。然后，她让她的员工自由发挥，而她会在危急关头挺身而出。她雇用了一位在当地事务所为小企业服务的会计师，她这样评价这位会计师："糟透了。他不了解创意产业。他也没有理解我的问题。"她一直要求他帮她弄明白，为什么她收入这么多，利润却这么少。会计师的回应却是，他会解释如何填写工资表以及她何时该缴税。

梅根开始在谷歌搜索了解创意产业的会计师，并找到了杰森·布卢默的播客和推特。这个男人能回答她所有的问题。他谈到了如何恰当地收费，如何识别正确的客户类型，以及如何摆脱那些最终成本超出其价值的客户。他经常语出惊人，因为这些事情与会计们通常讨论的事情几乎没有关系，至少没有直接关系，比如损益或现金数据。他说了很多关于缓慢增长、可持续发展的必要性，建立有凝聚力的团队的方法，以及如何与其他公司最好地合作。

杰森播客的每一个单集中都有令人印象深刻的论点：永远不要

第5章
酒后吐真言

按小时计费，务必要摆脱困扰你的客户，不断完善你的核心价值观和原则，以及最重要的是定义你的利基市场，明确业务重点，让最有可能的目标客户在需要创意服务时自动想到你。

几个月来，梅根一直在听杰森的播客，阅读他的推文，想象着如果能和像他这样的人交谈该有多好。奇怪的是，她花了很长时间才意识到自己可以给他打电话。最终，她访问了他的网站，并且马上意识到，在她甚至还没和他交谈之前，课程就已经开始了。网站上没有提供电话号码或电子邮件地址。相反，潜在的客户必须填写一份看起来是为了把大多数随意的访客吓跑的表格（当然，这正是它的设计目的）。

布卢默要求访客填写他们的联系方式，然后表明他们已经准备好进行高强度地合作，并且意识到这样做需要投入大量的时间和金钱。即使在同意这些条款之后，客户仍然需要通过严格的准入程序，以确保该客户能够很好地匹配他提供的服务。（"我把进度放慢了，"杰森告诉我，"如果有人表现得很着急，这也是一个表明他们不太适合合作的信号。"）奇怪的是，杰森对于希望聘请他做会计师的客户有一个要求，那就是他们没有太多复杂的会计需求。正如网站上写的那样："我们最好的客户……没有太多历史遗留的税务、会计或合规问题有待'解决'。"这是因为布卢默希望在雇佣关系开始前就明确，他的公司专注于为创意公司提供如何明智地发展业务的建议，而不是解决那种在之前的工作中让布卢默感到厌烦的常规会计问题。

很多人在找会计师的时候，一个明确表示对传统会计事务不是特别感兴趣的会计师可能会让他们感到犹豫，梅根却正好相反，她被这个准入表格激励了。"我当时想，哦，他已经在教我们重要的一课了。这就是我们应该做的：淘汰不合适的客户，他现在正在这样筛选我们。"当她填写完表格并和杰森打了第一次电话后，两人一致认为对方是非常合适的人选。不久，杰森飞往加利福尼亚州，与梅根和她公司的联合创始人丽贝卡·普拉姆（Rebecca Plumb）共度了几天。他们一起花费了整整三天梳理生意。"我们当时在这个混凝土仓库的地下室里。"梅根说。这个地下室是她朋友的，借给她使用。"它就像一个地堡，没有窗户，毫无生气，也像一个监狱。"奇怪的是，她却说这是一个理想的见面地点。"这个空间在传达着和杰森同样的观点：振作起来，你正在陷入绝望的深渊。如果你不能振作起来，你就会陷在情绪化的深渊里。"

杰森使这个空间充满了活力，他在这样的小团体中感到非常兴奋，无论是梅根，还是我访问过的与杰森交流过的几乎所有人，都称这种会谈为"心理治疗会议"。布卢默采用了一种温和、轻松、好奇发问的方式。他会提出问题，观察别人，从旁观者的视角看来可能会显得既恶毒又刻薄。然而在杰森看来，这些方法似乎很奏效。他告诉梅根，她是一列"疯狂的火车"，她记得自己大笑着同意了这一看法。"他说我所有的员工都跳上了我这列疯狂的火车。我开着它，却从来没有抬头看过我们要去哪里。他解释说，一切都需要慢下来。"

会谈开始的几个小时，杰森询问梅根和丽贝卡在事业和生活上想要什么。显而易见，她们不想一天工作那么长时间，也不想为那么多她们觉得没有关联或自己不能真正提供帮助的客户服务。她们

第 5 章
酒后吐真言

带着杰森浏览了所有客户资料,并解释了她们为每个客户所做的工作。在浏览这些资料的某个时刻,杰森笑了。他说,她们所做的大部分事情都是在花钱,而且当然并没有帮助她们建立起更好的业务。

梅根和丽贝卡考察了两个老客户,一个是当地的大型美容学校,另一个是为批发贸易生产高端咖啡的公司。她们注意到,几年前她们就为这两家公司做了一些重要的工作。她们帮助两家公司找到了自己的核心价值主张——一家公司是可选择的、真正的美,另一家公司是不含添加剂、不事雕琢的纯净咖啡,并帮助两家公司制定了能够体现其核心主张的营销计划、标志和网站。但是她们不得不承认,最近她们两个人都没有为这两家公司提供太多价值。梅根每周都会发送一封宣传美容学校的电子邮件,列出即将推出的特价产品和推广信息,但这些信息的接收人数很少,对美容学校的业务影响不大。

当杰森问为什么要保留这些客户时,梅根解释说原因很简单:客户每月付她们 500 美元。虽然不多,但是也有一些帮助。杰森指出,既然现在自己是她们的会计师,她们就必须接受一条规则:任何开价为 500 美元的客户都应被剔除。相比得到的收益,梅根和丽贝卡付出了更多的精力,并因此分散了注意力。"我凌晨三点就起床写这些推广的群发邮件,"梅根回忆说,"我不知道该如何摆脱对现金流的追逐。"

然后,梅根和丽贝卡谈到了那个家具制造商,就是那个请他们制作新标志的人。她们回忆说,为他提供服务是一场噩梦。杰森用他一针见血又鼓舞人心的风格指出:"他需要的不是一个新标志!他需要全面梳理整个业务。他需要革新一切。为什么你明明知道他不需要，却还在做他告诉你他需要的事！"他指出，梅根在与客户见面的最初几分钟内的直觉，已经揭示了她要为客户提供的实际价值。这些见解对于该客户而言价值数百万美元。然而，她却一直保持沉默，因为她不想失去为他设计愚蠢标志的机会，她可以按小时收费，而这根本不会为客户带来任何价值。

杰森建议，如果她遵循本能，并根据她能够发掘的巨大价值收费呢？如果她这样告诉客户：她不会仅仅根据他们的要求做事，只有当他们愿意努力了解他们的业务，明白为什么需要改变营销和广告策略时，她才会与他们合作，这又会带来怎样的一种结果？梅根指出，那个做家具的家伙会冲她大喊大叫，然后摔门而去；在她说完这些话之前，杰森笑了，然后梅根和丽贝卡也笑了。这就是问题所在。她们本该让他离开的。她们需要好好地沟通她们开的是什么样的公司，如此一来，这个家具制造商一开始就不会给她们打电话。家具制造商的生意占用了她们太多的时间和精力去做无用功，而这些精力和时间本该用于赚更多的钱。

梅根和丽贝卡都记得她们在和杰森见面时经常会哭。"我太激动了，"梅根回忆道，"我在事业上投入了太多精力，没有平衡好工作和家庭，没有时间陪我的丈夫和新出生的宝宝。我认为这一切都是为了让公司更强大。但是杰森让我意识到，我的工作太多了，牺牲了陪伴家人的时间，但这种工作方式对我的生意有害无益。"她们与任何致电的客户合作，完成客户要求的任何项目，没有时间去评估哪些客户是真正盈利的，哪些不是，这样一来梅根就赔了钱。当杰

第 5 章
酒后吐真言

森得知梅根和丽贝卡已经入不敷出、发不起她们自己的工资时,他感到非常震惊。梅根解释说:"我们把每一分利润都投入生意。我们支付员工工资、购置新设备,我们自己却没有从这些投入和工作中赚到一分钱。"

杰森说,是时候彻底转变蜂蜜营销代理公司的业务模式了。她们需要从头开始重建业务。最重要的是,她们需要倾听自己的内心,找到业务的核心,辨别她们可以为客户提供的独一无二的服务。

这太容易了。蜂蜜营销代理公司与一种特定类型的客户合作时处于最佳状态:那些富有激情、知识渊博但发现难以向潜在客户传达产品丰富性的酿酒师。

杰森强调,像蜂蜜营销代理公司这样的创意公司,只有当他们辨识出哪种类型的客户最适合公司的业务时,才能做到最好。同时他也说,利基市场越窄越好。例如,他告诫梅根和丽贝卡,不要将自己的利基市场定位为酿酒师,甚至是加利福尼亚州北部的酿酒师。这样的市场定位对于像蜂蜜营销代理公司这样的公司来说还是太宽泛了。杰森点出了梅根和丽贝卡过去为大型葡萄酒公司工作的方式。

这种客户是营销公司梦寐以求的。该公司为世界上最大的葡萄酒公司之一服务,帮助它推出重要的新品牌。客户能够花费数百万美元来实施大规模营销计划。为什么杰森会建议放弃这种业务,转而为那些预算或影响力很小的小型酿酒师服务呢?

杰森解释说,究其原因,既有情感方面的,也有现实方面的。梅根和丽贝卡谈到这些小型酿酒师的时候,她们的兴奋之情溢于言表。为这些酿酒师服务时所面临的挑战使梅根和丽贝卡充满了活力和激情。这与他们为大型企业客户服务时的感受形成了鲜明对比。是的，那的确是一家葡萄酒公司，但是它推出新品的出发点与酿酒师完全不同。酿酒师所酿造的葡萄酒蕴含了对某种特定的葡萄和酿造风格的执着与激情；相反，大型公司的新品葡萄酒是由市场营销部门开发的，将年轻女性这一尚未开发的市场作为其目标客户群体。购物者碰到的大多数葡萄酒看起来都相当严肃，有着法国或意大利名字，或充斥着对不知名葡萄品种的描述。营销人员认为，传达出"提神、有趣、清淡、易入口"这些特质的葡萄酒是年轻女性会想要购买的。

实际上，这种葡萄酒本身几乎是对应营销信息的产物。它是被精心设计出来的，而不是出于激情酿造出来的。这些葡萄采自世界各地，在巨大的容器中发酵。一般来说，优质葡萄酒需要经过陈酿，有时甚至要经过数年之久，才能呈现出复杂的风味，通常是多种特征混合在一起，在最好的情况下，能给品尝者带来独一无二的体验。这根本不是那些企业制造商想要的。他们想要寻找简单、可复制的配方，以酿出口味一致的葡萄酒。这些葡萄酒更像是软饮料或啤酒，为了快速消费而大量生产。

梅根、丽贝卡和她们的团队发现，与这样的客户合作极具挑战性。他们的产品背后没有寓意深刻的故事，也没有试图去寻找平易近人和神秘感的微妙结合来展示酿酒师的个性和激情。品牌商需要她们传达的是清晰且直接的营销信息，这些信息没有歧义、没有细微差别、没有想象空间。例如，这款葡萄酒既有趣又清淡。然后就到此为止了。

第 5 章
酒后吐真言

更糟糕的是,对于她们来说,与大品牌合作意味着她们不能帮助制定必要的营销信息。这是由总部的营销人员设定好的。梅根和她的团队只是在完成一系列指令:获取营销信息的要点并弄清楚如何把这些要点应用到超市的宣传推广中。他们完成得很出色。梅根能够追溯到童年时代对超市的认知,并制订一项营销计划,把这款葡萄酒从固定的陈列区内移出来,摆放在花卉区五颜六色的展示架上。这一营销计划将葡萄酒呈现给了作为目标客户的年轻女性,与那些已经塞满葡萄酒、令人望而生畏的酒类陈列区通道相去甚远。即使营销活动取得了成功,梅根和丽贝卡策划的营销活动中的每个决定、每种颜色、过道尽头的展示货架的形状,以及每个要去做营销推广的超市也都必须得到总部葡萄酒营销人员的批准。为了与庞大的市场部门和其他协助推广的外部代理商协作,她们每周需要花费数小时通过电话和电子邮件进行沟通。

杰森指出,梅根和丽贝卡花了很多时间做一些毫无价值的无聊工作。等待电话会议,或者发送十几封电子邮件以确保客户批准一项计划是没有价值的。与客户合作没有真正解决任何问题的项目——例如,为家具制造商设计标志——也没有任何价值。如果只提供一系列不增加价值的服务,要建立一个健康的企业是极其困难的。

杰森进一步解释说,当蜂蜜营销代理公司以简洁的方式、合理的价格解决客户的问题时,它就能为客户提供真正的价值。这反过来又增加了公司的价值。每一次,公司为客户制定一个卓有成效的营销计划时,都在实践和学习如何为未来所有客户制定有效的计划;

每一次，公司的员工参加令人沮丧的电话会议或设计一个不必要的标志时，他们都没有提高自己服务未来客户的能力。像其他提供某种服务的公司一样，营销代理公司由懂得如何为他人服务的员工组成。这些如何为他人服务的知识来自教育、天赋，也许最重要的是来自实践。通过有针对性地挑选客户和项目，蜂蜜营销代理公司可以确保员工把时间花在实践和培养正确的技能上。

梅根和丽贝卡在那个阴冷的地下室里和杰森待了整整三天。她们变得精神焕发，很快给几个客户打了电话，告诉他们自己的营销代理公司不再适合他们。这家公司不会再为那些还没有准备好为制定一个真正的战略而付出艰苦努力的家具公司发无效的电子邮件或设计标志。由于杰森的坚持，她们做出了一项最困难的决定——向客户收取双倍的费用。在这方面，她们就像许多与杰森合作过的人一样，但这也迫使创意公司学会如何向客户充分传达他们所提供的价值。在蜂蜜营销代理公司的案例中，这项决定意味着这家公司不能再为那些认识不到其独特价值的大型葡萄酒品牌工作，这种为大公司提供服务的方式几乎把工作变成了一种大众商品，大多数能力允许的营销代理公司都能胜任。当品牌方高层可以轻易地将业务转交给其他公司时，他们永远不会同意支付双倍的价格。他们不需要蜂蜜营销代理公司的特定专业知识。他们需要一个便宜而且能满足需求的代理商。

寻找新标志的家具制造商也有同样的出发点。如果一家公司不懂营销战略，也不准备投入太多资金，它也会寻找成本最低的服务商。这种大幅提高收费的行为，确实可以剔除那些不真正重视蜂蜜

第 5 章
酒后吐真言

营销代理公司的服务的客户。

梅根很兴奋,但也看到了风险。杰森让她剔除了很多客户,然后大幅提价,尽管这一策略不可避免,这种突然的举动仍然让其他客户感到震惊。"杰森告诉我,'这样做可能会把公司搞垮,但如果你继续按现在的方式做事,你终将摧毁你那列疯狂的火车。因此,不妨尝试一些新的方法,还有可能会奏效。'"

梅根和丽贝卡开始想象按照自己想要的方式开展工作的样子。她们很快意识到,理想的工作方式应该包括六个步骤。(梅根现在称之为"六边形法",以蜂巢内的六边形结构命名。)第一步:蜂蜜营销代理公司的团队将对客户进行大量的研究,包括与其员工、客户、可信赖的朋友、商业合作伙伴和其他人交谈,这样他们就能在充分了解情况之后进入第二步:与企业主一道进行自由的探索,了解公司的宗旨、他们喜欢什么,以及他们对生活和业务的期许。接下来是第三步:蜂蜜营销代理公司的团队将根据他们发掘出的主要合作伙伴对公司的看法,以及企业主的想法,制定出一个品牌愿景。第四步,通常是最有趣也是最令人担忧的一步:梅根和她的团队会与客户坐在一起,共同探讨品牌愿景。"我们希望他们能表现得情绪化一些,"梅根告诉我,"如果他们不笑几次、不生气几次,甚至不哭几次,那就说明我们挖掘得还不够深入。"一旦客户所有的情绪都发散出来,品牌愿景也制定出来,就可以进入第五步:设计营销计划并推向市场。最后是第六步:保持品牌愿景,并根据不断变化的市场力量进行调整。

当梅根和丽贝卡完成整个工作步骤的设计时,她们意识到这将产生显著的效果。它将公司销售的产品从一个特定的标志、一个网页，转变为一个流程。或许工作的最终成果是设计一个标志、网页或者是客户的其他任何需要，但实际上通过出售这个工作流程，她们就能为自己完成的最困难和最有价值的工作收费。

在她们精心设计好服务方式之后，布卢默用自己对定价的思考方式来引导她们。当你明确所提供的服务以及它给客户带来的价值之后，就可以根据价值来定价。布卢默说，这通常意味着价格会翻倍甚至更高，因为这个国家长期存在定价过低的问题。小企业主很少有信心为他们给客户带来的价值收费。就像定价一样，人们会逆向思考。你有了一个产品，有了一个客户，然后看这个客户能付给你多少钱，你以为那就是价格。杰森坚持认为并非如此。你先定价，然后寻找客户，这些客户为了他们期望获得的收益，知道支付这个价格是值得的：因为这些收益诞生于高度专业化的知识。

杰森解释说，梅根可以利用价格传达更多的信息。他建议她采用自己应用过的策略。为核心服务定价，可以使公司只有在能够提供优质服务的前提下，才接纳尽可能多的客户。杰森认为，这个价格应该有点让人吃惊，比潜在客户的心理预期要高出几个档次。你希望他有一会儿感到不舒服，迫使他认真考虑，这样的投资是否值得。（哦，经常使用"投资"一词是在表明，这些钱不是客户的损失，而是为以后可以赚更多的钱而做的前期投入。）如果价格低到潜在客户会轻易同意的程度，他很有可能不准备完成契约要求的艰苦工作，或者，他不会对未来启动的市场营销活动给予足够的支持。最后，提供一项卓越的服务，这些更深入的咨询和支持都基于更高的成

第 5 章
酒后吐真言

本之上。

这种三重定价策略可以一次性传达多个层次的重要信息。它传达了营销代理公司所提供服务的价值,价格的涨跌不是基于你最终的产出,而是基于你为了创造这些成果做了多少思考。这种策略也为谈判设定了框架。如果有人想少付钱,可以,但他们得到的会相应减少;如果有人想要得到更多,很好,但他们必须付出得更多。

当梅根意识到,她的很多老客户根本无法适应这家新的蜂蜜营销代理公司时,公司转型中最艰难的部分之一就出现了。起初,丢掉客户很痛苦。"我最大的问题是我的心正在滴血,"梅根说,"很难告诉我的第一批客户,我无法为他们继续服务了。和他们解除合作让我很难过。但我会解释说,他们可以在其他地方找到更满足他们需求的服务。"

下一步就更难了。"我记得我写的第一个提案。"梅根谈到如何制作一个后杰森时代风格的网站设计方案时说。在杰森指导之前,这项工作的收费是 1.5 万美元。"这种价格不会再出现了,我们决定收取 5 万美元,是原价的三倍之多。这是一个令人不舒服的跃进。我记得当时在想,当我按下这封邮件的'发送'键时,我会发送一些以前从未发送过的东西。"

一些客户拒绝了梅根和丽贝卡的要求,还有一些客户需要更详细地了解为何蜂蜜营销代理公司的服务费如此昂贵。这迫使梅根变得"忙碌"起来,梅根自己是这样形容的。她必须成为一名更好的销售人员,准确地解释为什么她的公司现在能够为客户提供三倍于之前的价值。她很快就意识到自己一直在忙于拉客。这就是小公司的老板所做的。"在杰森之前的忙碌是不体面的，没有回报的。"——她拒绝了那些她不想合作的客户，也不需要再为她不想提供的服务和客户不需要的服务定价。"现在，忙碌却很有趣。这种感觉很好。"

这套模式马上奏效了。"这太棒了。"梅根回忆道。几周内，蜂蜜营销代理公司就签下了一些新客户，这些客户恰好在她们的利基市场，而且愿意支付更高的价格。梅根、丽贝卡和她们的员工的工作时间大幅降低，但提供了更大的实际价值。梅根指出，"因为我们的收费更高，所以我们能够雇用更优秀的员工和设计师，因此营销活动做得更成功。"由于每个客户都支付了更高的费用，因此花更多的时间研究他们的业务并与他们会面是有意义的。"我们发现了更多客户需要的东西，所以我们为客户创造了更多价值。"梅根说，"由于我们和客户在一起的时间更久，对他们的业务更了解，因此我们能够向客户展示我们为其带来了多少价值。营销活动的有效性也可以证明我们为客户带来的收益比收取的服务费要多得多。"

在接下来的几个月中，杰森向他们展示了一些令人惊讶的账目结果。自从剔除了许多客户，不再那么辛苦工作以来，蜂蜜营销代理公司的营业额下降了28%，但利润飙升。真正重要的衡量标准，即蜂蜜营销代理公司向员工支付的工资和公司所有者积累的财富，正在急剧增长。与此同时，这家公司已经变得更像一家正常运转的企业，梅根和丽贝卡开始正常完成朝九晚五的工作，她们可以在午休期间吃午饭，甚至还会留出时间研究目标行业。"我已经忘记研读葡萄酒相关的资料是什么感觉了，"梅根说，"现在我有时间阅读所

第 5 章
酒后吐真言

有杂志,了解行业动态,这对我的所有客户都有所帮助。"

因为客户减少了,所以她们可以在每个客户身上花更多的时间。而且,由于她们收费更高,客户对蜂蜜营销代理公司的期望也更高。这正是梅根想要的。梅根想要那些希望她帮助自己制定战略和塑造公众形象的客户,那些能成为真正合作伙伴的客户。"我开始了解这个行业,因为我花了很多时间与这些人交谈,了解正在发生的事情。"

后杰森时代的转变对丽贝卡产生了不同的影响。一直以来,她就像是在自动驾驶仪上操作,拼命地完成每天的任务。她不懂得停下来,看看自己有多痛苦。她说:"我一直在自我否定,我很惊讶,我对自己的否认是如此强烈。"如果遇到杰森之前你问她,她会说自己喜欢拥有一家营销代理公司的感觉,除此之外别无所求。梅根是公司的公众形象,处理销售业务和客户关系,帮助客户完善策略。丽贝卡在幕后工作,管理着一个设计团队,负责设计标志、网页和其他支持营销活动的平面物料。与杰森会面后,当她开始有时间思考和关注自己的想法时,她意识到自己并不热衷于拥有一家营销代理公司。丽贝卡之所以进入营销行业,是因为她喜欢亲自动手,在创意项目上与团队的其他设计师密切合作。然而,当她成为蜂蜜营销代理公司的合伙人之后,她的工作重点不再是艺术创作,而是要确保其他人在进行艺术创作。"我怀念创造性的工作,"她说,"那是我的幸福源泉。"

最终,丽贝卡告诉梅根,她想卖掉自己在公司的股份,做些别的事情。就像所有的分手一样,这很痛苦,但两个女人都知道这是正确的选择。杰森认为这是一个成功的结果，他的指导目标就是确保人们认识到他们能够创造的独特价值，并为此收取适当的费用。对于像梅根这样的人来说，这再清楚不过了，杰森的工作就是帮助排除所有代价高昂的干扰。对于像丽贝卡这样的人来说，解决方案是完全停止正在做的事情，然后把注意力放在真正热爱的其他事情上。杰森想过一种他更喜欢的生活，他希望自己的咨询对象也同样如此。

丽贝卡花了几个月的时间才意识到自己真正喜欢的不是营销活动的平面设计。她喜欢室内设计，为人们创造温馨愉悦的空间。她参加了一些课程，不久后创办了自己的室内设计公司普拉姆工作室（Studio Plumb），在这里，她能够与房主们通过亲密的合作，完成创造性的工作。她告诉我一切都很顺利，她能够"通过做自己喜欢的事情赚钱，并且是在更适合自己的行业里。"

如今，梅根可以迅速评估一个潜在的新客户，并决定这个客户是否适合蜂蜜营销代理公司。"为了做到最好，我们需要应对很多变数。"她告诉我。"蜂蜜营销代理公司需要深度。我们最擅长讲述一个公司的食品和葡萄酒产品背后的故事，如果没有故事，我们也无能为力。我们需要富有激情的食品生产商和酿酒师，他们致力于为客户做有意义的事，早上起床时就渴望做出伟大的事情。如果他们正在寻找一些有意义的东西，我们可以让他们的营销活动变得有意义并且令人难忘。此外，我们还需要他们将自己的目标定得更大，开始进行战略性思考，弄清楚他们的市场和受众，以及如何最好地触达市场和受众。他们必须信任我们，如果他们信任我们，我们就

第 5 章
酒后吐真言

可以放开手脚工作。"

想到梅根,也会让我意识到一件事:在信任和出色的工作之间存在一种关系。我们不能为所有客户提供出色的服务,也无法对所有人畅所欲言。专注于那些最重视我们所提供的价值的客户,有时也要痛苦地拒绝那些不重视我们所做的事情的客户,这样我们可以在合作关系中占据先机,更有利于获得信任并出色地执行工作。仅仅拥有合适的客户是不够的,此外你还必须知道如何做这项工作。但是,如果你找错了客户,那么万事皆休。

第 6 章

了解你的故事

无论你提供什么，最大的价值在于你提供的知识、激情和技能

……………………………………………………

我看到了梅根的改变，她邀请我去见一个新客户，拥有塞尔农场的塞尔家族。让·图茨·塞尔（Jean Toots Serres）在 19 世纪末从法国来到加州，收购了一个有着悠久历史的种植加州葡萄的农场。在塞尔收购这个农场之前，内战英雄"好战的乔"约瑟夫·胡克[1]将军曾在此种植了几十年的葡萄。梅根会见了图茨的玄孙，他像这个家族过去一个世纪里的每一代人一样，在这片土地上出生和长大，现在正在管理这片土地。塞尔农场在酿酒师中很有名气。一些最令人垂涎的葡萄就产自这片 200 英亩[2]的土地，用这些葡萄可以酿造出国家级的优质葡萄酒。

大多数美国葡萄酒都不是酒庄装瓶的。也就是说，这些酒并不是在一个酒庄中酿造的。酒庄装瓶的葡萄酒是在种植葡萄的庄园里

---

1 约瑟夫·胡克（Joseph Hooker，1874—1879），喜欢对敌人采取死缠烂打的战术，被冠以"好战的乔"（Fighting Joe）这一称号，一说"善战的乔"。

2 英亩，英美制土地面积单位，1 英亩约等于 4 046.86 平方米。

第6章
了解你的故事

酿造并装瓶的。在法国和意大利的许多经典葡萄种植区，负责监督葡萄种植的农场主同时也是酿酒师，他们管理着将葡萄酿造成葡萄酒所经历的众多步骤。在美国，从种植葡萄到酿造葡萄酒有明确的分工。大多数情况下，一些企业种植葡萄，而另一些企业购买葡萄并将其酿造成酒，大多数葡萄酒都是在代工厂生产的，专业的酿酒工厂可以生产几十或数百种不同的葡萄酒。

塞尔家族一直专注于葡萄种植，而不是酿酒业务。（至少，他们酿造的葡萄酒不对外出售。塞尔家族酿造的一些非常棒的自制葡萄酒仅供自己和朋友享用。我知道这一点，因为我喝了很多。）他们是葡萄种植商，也就是说，酿酒师与他们签订葡萄种植合同，比如种植梅洛葡萄，并就如何培育和收获这些葡萄给出具体的说明。某位酿酒师可能会要求他们修剪葡萄藤，减少每一串葡萄的数量以浓缩风味。其他酿酒师的要求则可能恰恰相反：增加葡萄数量，即让每颗葡萄的味道更淡。也许最重要的决定是何时采摘葡萄。在收获季节，农民们会执着地检查葡萄的含糖量，以便能在葡萄达到最佳甜度的时刻采摘。发酵是将糖转化为酒精的过程，所以葡萄越甜，酿出的葡萄酒的酒精含量就越高。不过，酿酒师还可以选择延长或缩短发酵过程以增加或减少甜度和烈度。

塞尔的孩子们从出生起就开始了解这片土地，父母工作的时候，他们坐在田野里。塞尔家族最年轻的一代包括38岁的约翰、28岁的泰勒和33岁的巴克，他们在父亲约翰的陪伴下长大（每一代塞尔长子都叫约翰或者让），也因此，他们一直在接受有关葡萄、土地以及所有可能影响或破坏葡萄酒质量的因素的课程。到他们读中学时，所有塞尔家族的孩子都可以根据经验辨认出农场里出产最多汁的葡萄的区域。他们能够见证山坡上，特别是有火山土的地方，产出最优质葡萄的过程。他们甚至知道个中缘由，因为火山土妨碍了葡萄藤根部吸收养分的能力，而倾斜的山坡中每平方英尺的土壤养分更少。葡萄根越难捕获营养，产出的果实却意外地越饱满，葡萄的风味越丰富，从而可以酿造出口感更好、价值更高的葡萄酒。

葡萄庄园主与其客户之间有一种独特的关系。庄园主非常了解土地及其产出葡萄的品质，而购买葡萄的酿酒师，则对希望采用什么样的葡萄有着强烈的要求。因此，庄园主和酿酒师会共同决定种植什么种类的葡萄、在哪里种植、什么时候种植、如何照料葡萄藤，以及什么时候采摘葡萄。长期以来，塞尔家族的成员一直在讨论如何最大限度地提高他们的土地质量。在东北方向有7英亩的火山土坡地，其中只有5英亩最适合种植葡萄，那里种出的赤霞珠葡萄最受欢迎。那片土壤中的岩层促使葡萄藤扎根更深，能够吸收更多土壤中的独特养分。塞尔的客户用看似不相干的指标来评判葡萄。他们经常想要有特定大小和含糖量的葡萄（大小和含糖量很重要，但并非关键指标），而且要求通过浇水使葡萄颗粒更大，但这会导致葡萄失去这片神奇土壤带来的独特特性。

正是在这样的背景下，我和梅根，还有她的创意设计总监阿什利·罗德斯（Ashley Rodseth）和客户总监玛吉·乔达内戈（Maggie Giordanego）一起驱车来到塞尔庄园，在庄园里寻找塞尔家族成员所在的农舍，却发现出奇地难找。塞尔庄园非常大，遍布着向四面八方延伸的葡萄藤。在远处，一些小山丘的脚下，我们可以看到一

第6章
了解你的故事

排农庄式别墅和平房。长长的葡萄藤和广袤的土地在视觉上造成了一种错觉,让人很难判断建筑物到底有多远。

最终,我们找到了那座又长又矮的红色农舍,在它后面的一幢老旧、简陋的木屋里有一间大会议室。墙壁上挂着一些巨大的动物头颅装饰,有驼鹿、令人印象深刻的石羊和梅花鹿。约翰·塞尔是个身材魁梧的男人,留着浓密的红胡子,穿着亮黄色格子衬衫,坐在一张桌子后面。他是塞尔家族这一代中最年长的,性格安静沉稳,很少说话,而且只会用低沉的声音说一些短句。弟弟巴克的外表与他截然相反:身材瘦削结实,胡子刮得干干净净,此刻正弯着腰坐在椅子上,总是在动来动去,看上去精力充沛。巴克浑身是泥,从靴子到军裤,到棒球帽,再到他那劳作的双手。28 岁的泰勒·塞尔是年龄最小的一位,看上去显然是负责人。她很漂亮,正经严肃,一头长发扎成马尾辫。她以完整的、经过深思熟虑的话语来代表家族发言。她谈到了他们选择梅根作为营销顾问的原因,以及当前的计划。

泰勒说,有几件事是明确的。他们想要酿造自己的葡萄酒,一种能体现这片土地最佳生产能力的葡萄酒。他们想要在最好的地点,即那片 5 英亩的火山土坡地上,种下与那片土壤最为相宜的葡萄品种。他们会对这些葡萄全身心投入,给它们最精心的照料。葡萄藤上长出最好的葡萄,可能意味着要十年或更长时间才能等到完美的生长季节,但他们已经做好了等待的准备。他们想要酿造出一种令世界为之惊叹的杰出葡萄酒,作为当地最好的葡萄酒出售,每瓶的价格高达 150 美元左右。泰勒希望以其价格和质量在市场上一鸣惊人，并使人们认识到塞尔农场可以生产出品质卓越的葡萄。她清楚地知道，虽然她希望葡萄酒生意能够盈利，但她并不打算将家族业务从葡萄种植与批发转向其他领域。相反，她希望这款新酒能够向酿酒界展示塞尔农场的葡萄种植田有多棒，这样酿酒师就会乐意为他们的葡萄支付更高的价格，坦率地说，也会更尊重塞尔家族的种植和收获决策。

泰勒接着解释说她还有一个策略。她愿意等好几年来酿造出完美的葡萄酒，但她希望尽快酿出另一款不那么昂贵的葡萄酒。这种策略有几个目的，首先是作为一个信号，表明该家族正转向葡萄酒酿造领域，以便这一行业在十年后能够接纳他们酿造出的招牌葡萄酒。这也有助于他们在酿酒方面深入钻研，做得更好。泰勒希望用这两种策略生产的葡萄酒能够向外界传达她和家人的渊博知识和激情，但是她不知道酒要起什么名字，酒瓶要做什么式样，较便宜的那款酒要定价多少，如何销售，在哪里销售。坐在那里，我意识到，这就是我多年来一直渴望看到的。这是杰森自学的，然后又教给梅根的东西：你如何锁定自己创造的特定价值，然后又如何将其传达给潜在客户？

我们坐在一起聊了几个小时，毫无疑问，塞尔家族和传统的酿酒家族一样真诚，他们不仅具有渊博的知识和丰富的经验，并且毕生追求生产最好的葡萄酒的愿望是显而易见的。我知道他们能够酿出令人惊叹的高端葡萄酒，但我必须等上一二十年才能品尝到，这多少让人有些恼火。我从来没有在一瓶葡萄酒上花过将近150美元，但如果他们的招牌葡萄酒酿造出来，我会当场买几瓶。塞尔家族不

第6章
了解你的故事

允许自己提供平淡无奇的葡萄酒,与他们相处的时间越久,我就越确信这一点。啊,但问题来了,他们的潜在客户无法与他们共度时光。对于购买葡萄酒的大众来说,这只是货架上又一瓶极其昂贵的葡萄酒而已。

与大多数擅长并热爱某项挑战性事物的人一样,塞尔兄妹的问题正在于他们很难确定自身的独特之处。对他们来说,这是无数因素的结合。他们自己在这片土地上长大,抚养他们的人也在这片土地上长大,祖辈们代代相传,都在这片土地上长大。他们了解这里的每一寸土地和每一棵栽种的葡萄树。他们了解培育出一种完美的葡萄所需的各种影响因素——阳光、水、温度和土壤的组成。他们非常了解葡萄酒行业,因为他们经常与加州主要的酿酒葡萄买家交谈。他们了解哪些葡萄品种和发酵技术目前盛行,哪些正在消失,哪些有真正的潜力却尚未被发现。他们也知道真正的专家有一种难以形容的直觉:他们在初秋的时候走到一棵葡萄树前,就知道葡萄可以采摘了,即使他们无法详细地解释这种直觉的原理。最终,他们的葡萄酒需要一个名字、一个标志以及一个营销计划,以便让潜在买家迅速了解产品的精髓,而这正是梅根和她的团队来此的目的。

梅根向塞尔兄妹们解释说:"初步调研需要四到六周的时间。"她将向这里的每个人,以及一组经过精心挑选的、了解塞尔家族的外人(包括雇员、客户、邻居和朋友),发送一份有关这个家族及其业务的冗长的调查问卷。梅根提醒说:"你们要做很多跑腿的工作。"对此她解释道,这项调查会引出一系列面对面的对话,通过这些谈话,梅根会引导塞尔家族更精准地提炼出其品牌形象的精髓。

梅根说，她想先问问每个家庭成员，他们认为自己的葡萄酒品牌的精髓是什么。老大约翰提议，他们可以把自己的葡萄酒称为"法国传承"。"如果我们要追求优质和高价，我认为人们会把法国和质量联系在一起。"他解释说，并指出他们的高曾祖父来自法国。

"我不认为自己是法国人。"弟弟巴克反驳道。

"我也是。"老三泰勒补充说。

"我也不认为。"约翰承认道。

"我认为自己是美国人，"泰勒说，"而且是一个农民。但是，如果能给我们带来声望的话，可以选择'法国传承'这一说法。"

梅根继续追问，他们是用了一种特别的法式酿酒方法，还是法国血统是他们身份的重要标签？三兄妹都摇了摇头。梅根不必阐述这个显而易见的事实：这款酒不会以"法国传承"命名。这是一个错误的注解，一种对不真实的东西的追求。

泰勒谈到了这片土地的历史。乔·胡克于1854年买下了这个庄园。他是一名美国陆军军官，在美墨战争中表现平平，后来在加州定居。据说他在美国种植了第一批欧洲葡萄树，虽然他并不是一个好的酿酒师或农民。作为有名的酒鬼和花花公子，他的家因经常举办狂欢派对而闻名。内战开始时，胡克被任命为联邦军的准将，指挥与罗伯特·爱德华·李（Robert E. Lee）将军正面交锋的部队。胡克的司令部就像他在索诺马的家一样，以狂欢闻名，到处都是女人和酒。在钱瑟勒斯维尔战役中胡克遭遇了惨败。从军队退休后，胡克回到了自己的庄园。它当时归瓦特里斯家族所有，瓦特里斯家族雇用图茨·塞尔在这片土地上干活。20世纪初，富兰克林·瓦特里

第 6 章
了解你的故事

斯去世时没有继承人,便将财产留给了塞尔家族。

塞尔兄妹们觉得给他们的酒起名为"好战的乔",并配上一张男人举起拳头的老照片可能会很有趣。巴克说,他们可以考虑品牌故事的另一个题材:长期以来,人们熟知的"好战的乔"的居所仍然坐落在他们农场的边缘,而且还闹鬼。"真的,"巴克说,"我听到过有钢琴演奏的声音,而那里根本没有钢琴。"

再一次,梅根问他们"好战的乔"的故事对他们有多重要。他们承认,虽然这是个有趣的故事,但与他们没什么关系。梅根还指出,"好战的乔"听起来并不像他们计划酿造的高级葡萄酒的名字。

约翰说:"是的,这个名字没有强调质量。"

泰勒补充说:"也不能强调我们的酒值 150 美元。"

"我不会出价 150 美元,"巴克笑着说,"我身上也没有 150 美元。"

梅根结束了关于"好战的乔"这个名字的讨论,并补充说:"我会把注意力集中在你们而非其他人身上。"她不喜欢把重点放在非本家族成员的外人身上的想法。"我希望这款招牌葡萄酒能体现出你们已经在这片土地上辛勤劳作了好几代。"

三兄妹的父亲,也叫约翰·塞尔,走进了房间。他身材魁梧,像他的大儿子一样,穿着牛仔裤和蓝色的工作服,戴着一顶破旧的牛仔帽。他身上沾了很多泥,看起来就像穿着一套戏服,在扮演一个勤劳的农民。当他伸出手来和我握手时,我看到他的手上长满了老茧,大拇指也不见了。他静静地听了一会儿这些谈话,然后说:"我们可以酿出美酒。我们已经酿过很多了。"很多获奖的葡萄酒都是用这个农场出产的葡萄酿造的。"我们可以把质量水准提得更高,"

他指出，"我们想做一款旗舰葡萄酒，优质葡萄酒，而不是那种花里胡哨、徒有其表的酒。"

让我震惊的是，尽管房间里的这些人只谈了大约30分钟，但是他们已经确定了这款新酒要传达的一些核心元素，包括这个家庭的特有传统、激情、勤劳和知识，而且这些信息都是真实的。但我默默地思索着一个问题，这一切是否有必要。如果他们想推出非常昂贵的葡萄酒，难道不应该先做外部调研，而不是过多关注自身吗？难道他们不应该弄清楚什么样的营销信息最适合销售昂贵的葡萄酒吗？归根结底，他们真实的自我真的那么有价值吗？这是一群满身泥土的农民。他们没有那些在传统印象里能让我与奢华的、国际化的高档葡萄酒关联起来的特质。不过我认为，这实际上是一个很好的卖点；许多人对葡萄酒的浮华外表望而却步或对此不屑一顾。我相信，许多见过塞尔家族的人会立刻被他们务实、脚踏实地、全身心投入葡萄酒酿造的风格所吸引。但这恰恰是挑战所在：大多数潜在的葡萄酒买家将永远不会见到塞尔家族。

梅根似乎预料到了我的想法，也许她感觉到这家人也在思考同样的问题。她问他们打算卖多少酒。

"我们不打算从二十吨开始，"泰勒说，"我们计划卖四吨。"葡萄酒行业有多种衡量产量的方法。一吨葡萄通常会产出两桶多一点的葡萄酒。每桶葡萄酒大约能装三百瓶，也就是二十五箱。因此，四吨葡萄可以产出二百箱葡萄酒，数量非常少。

梅根解释说，这种产量极低的葡萄酒不需要那些大批量生产的葡萄酒的销售模式，那种每年销售数百万箱的葡萄酒，为了吸引大

第 6 章
了解你的故事

量顾客,其营销信息必须足够简单、容易快速理解。那些花大约 10 美元买这些酒的人,不会花时间去发现品牌形象的精髓。他们通常会心血来潮地买一瓶,喝一杯,但对这瓶酒几乎没什么想法。塞尔家族的目标客户则完全不同。这些人希望细细品尝自己购买的葡萄酒。他们会花很多时间了解酿酒师,了解他们的理念,了解这瓶葡萄酒背后的故事,并在喝酒的时候与朋友分享,这也是买一款 150 美元的酒庄葡萄酒的乐趣之一。葡萄酒的营销计划必须有事实支撑,这一点至关重要,因为它的目标客户会探明这些真相是否属实。如果塞尔家族把他们的葡萄酒包装成一种花哨的,甚至有点浮夸的法国葡萄酒来销售,当顾客发现他们其实是地地道道的美国人,并且实际擅长的是种植葡萄和酿酒,与花哨、浮夸和法国元素毫无关联时,顾客对品牌最初的印象就被打破了。消费者会拒绝这种伪造的品牌宣传故事,当然也包括该品牌的葡萄酒。品评葡萄酒的相关媒体和酒评家也会有同样的感受。而真实的信息虽然会揭示塞尔家族的真实状况,却可以加强消费者与品牌之间的联系。

　　想到这里,我意识到自己可能是他们的完美客户。我喜欢葡萄酒,同时也会被葡萄酒的宣传语吸引,但有些浮夸的外包装令我望而却步。然而,这些细心的农民使我确信,他们酿造的葡萄酒是对葡萄树、葡萄和土壤真正深入了解的结果。几十年来,沐浴在这片庄园的日光下,他们做出了一系列关于如何种植与收获的决定,尽他们所能生产出最优质的葡萄。很明显,他们不会出售一些品质平庸的葡萄酒,并试图以次充好。如果我在货架上看到售价 150 美元的塞尔酒庄葡萄酒,我就会相信它物有所值。

但他们怎样把这个故事讲给那些永远不会见到他们，永远无法亲眼见证他们对工艺的执着追求的人呢？这个问题的答案非常重要，对于如何在当今的经济环境中蓬勃发展具有启示性意义，所以我稍后会深入探讨这个问题。让我没想到的是，葡萄酒是理解激情经济的完美产品。几个世纪以来，它所实现的，正是如今我们所有人都必须要做的事情：将蕴含我们自身激情的工作成果传递给全球合适的受众，从而将其变现。在某种程度上，如今，我们必须像酿酒师一样工作。

和塞尔家族见面几周后，我给梅根打了电话。她已经完成了六边形工作法的第四步。在品牌定位会议上，没有泪水，只有高谈阔论、欢声笑语，还有一个使每个人都非常满意的解决方案：塞尔酒庄葡萄酒的核心品牌形象由排列整齐的田垄和看起来好像耕牛臀部似的"SR"品牌字样构成。"法国"这个字眼则没有出现。

案例研究：囚徒式健身

定位意味着做部分人不喜欢的事情

科斯·马尔特（Coss Marte）取得了两次事业上的成功，但他引以为傲的只有一次。他18岁的时候就是杰出的创新者，却把他的才能用到了一个糟糕的行业里。科斯的母亲从多米尼加共和国来到美国时，身无分文，前途渺茫。她住在曼哈顿下东区的一个公共住房项目公寓里。科斯在那里长大，目睹了毒品的泛滥及其造成的破坏，毒贩遍布在社区的每一个角落。他周围的许多成年人都成了瘾君子，他们入室抢劫、拦路抢劫，几乎为攫取毒资无恶不作。

跟住在这个社区的许多青少年一样，科斯为了一点零花钱和赞许的点头给毒贩们跑腿。到他18岁的时候，科斯开始自己贩卖毒品。他是个天生的创业家，经常能发现别人错过的机会。20世纪90年代末，科斯发现了两个同时出现的趋势：一个是中产阶级白人，诸如嬉皮士和雅皮士开始搬到他所在的社区；另一个是手机变得越来越普及。科斯认为，这些人中至少有一部分人想要毒品，但又不敢来购买毒品。于是他印制了数千张名片，声称只要有人发短信下单，他就会给他们提供毒品。他买了一套西装，练习像内行人一样讲话，然后去那些富有的新居民经常光顾的酒吧分发自己的名片。不久后，贩毒生意就变得非常火爆，他不得不雇用一些员工。他开办了一个培训项目，教那些曾经的街头骗子如何职业化着装，如何握手，如何用清晰的表述打消他人的疑虑。几年之内，科斯的年收入就达到了200万美元。不出所料，他的毒品生意引起了警察的注意。科斯被逮捕，并被判入狱近十年。

科斯被捕时很肥胖。常规体检显示，23岁的他面临着患上糖尿病和严重心脏病的高风险。由于无事可做，科斯把狱中的时间都花在了体能训练上。不过他不喜欢去监狱的举重室锻炼，因为去那里不仅有人监视，还有可能发生冲突。一位年长的狱友教了他一些可以在牢房里做的细致的锻炼技巧。随后，科斯又从其他健身经验丰富的囚犯那里学到了更多的技巧，并发明了一些自己的健身技巧。他很快就恢复了好身材。刑期即将结束的那段时间，科斯在阅读《圣经》时，思想上接受了宗教的洗礼。他对自己因毒品毁掉的生活感到内疚，并且决心出狱后改邪归正。

六年后，科斯回到了母亲住的公寓，公寓就在原贩毒地点对面。他知道过去纸醉金迷的生活很诱人，但他不想再重操旧业。不过找工作很困难，因为他的案件受到了媒体的广泛关注，只要雇主在谷歌上搜索他的名字，就会查到他的毒品交易历史。于是，他决定自己做生意；然而，他没有钱，没有资源，没有人脉，也没有感兴趣的投资者。他会在黎明前醒来，前往附近的公园，利用他在监狱里学到的技巧锻炼身体。他不需要重物或者花哨的器械辅助，只要利用自己的体重和手边的任何什么东西就能锻炼。他可以用一根旧铁棒做引体向上，也能用一根圆木做撑体训练。他会招呼其他晨练者，告诉他们自己可以帮他们训练。没多久，科斯就有了一小群常客，他带领他们进行艰苦但有效的监狱式健身锻炼。进行这些训练活动时，科斯的热情显而易见，并且富有感染力。消息传开后，更多的客户加入了他的训练项目。

案例研究：囚徒式健身

现在，科斯有一家健身房，将健身当成了一项有利可图的事业。他称之为"囚徒式健身"，这是一种不需要复杂设施的健身方式，源自他在监狱里学到的健身技巧。他只雇用刑满获释的员工（这些人必须通过严格的招聘和淘汰考验）。科斯这种健身方式之所以吸引客户，除了他自身的激情之外，还因为他解决了两个经常阻碍人们（尤其是纽约人）在家健身的问题：缺少空间和设备。他开发了一款订阅式应用程序，提供视频教程，可以指导人们在家锻炼，不需要设备，只需要一间牢房那么大的空间即可。

科斯的案例展现了很多富有感染力的激情经济理论。他能够将自己一生中最消极的一面（即犯罪记录）转化为自己的核心价值。毫无疑问，许多人不会去有前科的人开办的、员工也都是前犯的健身房。而这正是激情经济中定位的意义所在。像大多数城市一样，纽约遍地都是健身房，并且用同样的承诺吸引健身顾客：我们会帮你减肥、增肌，并监督你坚持健身计划。一个如此普遍、无可非议的价值定位也意味着不可能吸引人们的眼球。为了有效地吸引目标客户，采用激情经济的业务就不能用广为人知的价值来推销自己。对于任何一项业务来说，想要吸引一批热情的忠实客户，就必须包含让一些人喜欢，而另一些人不喜欢，甚至可能会反感的元素。这并不是在说企业不应该提供人们普遍接受的服务。科斯也帮助客户减肥、增肌，并督促他们坚持其健身计划，但他采用了一种独一无二的做法。他拥有狂热的忠实客户群，其中一半以上是女性，而且他所有的顾客都觉得这种简单可靠、不需要复杂设备的健身方式很有吸引力。他还说，许多客户告诉他，他们喜欢在锻炼时拥有一些做公益的体验，他们正在帮助科斯和其他前犯改过自新。

让科斯能够将自己的最大障碍转化为独特优势的魔法工具是讲故事。他很好地讲述了自己的故事,而他的健身事业以其监狱式美学强化了这个故事。同样,他的员工也用他们的亲身经历为整个故事锦上添花。我们都有各自的故事,也许有些故事不像科斯的故事那么富有戏剧性,但总有一部分听众会发现故事中的意义所在。如果科斯能做到,我们每个人也都能做到。

第 7 章

阿米什人的教训

阿米什人是如何学会发现技术的真正价值的

先锋设备公司（Pioneer Equipment）的工厂坐落在俄亥俄州多尔顿农田里的一条乡间公路旁边，在克利夫兰市的正南方，相距九十分钟车程。早上六点之前，随着第一驾马车的到来，一天的工作就开始了，此时外面漆黑一片。像马车一样，这条路上的所有房屋都属于阿米什家庭，所以这里没有电灯。

我站在黑暗中，几乎看不清周围的农民，他们提着小灯笼，走到他们的牲口棚去挤牛奶、喂马。先锋公司的员工们会来到马车前，花一点儿时间解开马具，然后将马匹带到牲口棚喂些饲料，有时还会喂一根胡萝卜。如果不是看到工厂旁的大型卡车装卸车位，访客可能会误以为自己回到了19世纪。

到六点十五分，工厂就要开工了。先锋公司为阿米什农民以及用马和骡子耕种的非阿米什业余自耕农提供全套的耕耘机[1]、犁、耙、

---

[1] 耕耘机用于翻土、碎土、平地，常见的是依靠刀片旋转运动的旋耕机。

播种机和其他必需品。这些都是巨大的钢铁制农具，通常有皮卡车的一半大小，并带有各种刺状的凸起部分，用来翻土、播种、除草、收割庄稼，以及完成经营农场所必要的其他一系列活计。为了制造这些设备，先锋公司的员工——几十个留着必要的大胡子[1]、戴着草帽、穿着吊带前裆裤的阿米什人，操作着巨大的机器，将钢筋切割成一定尺寸并把它们焊接在一起。（阿米什人会使用同发电机相连的气动工具。）工厂办公室里，有几个年轻的未婚阿米什女性在工作，她们戴着白色的头巾，穿着端庄的长裙。工厂车间里，刺耳的金属锯声、冲压机的铿锵声不绝于耳，电焊台上火花四溅，就像快速燃放的小型烟花。不过，仔细观察你会发现，这不是一幅19世纪的画面，这家现代化的工厂干净、安全而高效。

我之所以来到这里，是因为先锋设备公司是一个能够展现21世纪经济中重要因素的理想场所：在当今的经济环境中，要想获得成功，就要保持行业内的技术领先地位。即便对那些很少使用技术的个人和公司来说也是如此。与其他美国公司不同的是，先锋公司的机器不是用计算机来控制的，它的员工也不使用工程软件设计产品；这家公司没有官方网站，甚至很少有员工知道推特是什么，也几乎没人用过脸书，坐过飞机，或者拥有汽车和智能手机。尽管不为大众熟知，但在各种意义上，这仍是一家21世纪的现代化公司。

尽管这里的人们很少使用现代科技，但是在温格德（Wengerd）

---

[1] 根据习俗，阿米什男人婚后就要蓄起长长的胡须，但唇上不留须。胡须对阿米什人来说，神圣不可侵犯。

第 7 章
阿米什人的教训

家族领导下的先锋公司，仍然是我访问过的最具创造力的公司之一。温格德家族每年都会开发出几款令人兴奋的新产品。[先锋公司的约翰·温格德（John Wengerd）把他们生产的造型优雅的农具"先锋农场主"（Pioneer Homesteader）称为"农具中的苹果手机"。他从未拥有过苹果手机，但他的一位非阿米朋友经常让他玩自己的苹果手机。]温格德家族也秉承着以客户为先的理念，他们会不遗余力地去了解购买他们产品的客户不断变化的需求。最终，在大部分情况下，他们通过使用笔和纸，偶尔打个电话，以及大量上门拜访的方式来维持业务运行。不过，基于其先进的农具技术，这种运营方式并不影响公司的业务。（大楼里有电脑，用于会计工作和基本的电子邮件收发，还有一台已经闲置的电脑用于计算机辅助设计。）通过观察他们的业务，我学到的经验教训适用于我们每个人。

先锋公司成立于 1975 年，由韦恩·温格德（Wayne Wengerd）创立。韦恩说话的时候，声音柔和而从容，开口前会经过深思熟虑。然而，用"创立"这个词来形容韦恩当时所做的事似乎有点夸张，那更像是一种奇怪的业余爱好。20 世纪 70 年代中期，20 岁出头的韦恩是一名天生的机械师，他在父亲的谷仓中占领了一个角落，当他做完农活后，便会来这里修理农具。后来修修补补发展成了一门小生意，他为阿米什邻居修理旧的犁、耕耘机和其他农具。起初，他这么做是因为觉得有趣，他喜欢研究农具的工作原理。但是很快他就意识到，人们对他提供的服务有着巨大的需求。阿米什农民遇到了农具危机。

韦恩有着各种各样的激情，在阿米什人生活的任意一段早期时代中，这些激情都是与时代背景完全不相容的。他真心热爱阿米什教派。阿米什派是再洗礼教派在中世纪的一个分支。在再洗礼运动中，该教派认为只有成人才应该受洗，因为婴儿无法真正决定接受耶稣作为他们的主。16世纪和17世纪，在瑞士、德国和法国交界处附近的山村里，阿米什人和他们的门诺派祖先被视为异教徒而遭到迫害，甚至常遭杀害。18世纪和19世纪，大部分阿米什人移居到美国。他们开始相信，要过一种良好的基督徒生活，（至少对他们来说）最可靠的方法是在教会和社区面前保持谦卑。阿米什人的定居点以教区划分。每个教区约有30个家庭，他们每隔一周的星期天在教会成员家中举行礼拜。同一教区的阿米什家庭与其他教会成员之间的距离不能超过乘马车可达的距离；如果住得远就要开车去礼拜，这是被禁止的。阿米什人穿着同样的衣服，住在相似的房子里，通常避免任何会使一个人看起来比其他人优越的炫耀。

韦恩喜欢做阿米什人，而且非常虔诚地对待自己的信仰。他希望他的孩子们，孩子们的孩子、孙子和曾孙们，也都能够保持阿米什人的生活方式。韦恩也有其他的爱好。他喜欢修补诸如犁等农用设备之类的机械。他喜欢旅行，喜欢和来自遥远的阿米什社区或非阿米什社区的人见面。（有一次韦恩和他的几个孩子到纽约市来拜访我，这是一次美妙的旋风式探索之旅。尽管他回家后也很高兴，不过旅行中遇到的所有人和事还是让他眼花缭乱。）

韦恩也有着对商业的激情，但不以积累财富为目标。他的生意非常成功，但他仍然过着简朴的生活。对他来说，商业就像一个巨大而迷人的谜题。在商业中，确立一项长期战略需要经过初步确定、

第7章
阿米什人的教训

不断质疑和重新制定的过程。这一战略还需要渗透到日常业务运营当中。这个谜题永远无法彻底解开,因为新的挑战和机遇总是不断出现。韦恩的激情已经传递给了他的孩子们。与温格德一家共度时光是一件赏心乐事,因为他们似乎都欣然投入自己的工作、家庭和社区。他们的激情是如此明显,并与他们的阿米什式生活交织在一起,所以很难想象他们的生意曾被许多先祖视为异端。

在阿米什教派的大部分历史中,绝大多数阿米什人都在务农。农业是一种与阿米什人的价值观完全相符的职业。它需要整个家庭一起工作,并待在他们的土地附近。一般来说,同一地区的农民都面临着相同的天气和经济因素的影响,所以阿米什人既能够共同繁荣,也能够共同面对同样的挑战。如果韦恩早几十年出生,他就不可能把他对阿米什人生活方式的热爱与他对商业、机械修理和旅行的热爱结合起来。在那个时候,如果他还想保持阿米什人的身份,他几乎肯定会成为一名农民。如果他想创业、旅行或者学习机械,他就必须离开阿米什社区。

大约在1900年以前,不仅阿米什人,大多数生活在那里的人都是农民,除了和家人一起努力工作以生产足够生存的食物以外,他们几乎别无选择。在20世纪快速增长的小商品经济中,随着美国的城市化和工业化进程,非阿米什人离开了农场。起初,这对留下来的阿米什农民来说是有利的,他们可以获得更多的土地和马拉农具。第二次世界大战之前,美国的农业耕作主要依靠马拉农具,这一时期的阿米什农民和非阿米什农民几乎没有差别,几家大型制造商不断生产出一系列可靠的畜力农具。到了20世纪中叶,随着拖拉机的生产和广泛使用，非阿米什农民丢弃了旧的、完好的非机动农具。这对阿米什人来说太棒了。在超过一代人的时间里，阿米什农民都不需要在农具上花费太多，因为周围有很多农具可以免费使用。

然而，到了20世纪70年代，这种畜力农具的好时代结束了。在过去的几十年里，几乎没有生产出新的畜力农具，那些曾经灵活的齿轮开始生锈、腐蚀甚至散架。起初，韦恩认识到他可以通过修理旧农具过上稳定的生活。然而，人们很快就意识到，仅仅修复是不够的。人们不得不为这种耕作方式生产新的马拉农具。像约翰迪尔（John Deere）这样的大公司肯定不会在这种边缘业务上浪费时间。韦恩的时代似乎来临了，他对农具的激情有了用武之地。毕竟创建一家专注于马拉农具的企业，让阿米什人可以继续务农，将有助于扩大阿米什人社区，而不是削弱它。

韦恩当时没有意识到这一点，但在成为商人的过程中，他参与了一场改变阿米什人的革命。在过去的一个世纪里，居住在宾夕法尼亚州、俄亥俄州、印第安纳州和伊利诺斯州的农田里的主要阿米什社区，距离费城和克利夫兰等大城市都不到50英里。在高速公路系统建成之前，这50英里的通勤路程对于在城市工作的人来说是难以想象的。但是由于高速公路的增多以及20世纪70年代到90年代人口向郊区的迁移，大量的农田逐渐被开发商吞并。人们愿意忍受一定的通勤距离，以换取比靠近城市的房子更大、更便宜的住所。新的需求使农田价格水涨船高。

与此同时，阿米什人正在经历生育高峰。阿米什人口在1970

第7章
阿米什人的教训

年至 1990 年间翻了一番,到 2010 年又翻了一番。留存率——即成年后选择继续留在阿米什社区中的儿童数量——也增长到了 90% 以上。这似乎是阿米什人与非阿米什人生活差距扩大的副作用。第二次世界大战前,一个有着八年级教育水平、用骡子拉犁耕作的阿米什人和他的许多非阿米什邻居并没有太大区别。在这样的环境下,阿米什人的孩子们即便离开社区也比较容易过上体面的生活。如今,美国城市化程度更高,经济的发展推动了教育和科技的发展。想要离开社区的年轻阿米什人会面临着与非阿米什人更大的差距。

还有另一个让阿米什人留在社区的因素:谋生方式变得更加多样。不是所有父母都期望自己的孩子务农了。他们不再坚持务农的原因可以从数学上清晰地解释:阿米什家庭人口众多,随着土地价格的上涨,许多年轻的阿米什人负担不起务农的成本。还有一些人意识到,他们并不是特别想要从事农业,他们更喜欢以手工艺为基础的生意,比如房屋建筑、景观管理、木工等。

按照传统和教义,阿米什人是群居生活的。一个阿米什人需要与其他阿米什人住在一起,否则就不是阿米什人。阿米什人并不反对科技本身,他们只是反对可能摧毁社区的科技。这就是为什么他们不开车或不经常坐飞机——这样会让阿米什人远离彼此。他们不在家里配备电脑和电话,因为这会干扰家庭时间。许多人拒绝使用机动拖拉机,因为农业应该促使家庭成员在一起工作,让大家有一个可以维持生计且规模适中的营生。机械化的拖拉机、自动喂食机械、自动挤奶系统,诸如此类的设备促进了农业的规模化发展,提高了生产效率,让一个农民可以独自打理几百英亩的土地,而无须孩子们一起务农。现代化进程给阿米什人的生活方式增加了一定的弹性：许多阿米什人经常乘车，为了生意也会使用手机（尤其是年轻人，他们会使用手机进行社交）。有几家公司（其中一些是阿米什人所有的）出售经改造后不显示图像、不连接网络的计算机。（在一次阿米什的贸易展上，我看到了其中几家公司的展位，每家公司都在强调自己的电脑功能很少。）

许多阿米什人已经在纽约州北部、威斯康星州、怀俄明州和肯塔基州的农村地区建立了社区（阿米什人现在居住在美国的26个州和加拿大的安大略省），这样他们就可以主要专注于农业方面，许多人做了跟韦恩同样的选择：他们开始做生意。像先锋公司一样，其中一些企业已经做得相当大（至少在阿米什人看来是这样的），雇用了数十名阿米什人来从事稳定的工作，这些工作的报酬比务农高。

温格德夫妇告诉我，如今只有不到10%的阿米什人以务农为生。然而，由于文化渊源，农耕依然是阿米什人生活的中心，许多做生意的阿米什人也会种出足够全家人消耗的粮食。对于那些在农村地区开办了"女儿"社区以便能够全职耕种的人来说，利润空间很小，而且创新的农具设备至关重要。

很难想象，作为世界上最古老的技术之一的农耕技术，在现代还有很多有待革新之处。已知人类最早的农耕行为发生在古代印度河文明的首府卡利班甘，地处今天印度的最北部。大约一个世纪前，考古学家发现了一块保存完好的公元前2800年的田地，看上去就像现代的耕地一样。土壤里还残留着某种耕犁留下的沟垄，呈网格状排列。这块土地中使用的犁一直没有被发现。犁以前是由人推动或

第 7 章
阿米什人的教训

者由牲畜拉动的，包括耕牛、马和骡子。犁的基本形状和功能大约在三千年前就定型了，那时的犁看起来和现在的很像。犁的角度应该在 120～180 度之间，土层越厚，角度越陡。犁以这种的方式弯曲，是为了在耕作时易于掘起土壤，并在犁出的沟垄两侧将土壤堆成利落整齐的直线。这些是最基本的功能。

犁的主要革新来自其制造材料，这些材料使犁变得越发坚固，可以更快地犁地，特别适用于石质土壤。犁的最大突破出现在铁器时代早期（约公元前 1200 年），接着在公元前 1100 年左右又出现了几项突破。当时，北欧的农耕技术更加先进。那时的北欧农民与今天的农民面临着类似的挑战。那里有大量的石质土壤，农田远不如古代近东地区和印度河流域的肥沃。随着金属工匠冶炼出更坚固的钢材，犁在坚硬土壤中的挖掘能力也越来越强。尽管如此，石块仍然是一个大问题；遇到石块时，会产生阻碍犁前进的阻力，这种阻力的大小足以把农民抛到空中。20 世纪初，一种新式犁可以让犁具在碰到石块时从上方碾过，但并非万无一失，有些石块仍然会造成严重的破坏，让犁具立刻无法使用。

即便考虑到农耕历史的广度，韦恩·温格德和他的孩子们为非机动农具带来的创新之多还是令人震惊。这并不是因为他们及其员工都是才华横溢、受过高等教育的工程师。像所有的阿米什人一样，他们在八年级后就辍学了。创新诞生的过程更为简单：他们提出大量的问题，并专注于寻找这些问题的答案。

到 2000 年，韦恩已经有了一个十二口之家——这在阿米什人中相当普遍。他的大多数孩子都在先锋公司工作。从工作的第一天起，韦恩就教导他的孩子们要仔细听取客户的意见。每当客户——无论是使用设备的农民还是销售设备的经销商——提到先锋农具上他不喜欢的元素时，就会有人把它记下来，放进文件夹里。客户希望在农具上新增的功能也会被记录并保存下来。这是一个简单的系统。这一过程有时会通过电话进行；有时是在有众多阿米什农民参加的聚会上；或者是在一年一度的"马进步日"上，这是美国最重要的马耕农业展览，由温格德一家协办。顾客和分销商的评论被草草记录在纸片或餐巾纸上，塞进钱包，然后被倒在文件夹里带回办公室。韦恩和孩子们每年都要开几次会，他们会拿出所有写着抱怨和建议的纸条进行长谈，并讨论哪些问题应该解决，哪些问题应该搁置，哪些问题毫无意义。

在这种以客户需求为导向的理念下，温格德一家取得的最大成功也许就是解决了密歇根州卡姆登市的石质土壤问题。卡姆登是最后的理想阿米什社区之一。那里有 200 个阿米什家庭，大多数以务农为生。但情况并非一直如此。有一段时间，卡姆登的年轻阿米什居民跟随阿米什潮流，离开农田去工厂或建筑工地工作。在过去的十五年里，他们为了一个原因重返农业：南瓜。

在距离卡姆登几英里远的地方，有着全国最大的西瓜经销商之一顶瓜瓜公司（Premier Melon）。乔希·贝利（Josh Bailey）不是阿米什人，也不会被误认为是阿米什人，因为他非常喜欢他的小卡车，而且整天手机不离手。在彻底改变卡姆登社区之前，他从未见过阿米什人。

贝利在密歇根南部的一个农民家庭长大，他在叔叔的公司里卖

第7章
阿米什人的教训

西瓜，相信自己能把生意做得更好，于是他在2004年创办了顶瓜瓜公司。这家公司的成功很快证明他是对的。因为西瓜又大又重，又圆又易碎，所以很难在全国范围内销售。如果把一堆西瓜扔在箱子里再装进卡车运送，很有可能会裂开几个。如果卡车要走长途运输，裂开的西瓜就会腐烂，腐烂会蔓延，整车西瓜就会毁掉。贝利有一些绝妙的主意：他发明了一种特殊的缓冲容器，可以塞进很多西瓜而不会裂开；他还建立了一个遍布美国和南美洲的农民供应网，这样他就能在尽可能接近不同客户的地方有稳定的西瓜供应。当他成为沃尔玛、克罗格和其他全国性大型零售商的主要西瓜供应商时，他的生意实现了爆发式的增长。

然后贝利有了另一个主意。他想，他已经很擅长运输西瓜了，为什么不做南瓜生意呢？南瓜同样又大又重又圆。他知道密歇根附近的农田很适合种植南瓜，但不适合其他作物。在和一个种子销售员的交谈中，他了解到了卡姆登的阿米什社区，以及这些阿米什人多么勤劳，多么迫切需要一种能够维持其生活方式的作物。卡姆登农民、南瓜和贝利：这是一个完美的组合。今天，如果你从一个大型零售商场里买了一个南瓜，很有可能就是卡姆登的阿米什人种的，然后通过乔希·贝利卖给那个零售商的。

南瓜生意改变了卡姆登阿米什人的生活。他们之所以放弃农业，是因为他们一直以来主要都是奶农，低廉的牛奶价格让他们难以维持生计，尤其是因为他们需要手工挤奶，而不使用非阿米什奶农采用的自动挤奶机。所以奶制品被淘汰了。另一方面，对于阿米什农民来说，种植南瓜是非常有利可图的。如果他们能克服一个非常非常大的问题——土壤中的岩石问题，就能实现获利。

马拉犁是一种相当简单的工具。一根轴将马的挽具与某种程度上类似倒三轮车的犁（前面有两个轮子，后面的楔形犁充当第三个轮子）连接起来。控制杆代替了车把，用来调整犁的高度和方向。在犁的上方，是一个舒适的金属制座位；农夫坐在座位上，拉着马的缰绳。这些强壮有力的马可以拉着犁快速翻地，从而把上一年庄稼的死根和杂草扒出来，然后翻出更肥沃的土壤，以备种下新种子。但如果马跑得很快，犁碰到了石头，整个犁就会向上猛冲，把座位上的农夫抛到空中。"我们把这些石头叫作硬土豆，"亨利·格雷勃（Henry Graber）笑着对我说，"我们这里有很多石头。"他是卡姆登最早种植南瓜的农夫之一。他描述了如何知道自己撞上了石头的：你坐在犁上，拴着六匹耕马，向前行进，享受这一天，然后突然间，你就躺在地上的某个地方了。

"它会把你从犁上摔下来，"亨利告诉我，"或者你也可能被颠起来，然后正好掉回金属座位上。我的儿子在15岁时，被摔了下来，头朝下摔在地上，他躺在那里昏迷了一会儿。一个月前，一个60岁的老人在这里耕地，正好撞上了一块石头，将他从犁上抛了出去，重重地摔在地上。他摔断了脊背，必须去安娜堡医院做手术。"

对于卡姆登的阿米什农民来说，这是非常悲惨的。他们终于有了可以耕种的土地，但孩子们却告诉父母：他们不想在布满石块的土地里耕作，更不想在耕种南瓜地的时候受伤或者丧命。亨利·格雷勃有份先锋设备公司当地经销商的副业，结果，他开始抓住一切机会敦促温格德一家，请他们务必为这些酿成惨剧的石头问题找出

第 7 章
阿米什人的教训

解决方案。

起初，石质土壤的问题被温格德归类在"毫无意义"的问题清单上。他们不知道如何着手解决这个问题，就算可以，他们也认为这只是少数几个社区的问题。但是亨利·格雷勃每年都要为此致电许多次，每次见到温格德一家，他都要拉住他们重谈这个问题。于是，温格德一家从非正式调查开始，打电话给全国各地一些偏远地区的阿米什农民以及当地经销商。不久，他们就发现，在美国北部的新定居点，尤其是纽约州、怀俄明州，以及在阿米什人移居当地之前农业已经消失的其他地区，有许多人都在用犁耕种含有"硬土豆"的土地，然后扔掉损坏的犁。温格德一家很快意识到，如果他们能针对亨利·格雷勃提出的问题找到解决办法，他们每年就能卖出上百台防石块的犁。由于每台犁的成本通常在 6 000 美元左右，这在当时将是一笔极大的投入。

但是，先锋公司怎样才能制造出一种经得起石块撞击的犁呢？先锋公司现有的犁是迄今为止制造出的最坚固的马拉农耕设备之一，即使是这种犁，撞上石块也会弯曲。石头不会使犁严重损毁，但会使犁扭曲变形，再也不能正常耕地。扭曲的犁会左右摆动或倾斜到一边，马难以拉动，也不可能犁出整齐的沟垄。沟垄不整齐意味着太多的农田没有得到充分利用。

正在此时，负责管理工厂车间的最小的弟弟埃迪·温格德得知有一种用于汽车和飞机的先进钢材——高强度低合金钢。出于法律和市场原因，汽车制造商已经承诺要大幅降低油耗，因此他们需要找到在不降低汽车强度的前提下减轻汽车重量的方法。这引发了高校、钢铁公司、化学实验室和其他机构致力于研发高强度、低重量的钢材。

当然，这项工作的研究人员不会联想到种南瓜的阿米什农民和他们的石质土壤。不过，借助这些钢铁公司提出的解决方案，先锋公司能够制造出一种足够坚固的钢犁，可以直接穿行于石质土壤，而且又足够柔韧，不会在撞上大石块时永久受损。

每当先锋公司考虑一种新产品时，两兄弟中的一人就会把它分解成几部分，然后分别研究每个部分，看看其他制造商是否已经在生产性能良好的产品。尽管先锋公司不使用互联网，但他们拥有一个庞大的供应商网络，包括金属原材料、车轮、焊接设备等各个方面的供应商。通过咨询这些供应商，先锋公司可以保持与时俱进，从而一直处于行业领先地位，并了解新产品的潜在合作伙伴。另一个重大突破是，温格德一家发现他们的供应商之一、挪威的格兰公司（Kverneland）生产了一种专门为石质土壤设计的犁组件。它由一个像船底一样能够深入泥土的犁底部分以及一个犁架组成。格兰公司的犁架上有一个弹簧装置，可以让犁底独立向上摆动，而不会把力传递到农民所坐的座位那一部分。这种犁底由坚固而柔韧的金属制成，犁底和弹簧连接，可以在石质土壤中移动，且不会对农民造成危害。

格兰公司是一家欧洲公司，这并非巧合。在美国，对于犁的研究在第二次世界大战之前就基本结束了，当时美国农民开始使用重型拖拉机和化学品来给田地除草施肥。因为耕作本质上是一种通过

第 7 章
阿米什人的教训

除草和翻土来获取土壤养分的机械方式,在美国的农田间,能够用化学品解决的问题不需要使用犁。不过,欧洲的农场往往比美国的农场小得多,而且欧洲对化学品使用的规定也更严格。因此,以格兰公司为首的一些欧洲公司仍然在研究耕作技术,格兰公司的研究人员已经开发出了硬化工艺,从而能够制造出更加坚韧的新型钢铁。应用新型钢铁的新型犁可以像剃刀一样切开土地。

但格兰公司并不生产马拉犁,这家公司只为那些用拖拉机耕作的人生产高端犁。因此,这种适用拖拉机的新型犁需要改良成适用马拉的犁。对于格兰公司这样的跨国公司来说,从纯粹的经济效益角度考虑,花时间和精力为少数阿米什农民改造新型犁是没有多大意义的,另外,格兰公司每年向全世界的农民出售 5 000 台犁,先锋公司的少量需求几乎不值得投入时间。

然而,温格德兄弟认为值得一试。大卫给格兰公司打了电话,很快就和负责生产犁(也包括耙和播种机)的高级主管多米尼克·哈泽尔霍斯特(Dominik Haselhorst)进行了交谈。当时哈泽尔霍斯特刚刚接管了格兰公司在挪威的两家主要工厂,负责在全球几十个国家的销售。格兰公司的农具市场主要集中在还在普遍使用犁的地区——欧洲、非洲、加拿大和部分亚洲地区,他们几乎没有美国市场。不过,哈泽尔霍斯特几乎立即对这个从俄亥俄州的一家阿米什公司打来的电话产生了兴趣。他听说过阿米什人,觉得他们很吸引人。紧接着他意识到,与阿米什人合作可以为公司向所有客户传递一个强有力的营销信息。考虑到购买犁的农民正在寻找节油的小型拖拉机,而非工业化农场所必需的大型拖拉机,格兰公司计划制造一种省力的马拉犁,这种犁在最小的拉力牵引下就能翻新土地。哈泽尔霍斯特认为,如果连阿米什人都开始使用格兰公司生产的马拉犁,其他的潜在客户就会意识到,当他们使用拖拉机牵引这种新式犁时,效率将有多高。

经过一番研究之后,哈泽尔霍斯特意识到,工厂只需要在犁底添加一个不同的配件,就可以满足先锋公司的需求。此外,犁体也要涂成黑色,以配合先锋公司的主题颜色(一些保守的阿米什人认为格兰公司特有的亮红色涂漆过于艳丽)。很快,格兰公司生产的犁具零件源源不断地装到横跨大西洋的轮船上,它们首先被运往先锋公司,然后交付给美国各地的阿米什农民,后来发展到北美洲甚至欧洲喜欢用马拉设备耕种的非阿米什农民。

我花了非常多的时间来了解阿米什人的农耕技术、南瓜生意和全球犁具业务的来龙去脉,因为我看到了关于如何理解现代经济的一系列至关重要和非常乐观的经验教训。我们经常听到这样的说法:技术正在取代人类,那些不懂技术的人注定要从劳动力大军中被淘汰。这些说法都是有道理的。然而,先锋公司的成功案例清楚地表明,即使你没有掌握或理解每一项新技术或营销工具,也一样可以进行创新。

这里不是说我们应该拒绝技术,也不是要接受所有的技术。而是我们应该记住,任何形式的技术都是解决问题的工具。解决问题和满足客户需求才是一个公司成功的关键。没有解决方案的技术总是会输给没有技术的解决方案。

第 7 章
阿米什人的教训

另一个教训是,我们每个人都可以了解许多最重要的技术,而不需要成为技术专家,甚至不需要对它们了解太多。没有一个温格德家族的人知道使高强度低合金钢变得如此坚固和柔韧的冶金原理。但他们可以接触到能够为他们提供解决方案的专家,这样他们就可以专注于为客户提供解决方案。

在过去的四十年里,物流和航运领域发生了一场变革,这是一个完美的例子,适用于任何从事实物商品生产的企业。对于先锋公司来说,找到便宜可靠的运输方式是非常困难的。先锋公司需要将生产出来的庞大、笨重的农具,运往遍布北美洲各地偏远乡村角落的阿米什社区。在过去四十年的大部分时间里,运输业一直在朝着统一化的方向发展:将统一尺寸的托盘装入统一尺寸的集装箱,再由统一尺寸的卡车和有轨电车运输到统一尺寸的仓库,然后派送到最终目的地。正是这种统一化使得沃尔玛和亚马逊先后颠覆了美国零售业。一个多世纪以来,如何将商品从卖家送到买家手中,这一看似简单的挑战定义了我们所知的美国生活的基本架构。运输业促进了铁路的建设及其周边城市的选址,百货公司和邮购目录数量的增长,州际公路和港口的建设,以及满载集装箱的大型船舶的出现,这些都推动了全球贸易的发展。

针对商品从卖家到买家的问题,这些解决方法对大公司来说确实是有益的,但对小公司来说就不那么友好了。无论是蒙哥马利·沃德(Montgomery Ward)在 19 世纪末将干货和其他产品运往美国西部,还是耐克和苹果在中国生产产品,然后销往全世界的几乎每一个城市,运输业的发展对大公司来说都是一个巨大的优势。这样,大公司可以将产品装满一节火车车厢或一艘集装箱船，然后使用全国或全球性的仓库、卡车、飞机和其他运输网络将产品运往世界各地。相比之下，小企业主只有少量昂贵的运输方式可选：主要是联邦快递、邮局和混乱得令人无法忍受的全球航运，在此过程中涉及大量的报关单和关税税率表，小企业总是为最差的服务支付最高的费用。

事实证明，相比小公司，大公司在物流方面的优势要归因于一件相当令人惊讶的事：一个最具挑战性的数学问题之一，一个许多人认为永远无法完全解决的问题。数学家称它为"旅行推销员问题"（Traveling Salesman Problem），因为这个问题经常被提及，所以通常简称为"TSP"。TSP问题是这样的：销售人员必须拜访遍布几个城市的许多客户，什么样的路线能让他或她最快地拜访这些客户？这看起来是一个相当琐碎的实际问题，可以用一张地图、一把尺子、也许还有一些字符串解决。计算机想必可以在几分之一秒内解决这个问题。

然而，问题并没有想象中这么简单。实际上，一旦站点超过了一定数量，大约20个，你就不可能找到一条确切的最佳路径。如果有12站，一共可能有19 958 400条路线。如果是20站，这个数字将变成10^{18}（10亿乘以10亿）。如果到了40站，可能的路线数就成了10^{48}，也就是1后面跟着48个零。可能的路线数会一直上升到多不胜数的地步。像沃尔玛、UPS[1]、耐克和亚马逊这样的大公司每天

---

1 UPS即美国联合包裹运送服务公司，是全世界最大的包裹递送公司。

第 7 章
阿米什人的教训

都要在世界各地停靠数百万次,使用飞机、轮船、火车和卡车运输,不久之后,它们将部署无人机运输。如果没有人能想出最快、最便宜的方式来做 40 次停靠,那么 UPS 每天做的上百万次停靠就完全不可能进行理想的优化。正是这种数学方法导致了我们现有的配送系统的建立。

仓库和固定铁路、轮船、飞机和卡车路线的目的之一,就是通过减少可能停靠的次数来简化问题。每年,这些公司都会寻找改进路线的方法(虽然明知永远无法达到最优的结果),总是能节省大量资金。例如,UPS 通过略微改进路线节省了数百万加仑的燃料,该公司希望通过稳步改进这些计算方法,继续每年节省更多的资金。

让我们暂时忘记这些大型跨国公司面临的巨大挑战,再回头看看先锋设备公司。先锋公司有 73 个代理商,每个代理商都分布在不同的阿米什社区中,遍布整个北美洲,大部分在偏远的农村地区。不过,先锋公司面临着更大的航运挑战,因为它的航运需求每天都在改变。例如,在某个周一,温格德家族可能需要运送一些相对小型的"先锋农场主"犁;而周二,他们将不得不运送一堆大型的、形状不规则的犁;有很多日子里,他们需要把这两种产品运送到彼此相距很远的地方。在 20 世纪的大部分时间里,这样的航运挑战在人们的优先事项列表中排得很靠后,而且难以解决。因此像先锋设备这样的公司不得不花一大笔钱来运输他们的货物,并肯定会得到最糟糕的服务。这不是一个小问题,这意味着不会有几家小公司生产制造需要复杂运输方式的、大型而笨重的产品。相反,这些小公司被合并成几家大型制造商,比如约翰迪尔和卡特彼勒

（Caterpillar）公司。旅行推销员问题并不是大型公司在20世纪如此成功的唯一原因。还有许多规模经济的成本优势帮助它们发展，并击败了规模较小的竞争对手。但是，物流、分销和供应链是20世纪大型企业蓬勃发展的主要因素。

温格德家族中没有人知道旅行推销员问题。他们只知道在过去的几年里，他们有了更多、更好的运输选择。他们已经能够与物流公司合作，这些物流公司能够保证及时、廉价地将哪怕是最庞大的货物运送给客户，无论这些客户离他们有多远。

从温格德家开车向西南行几小时后就到了哥伦布市，在这里我们找到了咨询经理克里斯·埃利奥特（Chris Elliott），他负责帮助企业改善物流运营。他记得，直到2004年，物流还是一个猜谜游戏。卡车调度员凭借纸质地图、经验和直觉告诉司机应该走哪里。GPS出现后取代了纸质地图，但对路线规划并没有多大帮助。克里斯解释说，如今，他用先进的计算机软件、复杂的数学模型和人工智能技术，可以获得足够多的路线选择，从而极大地提高从一个地点到数十个甚至数百个地点的货物运输能力。对于先锋公司而言，这意味着温格德家族每天都可以以比几年前更低的价格发货。这是又一项伟大的技术进步，尽管他们对技术的原理知之甚少，但这一技术改变了他们的业务。

每当我听到人们说，他们担心现代科技，尤其是人工智能和机器人技术会摧毁商业，抢走工作机会，担心只有少数富有的技术精英能够取得成功时，我就会想起温格德一家。他们为一群他们非常了解的人建立了一项基于解决实际问题的业务。通过专注于目标受

第 7 章
阿米什人的教训

众的核心挑战并加以解决,温格德一家可以将所有这些技术进步变为推进他们业务发展的绝妙工具,而不是威胁。

温格德一家可以养活一个相当大的企业,他们雇用了数十位员工,每年生产数千台拖拉机,为美国最不起眼的一个小群体提供服务。根据先锋公司的统计,世界上只有不到 50 万的阿米什人,其中不到 10% 是农民。这些农民中购买先锋设备的不到一半,因此他们的目标受众大约是 2.5 万人,分布在美国最偏远的角落,这些人不使用智能手机或网站,因此极难与他们沟通。

起初,我以为温格德一家的成功是因为他们的目标受众太小,鲜为人知,没有其他人会想到要出售农具给他们,但事实并非如此。总共有六家阿米什农具制造商,还有几家非阿米什人的公司在经营翻新马拉农具的业务。数家公司在这个如此小众的市场中发展壮大,听起来有点像天方夜谭,直到我意识到那 2.5 万个阿米什农民人均为这一领域的企业带来了至少 50 万美元的价值,也就是说阿米什农民的农具市场总价值超过 120 亿美元。这些钱足够支撑为他们提供服务的十余家企业,尤其是在现代科技降低了原材料成本和运输成本,使这些钱能够有针对性地用于提高实际生产效率的机器的情况下。

温格德一家阐明了几个规则,有些是对我们先前学到的规则的强化:包括专注于你的核心客户;不要做其他人能以更低成本完成的事情;询问并回应客户的反馈。简言之,如果你专注于解决核心客户的挑战,技术可以成为你的朋友。

在本书中,我用"激情"(passion)这个词在现代口语中的含义,代表一种强烈的热情。我喜欢这个词所代表的那种强烈的,几乎是压倒性的积极情感,这种情感可以驱动一个人生命的全部。但温格德一家让我想起了"激情"这个词有着复杂得多的历史,它来自拉丁语的"热情"(passionem),意思是"痛苦"(suffering)。这个词与一个特殊的受难案例有关:耶稣在十字架上的受难[因此有"耶稣受难"(the Passion of Christ)这样的短语]。正如文字的演变一样,"激情"的词义也在不断演变。到了中世纪,它代表着任何宗教殉道者的苦难;然后,它开始泛指任何类型的痛苦。大约在500年前,"激情"意指任何人所经历的任何强烈的感觉,无论是好是坏。根据《牛津英语词典》,这个词在17世纪20年代就有了我所认为的含义:"对某事的强烈渴望或热情;对目标的狂热追求。"

对于韦恩和他的家人来说,我倾向于认为"激情"这个词有更全面的意义。是的,他有现代意义上的激情。他热爱商业,喜欢修修补补,喜欢和家人一起工作。但是"激情"一词的古典含义也同样重要。韦恩作为一个虔诚的阿米什派基督徒,绝不允许自己忘记耶稣的苦难和苦难带来的救赎。两种意义在这里并不矛盾。阿米什人信仰中最根本的理念,就是将对耶稣和上帝的信念融入日常生活的每一个时刻。

我碰巧是一个不太在意这点的犹太人,很少花时间思考上帝或宗教上的事情。但我发现,我越是坚持激情经济的工作方式,我的工作就变得越有意义。我在书中描述的很多人身上都看到了这一点。有些人有着明确的宗教信仰,他们的工作激情和精神激情相辅相成。有些人则是无神论者或不可知论者。无论如何,本书中的每一个人

第 7 章
阿米什人的教训

都发现,他们的生意为他们带来的远不止是一份报酬,还有使他们感到更富足、更满足的东西。对一些人来说,这意味着他们与上帝和信仰的联系更加紧密;对另一些人来说,这意味着他们在心理和情感上感觉更健康。也许这些只是对同一现象的不同理解。但毋庸置疑,当我们做自己喜欢的事情时,我们会变得更好。

第8章
让中国生产廉价产品的北卡罗来纳州工厂

了解你的终端客户

....

　　21世纪初的一个清晨,小艾伦·甘特(Allen Gant, Jr.)坐在自己装饰华丽的办公室里,抖着左膝,敲着手指,试图停止想象末日般的场景。在北卡罗来纳州的一个制造业小镇伯灵顿,他对目睹大量的破产企业清仓销售已经习以为常,那些纺纱机、织布机和批量的纱线都被装箱运到墨西哥、中国、孟加拉国或其他国家的一些新工厂。那里的工人将为美国同行生产纺织品。现在,甘特预想这种情况很快就会发生在自己的公司里。

　　不该如此。甘特的一生几乎都是南方绅士的写照。每天,他都会穿上熨烫过的斜纹棉布裤、笔挺的系扣衬衫、亮色的开襟羊毛衫,以及装饰着柔软口袋巾的西装外套。当他走进格伦雷文(Glen Raven)纺织厂那间宽敞明亮的办公室时,他会微笑着向每位员工打招呼。这家公司已经由他的家族经营了一个多世纪。在去办公室的路上,甘特走过了经营这家公司的另外三个人的油画肖像:他的祖父,内战后不久创立了格伦雷文纺织厂,是公司的大老板;他的叔父,把纺织厂发展成了一家全国性的大型纺织企业,是公司的

第 8 章
让中国生产廉价产品的北卡罗来纳州工厂

"少校";他的父亲,则把艾伦抚养成了一位彬彬有礼、自信满满的绅士。甘特的办公室让人想起了格伦雷文纺织厂的好运,这家公司常年跻身纺织业中市值万亿美元的企业之列。它坐落在霍河和铁路之间,霍河为最初的格伦雷文纺织厂提供了电力,铁路将公司的纱线、织物和女式针织品从小小的老伯灵顿运到纽约、芝加哥及其以西。现在,甘特担心,这一切都要结束了。

像所有的巨头企业一样,格伦雷文纺织厂起于微末。19世纪50年代,祖父搬到了北卡罗来纳州的一个偏远地区,成了一群饥寒交迫的、没有显赫家世的年轻人中的一员,这些年轻人试图在边境地区发家致富。他们来到皮德蒙特地区的中部,那里地处海岸线和阿巴拉契亚山脉之间,新兴经济繁荣,任何愿意吃苦耐劳的人都可以从中获益。当时,位于北方的纺织工厂开始向南迁移。

伯灵顿的地理环境似乎是大自然专门为纺织品生产而设计的。那里山势陡峭,霍河水流的下落可以产生巨大的势能;不过,山势也没有陡峭到无法建立大型工厂。伯灵顿靠近罗利,一个主要的贸易港口,生活着成千上万的贫穷农民,他们希望能找到一份比在土地上辛劳地耕种更为可靠的工作来多赚点钱。起初,没有来自当地的财富为这些新工厂提供资金。所有的资金都来自纽约和新英格兰的纺织家族,他们正在向南迁移,试图避免可能会导致他们的北方工厂利润缩水的工资上涨和早期的工会化。然而,一些当地人最终掌握了足够多的知识技能,攒够了钱,开始自己做生意。1880年,经过了多年的学习后,祖父在霍河河畔建立了自己的纺织厂。1901年,他将这家工厂改名为格伦雷文。

如果说伯灵顿是甘特生产纺织品的理想位置,那么 20 世纪的美国就是销售纺织品的最佳国度。格伦雷文纺织厂是"美国世纪"[1]中典型的美国公司。1900 年,大多数美国人住在农村地区,由母亲来缝制全家人的衣服。一般人手两套行头:工作或上学穿的,以及(节假日穿的)最好的衣服。这些衣服通常都是老大穿完老二穿,打着多年的补丁。

南方纺织业的兴起对这些家庭来说是一个巨大的福音。很快,一码[2]布的平均价格持续下跌,家庭有能力买更多的衣服,工厂可以雇用更多的工人,工人又可以买更多的衣服。今天,普通美国人也有很多套衣服。运动服、便服、休闲服、沙滩装、正装等,各个类别的服装都被设计了出来,而渴望时尚的美国人必须拥有所有这些类别的服装。购买量的激增推动了商店和其他企业的爆发式增长,其中大多数需要纺织品来制作遮阳篷和制服。整体来看,格伦雷文和纺织业成为一个前所未有的良性循环的缩影,为美国梦奠定了基础。当企业发展壮大时,他们支付给员工更多的工资,而这些员工购买得越多,企业发展得越快。这个循环意味着每一代人都比他们的父辈更富裕。

创新,或者说不断创造新的产品和服务的理念,已经成为我们现代经济的重要热词。毕竟,苹果等公司一直在致力于研发突破性

---

[1] 美国世纪(American Century)意指美国的影响力在 20 世纪稳步上升,对世界政治、经济、文化产生了巨大影响。

[2] 码,长度单位,1 码等于 0.914 4 米。

第8章
让中国生产廉价产品的北卡罗来纳州工厂

的新产品,以在竞争中保持不败之地。但在20世纪,人们通常会避免创新。正如我之前指出的,格伦雷文纺织厂和20世纪所有出色的美国企业一样,也是通过年复一年地生产同种商品而致富的,而且这种生产工艺往往需要反复调整,以使生产成本更低,效率更高。20世纪的经济逻辑总结起来就是"经验曲线",即公司重复生产同一种产品,通过解决问题、精简生产、消除任何额外的成本以及培养有经验的劳动力,使每单位生产成本随着产量的增加呈反比例下降。任何一个有野心的高管都会以获得市场份额作为目标。一个公司卖出的产品越多,成本就越低,这反过来可以使公司购买速度更快的机器,从而进一步降低成本。成功的关键不是设计出新产品来卖,而是在生产标准化产品的过程中提高生产效率。关键市场领域的胜利者不是那些拥有最多原创产品的公司,而是拥有最高效的标准化产品生产体系的公司。就像家乐氏(Kellogg's)谷物击败了宝氏(Post);好时(Hershey's)的巧克力棒击败了查尔斯顿周(Charleston Chew);通用汽车公司吞并了大卫·邓巴·别克(David Dunbar Buick)的公司。在以上每一个案例以及其他成千上万的案例中,获胜的不是卓越的产品,也不是最伟大的创新,而是拥有最高效的生产系统、能以最低的成本大批量生产同种商品的公司。

在20世纪,人们常常回避市场风险。为了提高效率,工厂按照严格的规则运行,每个人都明确自己的定位,并遵循一套清晰的指示。新产品和新想法既可能给公司带来收益,也可能给公司带来麻烦。如果工人需要经常学习新的工作方式,如果机器需要经常更新换代,就会丧失关键的生产效率,公司就会失去市场份额,损失利润。

格伦雷文纺织厂在通常情况下都不愿意提出新思想。一个例外发生在早期，那时祖父发明了一种系统，这个系统可以生产出耐用的帆布并染上不易褪色的染料。这种用于商店遮阳篷的理想面料需求量很大：由于美国正在走向城市化，几乎每个城市街区都有商店开张，而每一家商店都需要一顶遮阳篷。另一项进步可以归功于大老板的一个儿子，人们称他为"少校"，他是第一批看到人造纤维价值的人之一，例如人造丝，它比棉花更便宜耐用。1953年，祖父和妻子一起去上班，在妻子整理长筒袜和吊袜带时，他注意到她越来越强烈的懊丧情绪。一时间，他设想出了一种不需要吊袜带的内裤和长筒袜的组合，他称之为裤袜（Panti-Legs）。他们花了六年时间来完善这个产品，产品推出得正是时候，恰逢女性开始进入职场，她们需要一条舒适的遮腿袜，不需要经常调整就可以整天穿着。

格伦雷文推出的新产品都是只做了微调的产品，比如不同颜色的遮阳篷或面料略有不同的裤袜。它们是纺织品中的通用汽车，有着精确而统一的生产标准和许多不同的款式，每一款都针对不同的市场。就像菲多利薯片使用同样的"基础材料"——这里指土豆片——生产不同口味的产品，比如"醋盐味薯片"或者"烧烤味薯片"。20世纪的大型制造企业无论生产什么，它们的竞争方式都是一样的。竞争往往是友好的，因为似乎有足够的业务，每家大公司都能够占有自己的份额。纺织工业尤其如此。每隔几年就会有这样或那样的公司获得一个优势，例如一台新机器、一个新流程或者是一个旧产品的改进，但很快其他所有公司都会迎头赶上。最后，纺织业变得很小，小到每个人都彼此认识，互相保持联系，每年还会

第8章
让中国生产廉价产品的北卡罗来纳州工厂

碰几次面，一边喝波旁葡萄酒、抽雪茄、打扑克，一边谈生意。

然而，在20世纪90年代初，这种旧秩序开始改变。小艾伦·甘特开始从客户那里听说来自墨西哥的廉价腈纶纱。他们告诉他，墨西哥出口商提供的100磅腈纶纱线的价格不到10美元，几乎是格伦雷文纺织厂纱线价格的一半。美国公司用这种廉价纱线生产织物的成本要低得多，从而使商店里的服装能够以很大的折扣价出售。

刚开始，甘特很焦虑。但当他看到一位客户寄给他的这种墨西哥纱线时，他立刻就放心了。墨西哥纱线的质量很糟糕。这是人们对廉价进口商品的普遍第一反应（正如我们在第3章看到的刷子行业那样）：它们的质量不达标，因此美国制造商认为它们没有威胁，不屑一顾。墨西哥的腈纶纱粗细不均，有些地方凸起，有些地方太细，这种纱线会堵塞针织机。那些决定冒险使用墨西哥纱线来追求低价的客户，由于有太多订单没有及时交付，或者根本无法交付，又重新成了格伦雷文的客户。

然而，到20世纪90年代末，墨西哥公司生产出了更高质量的纱线，并且能够更稳定、可靠地交付产品。与此同时，顾客们开始谈论来自中国的更便宜的纱线，100磅腈纶纱线只要7美元！但那些纱线也有质量问题。因此，甘特做了他在这个行业多年来唯一能做的事情：在经验曲线上加倍努力以提高产量。他借了1 200万美元，用一条配置全新腈纶纺纱机的生产线改装了他的纺纱厂。产量的提高使格伦雷文纺织厂的纱线售价每磅减少了6美分。然而不到一年，中国的纺织厂开始出售每磅不到10美分的纱线。

作为回应，甘特的业务量跌了三倍。他购买了更多的新机器，鼓励他的工程师从每道工序中剔除多余步骤，并恳求他的供应商降低原材料成本。最终，他看到20世纪的良性循环被一个恶性循环所取代。到21世纪初，甘特意识到中国实际上复制了一个世纪前纺织厂初创时期祖父的做法——他们利用了中国庞大的人口，将这些雄心勃勃而又贫穷的农民转变为日益壮大的劳动力大军，削弱了最大的纺织公司的竞争力，其中就包括甘特的许多同行。甘特不知道格伦雷文纺织厂能做什么来与之竞争。他不能再削减成本了。看来，格伦雷文纺织厂一直以来所做的事情已经不再有价值了。

甘特的办公室里景象惨淡的晨间一幕正来源于此，他坐在那里抖着腿，思考着家族生意或许即将不可避免地消亡。这让他感到绝望和恐惧，从而引发了一些严肃而重要的思考。几十年来，该公司一直遵循着20世纪的核心逻辑：找到巨大的市场，并在市场中大量销售同一种产品，从量产中获利。现在，他意识到，新经济正在向他表明，他需要颠覆这种模式，找到小得多的、没有竞争的市场，在其中格伦雷文纺织厂可以通过收取溢价获得利润。他有着麻省理工学院教授斯科特·斯特恩曾经希望他的父亲——一位廉价耐克仿制品的供应商——会有的那种想法。甘特发现，高产量、低成本的业务时代已经一去不复返了，不会再回到伯灵顿。或许他可以转向相反的战略：销售数量较少的产品，但收取更高的价格。要做到这一点，他必须完成公司的转型，不能再以最快、最便宜的方式生产同一种终端小商品。他必须教会员工如何成为一家学习、适应、实验，有时甚至会失败的公司的一员。那些平淡无奇的产品，那些具

第8章
让中国生产廉价产品的北卡罗来纳州工厂

有明确和已知价值的产品,很快就会被广泛地商品化。要制造出激情经济的产品,格伦雷文纺织厂必须超越那些平淡无奇的已知产品。但是,他不确定他或他的员工能否完成这一转变。

甘特从办公桌前站起来,走进一个坐满高级经理的房间。他解释说,几代人以来,在这家公司特定的标准化商品业务中,没有人提出过一个简单的问题,即客户想要什么。格伦雷文纺织厂没有接触过最终为其产品付款的人。这家公司是供应链的一部分。格伦雷文生产腈纶纱,卖给其他公司,这些公司再用纱线生产毛衣或长裤套装卖给批发商,接着由批发商卖给零售商,最后由零售商卖给终端客户。他说,现在是时候弄清楚终端客户想要什么,以及他们愿意出高价购买什么了,只有弄清楚这些问题之后,格伦雷文纺织厂才会决定生产什么产品。换句话说,他们将不再生产那些与利润来自价格优势的竞争产品几乎相同的商品。相反,他们只生产没有市场竞争的产品。他们会识别出潜在的客户需求。此外,风险厌恶模式已经成为过去式,他们会尝试和失败,直到得到正确的结果。

甘特解释了他的新发现。在21世纪,美国公司不能通过最便宜、最快、最高效的运作方式来赚钱。拥有廉价劳动力的新兴经济体现在主宰了这一行业。对于像格伦雷文这样的企业来说,真正赚钱的不是制造产品,而是先要想出新产品的创意。他告诉他的员工,要在世界各地寻找他们可以生产的新产品的创意,寻找生产纺织品的新方法,以满足一些没有人发现的需求,甚至可能要找到消费者自己都不了解的需求。

"格伦雷文纺织厂已经是过去式了,"他说,"我们现在是一家新公司。那么我们该做什么？"

甘特的高级副手之一哈罗德·希尔（Harold Hill）坐在后面，穿着一套奢华的西装。希尔是在皮德蒙特长大的，他一直对这里的优质棉花赞赏有加。他曾经在华尔街工作，现在又回到了这个地区。他举起了手。

"我想我有个主意。"他说。

哈罗德·希尔一直扎根在纺织业务领域。他的父亲是一家纺织厂的领班，在纺织业最后的鼎盛时期里，他努力工作，挣到了一份体面的薪水。尽管那份薪水帮助他的儿子最终上了大学和商学院，但哈罗德在华尔街一直感到不是很自在。他从没想过自己的职业是处理不良债务或从事并购业务。正如他告诉朋友们的那样，他想要一份能够施展男子汉抱负的工作。因此，希尔回到了北卡罗来纳州，重新进入纺织行业，并成为管理层。

然而，在格伦雷文纺织厂从事的工作也并不完全是他想要的。他经手一项名为"公园大道工厂"的业务，为服装制造商提供定制染整服务。（例如，一家儿童睡衣制造商可能会要求将一种阻燃剂浸渍到其织物中，或者一家汗衫制造商可能会订购一些除臭化学品。）不管使用哪种化学物质，基本的工作都是一样的：把巨大的管状织物卷绕到一个长而平的盘子里，里面装着适量的化学物质。然后，这种织物需要在化学物质中经过一定时间的浸渍，最后被拉入一个非常长的加热装置，该装置本质上是一个巨大的电烤箱，能够将分子密封在其中。这是一项稳定的业务，但利润不高。就像格伦雷文

第 8 章
让中国生产廉价产品的北卡罗来纳州工厂

纺织厂的其他许多生产线一样,它似乎也处于大众商品化的边缘。美国其他几家公司也有类似的设备,可以很容易地推出类似的产品。希尔的生意只有在他能以比竞争对手稍低的价格提供织物染整服务的情况下才能成功。他可以这样做。但他知道,中国或洪都拉斯的公司迟早会进入这个市场,达到他的专业水平并提供更低的价格,这只是时间问题。到那时,他的生意就完蛋了。

在运营这家濒临倒闭的工厂时,希尔发现了格伦雷文公司整体业务中的一个核心问题。这家公司在从原材料到成品织物的供应链中扮演了关键角色,才能在过去一个多世纪里蓬勃发展,现在它曾经作为中间人的身份不再,廉价的大众商品生产商正在吞噬这一行业。他的结论是,格伦雷文必须找到一种直接与客户沟通的方式,而这需要以设计为重点。他和他的团队查阅了纺织行业的出版物、研究报告和政府数据,以了解美国纺织业中存在的利基市场。

美国纺织业中有各种各样的利基市场,其中最具吸引力的是汽车行业。他了解到,汽车行业花费了数亿美元用以购买美国制造的纺织品。当然,汽车大多是用金属制造的,但实际上在车厢和后备厢里会用到很多织物。经过一番研究之后希尔意识到,大部分织物都用在了汽车行业所称的"车顶内衬"上,也就是汽车顶棚的内衬。虽然这只是一个 9 平方英尺的小板块,但每年生产的汽车数量如此之多,仅靠车顶内衬业务就能轻松赚到数千万美元。这些钱绝大部分都流向了巴斯夫公司(BASF),这家公司统治了这一领域三十年之久。巴斯夫公司设计了一种特殊的尼龙纤维,这种织物符合政府的所有规定,不仅防火,而且不会散发任何有毒气体,并且采用了专门设计的模块，几乎适用于每一辆美国制造的汽车。

希尔的研究始于 21 世纪 10 年代中期，持续了数年之久。研究表明，巴斯夫公司的产品存在问题。首先，它很不美观：业界称拉线尼龙纤维的行话是"鼠毛"，一代又一代的司机已经习惯了头顶上铺设着那种看起来像脏毛巾的东西。希尔很快发现了一种聚酯纤维的变体，可以用来制造更干净、更流线型的车顶内衬。他对新产品很有信心，但不知道如何进入市场。他与大型汽车制造商没有任何联系，并且听说他们极力规避风险，通常不愿与自称拥有某种革命性新产品的无名公司会面。毕竟，如果汽车公司的高管参加这些会议，就不能做其他任何事情。他很快了解到，车顶内衬业务比服装业务更复杂。成为汽车部件的任何物品都必须遵从一系列复杂的法规，必须满足极其严苛的质量管控要求，还需要谨慎地控制价格。而且，汽车工业已经转向准时生产（JIT），必须在严格的参数范围内进行交付。这就解释了为什么历史上很少有其他行业的公司可以进入汽车供应链，以及为什么巴斯夫可以控制车顶内衬业务几十年。

希尔的心中燃烧着一团烈火。这个项目对于一个有着特殊激情的人来说是完美的。希尔喜欢做科学和研究，但他也喜欢作为一个劣等马，挑战市场上已经确立地位的大公司并战胜它们。他很高兴能够让汽车行业的一些人了解他的真知灼见，并看着他们从不屑一顾的怀疑态度转变为愉快的共识。在希尔说服通用汽车的一名高管与他会面后，格伦雷文纺织厂的主打车顶内衬被用于通用汽车推出的全新卡车平台——GMT900。雪佛兰的索罗德、塔霍和萨博班系列，吉姆西（GMC）的塞拉和育空系列，以及凯迪拉克的凯雷德都

第8章
让中国生产廉价产品的北卡罗来纳州工厂

出自 GMT900 平台。在当时，GMT900 是世界上最常用的汽车平台。很快，格伦雷文纺织厂就接到了来自各家汽车公司的订单。

车顶内衬业务为格伦雷文公司如何在 21 世纪蓬勃发展提供了一种模式。这种模式与供应链大众商品模式相反。格伦雷文公司并没有直接将产品卖给终端用户，因为车主没有对车顶内衬的选择权，但公司可以说服行业领先的汽车制造商，它可以生产出最受消费者喜爱的汽车。格伦雷文公司不再像过去那样没完没了地生产千篇一律的产品，而是转而为使用其车顶内衬的各种型号、颜色的轿车和卡车提供定制的解决方案。格伦雷文公司不再只是通过批量销售纺织品来赚钱，希尔帮助公司从大众商品经济转向了知识经济。公司的真正价值在于它对客户的了解，这一理念始于一些广泛的基本认知：如果可以选择的话，人们会喜欢看起来更干净、更时尚的顶棚。这些信息促进了极其专业的技术知识的发展。格伦雷文公司成了阻燃剂和永久性染料的相互作用方面的技术专家。这家公司了解每一款主要车型的顶棚的精确角度和形状，以及如何最好地将织物粘在顶棚内侧，还知道如何让这些面料看起来光滑且具有现代感。所有这些方面的知识都难以复制，几乎少有（如果有的话）其他公司能够与格伦雷文竞争。就在几年前，这家公司还在与数十家其他生产商分秒必争地竞赛。现在，格伦雷文公司找到了一个狭窄的利基市场，世界上很少有商家能够提供同样的服务。

从车顶内衬业务上学到的教训是显而易见的。因此，格伦雷文公司将不得不寻找其他没有被现有供应商占领的、狭窄而高度知识密集型的市场。哈罗德·希尔和他的团队开始在全球范围内搜寻其他市场，包括那些很少有人会认为与纺织品有关的行业。其中一个团队研究了市政规模的滤水器行业，并研制了一种滤网，可比其他竞争产品更有效地过滤污染物。还有一位工程师沉迷于采矿业的研究，致力于发现这一行业中可以用纺织品解决的各种问题。

大多数矿井是由几十个或几百个独立的隧道组成的，其中大部分已经被彻底挖掘，不再使用。矿井需要使用难以想象的巨大而昂贵的空调系统进行通风。昂贵之处尤其在于有太多空气浪费在了废弃的隧道里。针对这一问题，格伦雷文公司研制出了"MineMaster"，这是一种厚厚的、可弯曲的尼龙帘子，能够遮盖通往废弃隧道的入口，还能接入通风井，将空气直接输送给正在工作的矿工。"MineMesh"是另一种新产品，一种带有黏合剂涂层的厚涤纶织物，可以粘在矿井的内壁上以防止塌方。

甘特发布了一则声明，宣称自己不想再从事服装业的生意。他已经明白，服装产品永远是一种大众商品。但希尔了解到有一种衣物不会落入这个陷阱：公用事业技术工人的防护服。根据政府规定，修理电线或在炼油厂进行维修作业的工人必须穿防火制服。杜邦公司长期以来一直控制着这项特殊的利基业务。这对于格伦雷文公司来说似乎是一个潜在的完美选择：一种多年来没有出现太多创新的高科技纺织产品。希尔下令，针对终端客户即公用事业工人进行一项研究，确定他们想要什么样的防火制服。他了解到，这些工人并不喜欢杜邦公司的产品。杜邦防护服又厚重又粗糙，穿着很不舒服，而且根本不透气；尤其在炎热的日子里，当工人们在太阳底下作业的时候，实在难以忍受。尽管违反规定，工人们还是会经常脱下防

第8章
让中国生产廉价产品的北卡罗来纳州工厂

护服,穿着T恤衫和短裤工作。这种不遵守规定的情况会使公司遭到罚款,情况一团糟。

一个由化学家和工程师组成的格伦雷文公司团队很快断定,杜邦公司的产品仅从安全性的角度来设计,而没有考虑到舒适性。毕竟杜邦是直接出售防护服给公用事业公司的经理,而不是那些真正穿防护服的人。考虑到终端用户的需求,格伦雷文的工程师们想出了一种新的方法来合成纤维,这种纤维材料同样具有阻燃性,但更轻薄、更柔软,甚至能透气。格伦雷文公司生产的防护服非常畅销,尤其是在欧洲和拉丁美洲。

对利基市场的探索最终将格伦雷文公司带入了一个甘特在发表声明时从未想过的行业,一个曾祖父永远也无法理解的行业:土工织物行业,即在建造混凝土结构时会使用的厚重的涤纶织物。通常,建筑物的混凝土地基或桥梁的混凝土骨架,是将混凝土倒入由木头和金属制成的模具浇筑而成。建造模具实际上是建造混凝土结构中最昂贵、最耗时的部分。土工织物提供了一种更快捷、更便宜的替代选择。将一张硬质土工织物片材弯曲成形的速度远远快于用锤子和螺丝钉做出一个典型模具的速度。

当希尔了解到这种产品时,这个行业的规模还小,由少数没有纺织经验的专业公司掌控。凭借在纺织品制造以及制造防水防晒织物所需的各种涂层这些方面的专业技术,格伦雷文公司进入了土工织物行业市场,并迅速占据了主导地位。到甘特签署了一项在印度——大兴土木的新兴经济体——制造和分销这种产品的协议时,公司的土工织物业务达到了顶峰。今天,格伦雷文公司生产的土工织物是印度新建桥梁最常用的材料之一。此外，甘特最近与巴西一家公司签订了另一份交易协议。

格伦雷文进入设计行业的决定或许最能体现出开拓利基市场的新策略。当甘特呼吁公司转型时，格伦雷文已经有了一个广受好评的面料品牌——赛百纶（Sunbrella）。这种特殊的遮阳篷面料让大多数美国家庭在后院和露台中使用的遮阳伞增色不少。赛百纶不同于其他产品，因为它由一种特殊配制的纤维制成，并充分浸渍了色彩丰富的染料。几乎任何有色织物的表面都有一层薄薄的染料涂层，覆盖着白色或灰色的纤维，包括你的衬衫、裤子、床单、家具装饰品。甘特喜欢将传统的面料比喻成萝卜：颜色在表面，底层是白色的。而赛百纶就像胡萝卜：颜色均匀地贯穿了整块布料。这意味着赛百纶可以经受数年雨打日晒，可以用工业溶剂漂白清洗，而仍然保持其原有的明亮颜色不褪色。

赛百纶已经在整个户外家具和遮阳篷面料市场上占据相当大的份额。到了 21 世纪初，公司仍然将其视为一项没有发展空间的稳固的业务，直到甘特召开了一次头脑风暴会议，一位高管问："为什么我们不把赛百纶放在室内呢？"

几个人都笑了。从 20 世纪 50 年代开始，户外家具和室内家具已经成为完全不同的行业。这两个行业有不同的贸易展览和不同的贸易出版物；它们在不同的商店里出售。格伦雷文公司对户外家具世界了如指掌，在整个行业关系深厚，然而并没有涉足室内家具界。当然，他们确实意识到室内家具市场比户外家具市场大很多倍，进入室内家具市场是赛百纶业务实现增长的唯一机会。

第8章
让中国生产廉价产品的北卡罗来纳州工厂

甘特要求负责赛百纶业务的几位员工研究室内家具市场。他们的研究报告很悲观。室内装潢市场就像时装业一样，是围绕设计而生的。人们在购买室内沙发和豪华椅子时，会看到各种各样、好像无穷无尽的布样：可以想象得到的不同色调和面料的条纹、花朵和立体图形，几乎涵盖了每一种颜色。赛百纶的颜色一般适用于户外家具，诸如森林绿或米黄色，没有人会购买由这种颜色的面料制成的室内家具。另一方面，大多数室内装饰面料的主要卖点是舒适性。而赛百纶遮阳篷面料被设计得又厚又硬。更糟糕的是，相比格伦雷文公司，室内装潢公司在这个市场上拥有巨大的优势：他们使用无色纱线，因此可以批量购买，然后染成在任何特定季节流行的任何颜色或图案。然而，赛百纶的纱线在制作过程中就固好了颜色，因此公司不得不提前几个月就预定生产一万磅蓝色面料，而这些蓝色面料后续又不能被染成另一种颜色。

为了提高在室内家具业的竞争力，赛百纶需要制作更柔软、更有弹性的面料，还需要更精准地预判流行色。这是两项严峻的挑战，但即使要花费时间和金钱来解决这些问题，甘特也想继续推进下去，他相信赛百纶"自有妙计"。赛百纶团队委托调查机构做了一系列研究报告，来回答一些有关其潜在客户的简单问题，诸如：谁会买沙发？谁不打算买沙发，但如果有合适的产品就会购买？人们期待的沙发是什么样子的？

他们了解到的信息令人鼓舞。沙发是一笔巨大的开销，通常是仅次于房子本身的最昂贵的家居用品。对于室内装潢来说，如果要装饰得漂亮，沙发的成本甚至可以占到整套家具装潢成本的一半。

这个市场的很大一部分客户是由这样的人组成的：要么是想买的结果没买，要么是想买贵的结果买了便宜的。总的来说，这些家长或宠物主人担心他们6岁的孩子或卷毛狗会弄脏坐垫。团队意识到，这正是赛百纶的优势：他们的织物比任何其他室内装饰织物都更容易清洗。但要想在这一领域的市场中取得成功，格伦雷文必须将他们在纺织技术上的专长与快速捕捉时尚潮流的能力相结合。工程师们必须想出如何制造一套全新的布料，比如雪尼尔和毛圈线。因此他们不得不重新设计纺纱工艺，以制造出更松散、更蓬松的纱线和更柔顺的面料。突然之间，他们要依据"柔软"这样无法测量的东西来做出最重要的决定，也就是在商业中人们所知的"手感"，并没有明确的衡量标准。人们拿起一块布料，用拇指和其他手指间摩擦时的触感来判断它是否舒服。工程师和生产经理都不擅长凭这种直观感觉做判断。甘特意识到，公司里满是科学家和工厂经理，但他现在需要的是设计师。

一个由9名设计师组成的团队很快受聘来到了伯灵顿，专门开发一系列用于室内家具的赛百纶面料。由于开发新的织物颜色至少需要两年的时间，而重新设计将纱线织成布料的机器至少也需要两年的时间，因此设计师需要精准预测流行趋势，从而判断人们在未来几年内会购买哪种颜色的沙发面料。甘特把这些设计师送到了格伦雷文老员工们从未听说过、更未参观过的地方。他们一起参加了每年4月在米兰举办的世界上最重要的家具展——米兰国际家具展。但他们很快就了解到，家具的颜色和设计理念落后于快速变化的时尚颜色。格伦雷文有史以来第一次开始派人去纽约和巴黎的大型时

第 8 章
让中国生产廉价产品的北卡罗来纳州工厂

装秀,在那里他们获得了灵感。他们咨询美国色彩协会的意见,试图弄清其年度预测,即预测未来几年将主导市场的色彩趋势。每一次观察都伴随着独特的"色彩故事"。

如今,赛百纶已经成为一种标杆性的室内装潢产品,用于美国家居品牌 Crate & Barrel 和 Room & Board 以及几乎其他所有中高端家具零售商。赛百纶正在这一领域中蓬勃发展,尽管其面料价格是其他大多数室内装潢面料的两倍。

正如小艾伦·甘特所希望的那样,格伦雷文公司已经转型为一家完全不同的公司。大体上来看,一家原本专注于为廉价毛衣生产腈纶纱线的公司,如今正在涉足世界各地的桥梁建造业、纽约和巴黎的高档沙发制造业,以及得到世界各地公用事业的工人们最高评价的防护服生产行业,这几乎是不可思议的。甘特表示,这种转变其实相当简单:正如我们所见,企业开始了解客户的真正需求,而不是如何以更低的成本制造同样的东西。毕竟,如果顾客想要这款产品,那么,他们愿意为此支付更高的合理价格。

当格伦雷文公司开始考虑产品的终端用户时,代表着这家公司开始思考做各种不同的事。此前,公司的关键指标之一是确保所有机器每周尽可能多地在接近峰值的状态下运行。但是客户并不关心机器的利用率,机器可以被百分之百地利用,尽管生产出的产品没有人想要。格伦雷文公司的每一种主导产品都经过试验和投入,包括土工织物、车顶内衬和赛百纶室内装潢产品。在这背后,是机器闲置的漫漫长日,以及员工投入数月时间进行零利润的、最终失败的研究。这种耐心投入让那些习惯了投入就有产出的人感到痛苦。继续投资那些可能永远不会盈利的新产品需要勇气,而如果这个过程是由诸如"手感"和"色彩故事"等不可测量的因素决定的,那就更困难了。所以此前很少有公司做出这样的转变也不足为奇,正如格伦雷文的营销主管哈尔·亨尼科特(Hal Hunnicutt)告诉我的那样,"大多数纺织公司一直在做一成不变的、安全的事情,直到它们倒闭。"

甘特告诉我,这种巨大的改变带来的最大惊喜是,在放弃了父亲、叔父和祖父的商业模式后,他不仅存活了下来,还得到了事业的蓬勃发展。他还说,经营一家以客户为中心的公司要有趣得多。他总是对不断涌现的新想法感到惊讶。"几年前,我不知道我们会在印度建造桥梁,"他微笑着说,"我不知道从现在开始的几年后,我们会做什么。"

案例研究:摩根斯顿的最佳冰淇淋

不要与大公司竞争,做他们不能做的事

尼古拉斯·摩根斯顿(Nicholas Morgenstern)又高又瘦,当他全神贯注地盯着你时有种强烈的吸引力,但也有点吓人。在我为写这本书采访过的所有人中,尼古拉斯是最彻底、最直白地表达了自己的激情的人。他每周在纽约格林威治村他的冰淇淋店里工作 81 小时。之所以准确地知道这个数字,是因为他对自己的生活了如指掌。他刚满 40 岁就决定不再谈恋爱,因为他知道他对冰淇淋的全身心投入,使自己在这个时期不会成为一个好丈夫或好父亲。

尼古拉斯的激情在于制作出完美的美式冰淇淋。并不是说他要创造一种特别美味或者最畅销的冰淇淋,他只是想要了解这种最具美国特色的甜点的精髓。他希望他的顾客品尝他制作的巧克力,并立即认识到这种特殊版本的巧克力——不管是香草、岩石路(rocky road),还是香蕉船(banana split)——是对冰淇淋精髓最真实的表达。为了实现这一目标,尼古拉斯对冰淇淋进行了他所能想到的各种各样的研究。他已经为这方面的调查研究投入了多年的精力,不仅仅是读一两本书这么简单。确切地说,他不仅会阅读每一本关于这一主题的书,而且还会找到古老的食谱并尝试复制出来,然后去世界各地每一家广受好评的和许多尚待发掘的冰淇淋店试吃。

尼古拉斯认为,冰淇淋本质上代表着美国特色。吃一口冰淇淋,你

可以品尝出这个白手起家的、个人主义的、资本主义国家的特殊历史和文化。冰淇淋的前身来自欧洲皇室厨房，只有少数人才能享用这种华丽又花哨的甜点。在那个时候，任何冷冻产品都不能远距离运输，没有奶牛的人只能吃可以长时间保存的奶制品，比如奶酪和酸奶。19世纪中叶以前，美国的奶制品供应情况大都如此，这个国家的大部分奶牛场离东部大城市至少有一天以上的交通时间。然而，到了内战时期，早期冷藏火车的出现使得新鲜奶油可以通过冷藏车厢进行长达数千英里的运送而不变质。一些农场种植了甜菜，穷人也因此能拥有廉价的甜味剂，这在历史上还是第一次。另外，西尔斯（Sears）商品目录册上最受消费者喜爱的、早期大量生产的手工搅拌冰淇淋制造机，让无论是住在纽约公寓，还是地处堪萨斯大草原的最普通的父母也都能为家人制作这款美味。这是人类历史上第一次穷人也能方便地享受到如此奢侈的甜点。

到了20世纪，冰淇淋在大型工厂实现了批量生产，预制冰淇淋被运往全国各地。精心调配的丰富口味和家庭配方远不如香草、巧克力和草莓这几个经典口味受欢迎的原因一直是个未解之谜。后来，又有几种复杂一些的口味成了经典，包括白脱核桃、岩石路和法奇波纹。（尼古拉斯说，你可以通过一个问题来判断一个人的年龄：你年轻时代最经典的冰淇淋口味组合是什么？）

尼古拉斯喜欢研究老餐馆的菜单和流行的食谱。他指出，各种各样的甜点不断更迭，或者某种甜点一直在一定地区范围内最受欢迎，但从未有一种品类成为国家象征，比如欢焰阿拉斯加、糖浆派[1]和起士蛋糕。

---

[1] 糖浆派，英文名为"shoofly pie"，因其用糖浆作馅，容易引来苍蝇，需不断驱赶，故名。

案例研究：摩根斯顿的最佳冰淇淋

但是，自19世纪60年代以来，似乎美国各地的所有人都喜欢冰淇淋，尤其是几种经典口味及其组合。然而，尼古拉斯认为，冰淇淋的工业化生产影响了大多数生产商所作的商业决策，导致冰淇淋的精华部分被稀释了。工厂注入稳定剂，如瓜尔胶或纤维素胶，这样冰淇淋就可以安全地运往世界各地。一些冰淇淋会不可避免地在复杂的供应链中运输时融化，然后重新冻结，瓜尔胶可以阻止过多冰晶的形成。他们还使用单、双甘油酯或蛋黄乳化剂以及其他乳化剂，来确保快速制成的冰淇淋口感丝滑。最重要的是，工业冰淇淋制造商会向产品中注入大量空气以最大程度地减少实际原料的使用，实现利润最大化。（布雷耶的最新配方与冰淇淋的原始概念相去甚远，因此被称为"冷冻乳制品甜点"。）

类似地，冰淇淋店做出的妥协也影响了冰淇淋的食用体验。他们使用巨大的桶盛装冰淇淋，这些桶敞开着，以便顾客可以看到冰淇淋，但是这样会使冰淇淋变干。大多数冰淇淋都是在其他地方生产然后运到零售店的，这就需要添加各种化学添加剂。各大冰淇淋品牌通常会大量生产通用的基底——由奶油、糖和乳化剂混合而成，再加入一些调味剂，制成巧克力、香草、草莓或任何一种口味的冰淇淋。通过在同种基底的基础上进行加工，大工厂无须为每种口味保持单独的基底库存而忧心，也不必订购不同种类的奶油。用同一种基底制作各种口味的冰淇淋更简单、更便宜。

尼古拉斯坚决避免所有这些由商业行为驱动的妥协。这并不是说他挑剔（好吧，他不仅仅是挑剔）。尼古拉斯解释说，乳化剂改变了冰淇淋的风味，稳定剂改变了冰淇淋的口感，注入的空气显著降低了口味的浓度。批量生产的冰淇淋使用通用基底，制造商不考虑每种类型冰淇淋的具体需求。巧克力中含有蛋白质而香草不含,所以巧克力冰淇淋的基底应该含有较少的蛋白质,也就是说应该用脂肪含量较少的奶油。许多决策从工业角度来看是合理的,但冰淇淋制造商无法生产出风味最佳的冰淇淋,因此大多数美国人从来没有品尝过完美口味的冰淇淋。

第一次去摩根斯顿冰淇淋店的时候,我吃着他的巧克力冰淇淋,对一个朋友说:"这是一种完美的巧克力口味,我甚至没有意识到自己迷失在这种美味之中。"我当时和儿子在一起,他正在享用着完美的薄荷巧克力碎冰淇淋。这太美好了。一回想起儿子微笑的那个时刻,我就会想起我小时候和父母还有哥哥一起去冰淇淋店的情景,那时我们是多么幸福。

尼古拉斯不曾拥有过像正常的美国人所经历的童年时光。他的父母都是失意的、可怜的流浪者,对儿子几乎没有负什么责任。在尼古拉斯还小的时候,他的父母结束了苦涩的婚姻。于是尼古拉斯在旧金山的一系列边缘公寓中居无定所地度过了他的青少年时代,有些公寓甚至比临时寮屋好不了多少。在他上高中之前,他的母亲加入了一个邪教组织,带着他的弟弟消失了。他不知道他们在哪里,也不知道他们后来怎么样了。小时候,尼古拉斯有几次在俄亥俄州南部和祖父母一起过暑假。他们经常一起吃当地的冰淇淋。那是他童年最美好的时刻,也许是童年里仅有的幸福时刻。

尼古拉斯高中时就开始在餐馆打工,基本上是靠自己养活自己。他上了烹饪学校,成了一名专业的甜点师,最终在纽约一些最好的餐厅里找到了工作,包括 Gramercy Tavern、Nice Matin 和 Gilt。他和一位合伙人在布鲁克林开了一家自己的店——格林将军(the General Greene),

案例研究：摩根斯顿的最佳冰淇淋

并开始尝试制作冰淇淋。很快，他就沉迷于冰淇淋的研究。他想重塑一种特定的食用体验——吃着完美的冰淇淋，最好是和家人一起。

尼古拉斯的野心不止于此，他想要改变全国乃至全世界的人们吃冰淇淋的方式。他想通过制作这些经典食谱的理想版本，加深我们与过去的联系。但他也想引领冰淇淋未来的发展。他不断地尝试令人惊喜的新奇口味：烧焦的鼠尾草、小豆蔻柠檬酱、鳄梨，并且每年都推出新的口味。尼古拉斯确实希望有一天，他的冰淇淋可以在各地的杂货店中买到。每个主要的冰淇淋制造商和多得数不清的投资者都接触过他，伸出橄榄枝，向他提供成为一个全球品牌所需的资源。而且，他说，有一天他可能会接受其中一个邀请。但他还没准备好，还没确定口味。最近，他告诉我，当他描绘自己完美生活的图景时，并不是坐飞机去会见投资者，讨论分销策略和营销计划。而是他在自己店铺的地下室里想出了新口味，然后将新口味的冰淇淋上架，看看他的顾客喜欢什么，并希望哪些方面能有所改进。

一种强烈的直觉告诉我，尼古拉斯不仅对自己的生活质量做出了正确的决定，而且做出了明智的商业选择，在自己完全准备好之前拒绝大量生产和扩大规模。他越来越了解大规模生产的缺憾，以及消费者最渴望的是什么（即使他们在第一次尝到冰淇淋之前并没有意识到自己对它的渴望）。他的冰淇淋现在备受追捧。他的旗舰店被美国几乎所有重要的美食作家评为国内最好的冰淇淋店之一。他又开了第二家店，两家店永远都有一批热切的顾客排着长队。根据冰淇淋店的火爆程度，他的冰淇淋店完全可以卖个好价钱。但是他在充满激情地追寻，当他感到满足时，就表明他完成了自己的旅程或达到了个人的极限，他能够带来的不仅仅是一时热度。他将能够定义自己的冰淇淋——甚至是所有的冰淇淋——在未来的制作方式。我预计他会赚很多钱，但他会取得更大的成就：他会把这种完美的经验传递给无数人。

第 9 章

不要做大众商品

泽西城的一家铅笔工厂如何改变了我的生活，
或许也会改变你的

....

我第一次偶然发现在 21 世纪蓬勃发展最重要的一条规则，是当我手里拿着一支 2 号铅笔，听着制造铅笔的人介绍它的特殊历史的时候。起初，这支铅笔看起来很普通。铅笔的表面是黄色的，横截面呈六边形，铅笔末端有一个压印的金属箍，金属箍套有一个淡粉色橡皮擦。它看起来和我小时候用的铅笔一模一样，那是在 20 世纪 70 年代，我第一次用 2 号铅笔在标准化考试中涂写答题卡。这支新铅笔唯一的不同之处在于，它的价格高得令人咋舌，在最近的史泰博（Staples）文具店中，这种铅笔每支的售价大约是一整套普通铅笔的价格，但它却非常畅销。将军铅笔（General Pencil）公司出产的 Semi-Hex 2 号铅笔并不是一个新奇的商品。事实上，我拿着它，在将军铅笔公司漂亮的总部大楼——即使在世界范围内也是较为昂贵的商业地产——俯瞰曼哈顿的天际线。

为什么将军铅笔公司做得这么好？几个月来，这个谜题一直盘旋在我的脑海中。铅笔是一种基础性的商品：对于我们大多数人来说，在使用一支铅笔时很难评价这支铅笔和其他铅笔孰优孰劣，几十年前我在纽约市公立学校中使用的铅笔和你如今在托莱多或塔什干的教室里可能会看到的铅笔没有什么区别。铅笔也是经济学家所谓的"一价定律"的完美例子，即所有相同的产品价格应该大致相同。毕竟，铅笔本身已经成为一种过时的技术。如今，我们大多数人都是用手指打字来完成大部分写作的。如果你去参观大学讲堂或高中课堂，很可能会看到许多学生用电子设备做笔记，这些设备在我小时候还没有发明出来。我越想越觉得困惑：将军铅笔怎么还存活着？为什么它的业务做得这么好？这其中发生了什么事？

通过一些调研和一段时间的思考，最终我找到了问题的答案。此外，我在这座大楼里学到的经验教训不仅仅局限于铅笔行业。我开始将其看作是在21世纪经济中实现事业繁荣最重要的规则。这条规则不仅适用于制造商，也同样适用于银行家、艺术家、教师和大公司的中层管理人员。规则很简单：不要做大众商品。不要轻易与其他拥有大致相同的技能和背景的人进行比较。这条规则虽然很简单，但它的历史和意义却极其丰富。

让我们从回顾历史开始。大众商品是与其他同类商品几乎完全相同的某种待售商品。一袋白米是一种大众商品，五金店的木材和折扣超市的鸡胸肉也是如此。对于我们大多数人来说，会计师也是大众商品，因为我们认为任何一个会计师都能像其他会计师一样做好我们的税务工作。航空公司极力试图避免成为大众商品，但它们中的大多数仍然沦为了大众商品。大众商品符合几个关键标准，它

第9章
不要做大众商品

们是无差别的。购买这些大众商品的人不会注意不同竞品的任何质量差异；相反，人们会基于价格和便利性来购买大众商品。大多数人倾向于购买更便宜的洗洁精、木材或者灯泡，而不是购买相同货架上更贵的那种产品。大众商品的存在本身就表明了我们的经济在过去的二百年里发生了多大的变化。

曾经对于大多数人来说，购物是一种绝对稀缺的活动。对于大米、木材、衣服，当然也包括灯泡，人们没有太多的选择。他们有机会买到需要的任何东西已经很幸运了。只有少数富人或生活在拥挤的城市中的人才能货比三家。"大众商品"一词从 15 世纪开始就存在于英语中，但几个世纪以来它的意思都很简单：任何有价值的东西。直到 1842 年，人们才需要一个新的词语来表达一种新的经济布局，这种布局将给我们所有人的生活带来革命性的变化。

约瑟夫·达特（Joseph Dart）无意改变世界。恰恰相反，他一生的大部分时间里都在寻找一种更可靠的谋生方式。1799 年，达特出生在康涅狄格河畔的一个小农场。他的父母不断地在生孩子，约瑟夫的生活也因此逐渐变得更加艰难。约瑟夫的姐姐们好不容易才找到丈夫，家里人几乎都饿着肚子。约瑟夫 20 岁那年，他搬到美国范围内尽可能远离家乡的地方——地处纽约州的布法罗市，在当时有"西北边境"之称。在那里，加拿大北部的野生动物猎人把皮毛卖给商人，商人再把皮毛运到南方的波士顿和纽约等大城市。这些运输路线都在陆地上，需要翻山越岭，穿越未平定的领土，这些地区经常有土匪抢劫行人。

1821 年，约瑟夫来到这里，在一家专门做帽子和皮草生意的商店工作,并最终成为这家商店的合伙人。他认为所有那些北方的猎人和来自南部和东部的商人都想要一顶漂亮、结实的帽子,来保护他们免受风吹雨打。他的生意并不怎么好,因为布法罗的人们像他一样往往很穷,不愿意花很多钱买新帽子。大部分日子里,约瑟夫都在缅因街的商店外无所事事地闲逛。缅因街正好位于伊利湖上的布法罗港口和镇中心的主要谷物市场之间的路线上。在一个被遗忘的边陲小镇上,谷物买卖是一件令人打不起精神的事情。来自纽约西北部和安大略少数可居住地区的农民,会牵着一两头骡子,扛着几袋小麦,慢吞吞地进城。偶尔会有一艘船抵达伊利湖畔,往遥远的托莱多或底特律运送农产品。但当时美国中西部的农民很少,而且几乎没人认为有什么理由值得花钱将货物一路运到纽约州野外某个泥泞的小镇。

然后,在1825年10月26日,发生了改变布法罗乃至美国,甚至改变整个世界的事件——经过近十年的建设,伊利运河开通了。在当时,这是历史上最伟大的工程壮举之一,一条穿过花岗岩和山脉、全长363英里的人造运河,将布法罗与奥尔巴尼、纽约、五大湖以及哈得孙河连接起来。从布法罗向纽约市运送一吨谷物的成本从100美元降到了10美元,运输时间也缩短了一半。这意味着任何一个在五大湖附近有骡子的农民,都可以迅速而廉价地将其货物运到纽约,然后再运往欧洲。在美国从一个散落着农业聚落的贫穷国家转变为国民性经济体和全球经济力量的过程中,这条运河发挥了关键作用。伊利运河还帮助纽约市取代费城成为美国的经济中心,尽管这一过程至少经历了十年的时间。

第9章
不要做大众商品

一开始，伊利运河开局不利。363英里长的运河河道上到处都有严重的渗漏，而且河床太浅，导致驳船的航行速度远远低于预期。它被戏称为"克林顿沟"，作为对纽约州州长、该项目的主要支持者德威特·克林顿（DeWitt Clinton）的嘲讽。最终，在这个不尽如人意的开端十多年后，运河得以扩建，耗资巨大。随着运河的成功扩建，来自新英格兰和北欧的农民开始迁移到美国中西部那些之前被视为偏远角落的地区，他们知道在这里能够低价购买土地，或者作为定居移民免费获得土地，然后将其货物运送到布法罗，随后进入全球其他市场。

约瑟夫·达特看着这一切发生在他那间挣扎求存的帽子商店前。正如他后来所描述的那样，他注意到驮着谷物缓慢移动的骡子不断地增加，直到骡子的数量多得数不清。达特发现整个系统的效率非常低。这些装着谷物的麻袋由骡子或船运来。码头工人会把这些麻袋一个一个地运送到谷物市场。谷物公司的采购员用一把锋利的刀子划开麻袋，抓起一把谷物验货，然后给出报价。接着买卖双方会讨价还价，达成一致后麻袋会被装回货车，由骡子驮到运河码头，之后使用人力装载到驳船上。这是一个乏味、昂贵且耗时的过程。（而且，让达特感到非常沮丧和困惑的是，似乎没人愿意购买任何一顶帽子！）

和那个时代的几乎所有人一样，达特对奥利弗·埃文斯（Oliver Evans）也很熟悉。这位才华横溢、自学成才的工程师发明了如何使用高压蒸汽机实现面粉厂自动化，从而彻底改变了面粉的加工方式。当时，面粉厂已经开始使用蒸汽动力来完成诸如碾磨谷物、筛分产出物以及将成品装进麻袋等任务。埃文斯是第一个意识到最大的成本来自人力拖着物料从一台机器到另一台机器的过程的人。他发明了一个由铲斗和传送带组成的系统，负责移动物料。埃文斯的工厂自动化技术在 1790 年问世之后，很快使他名利双收。

回过头来看，相当令人惊讶的是，包括埃文斯本人在内，居然没有人想到把他的斗式搬运系统应用到谷物运输的其他方面。直到达特一边看着运载谷物的货车经过，一边艰难地向布法罗的居民推销帽子时，他灵光一现，发出一声"啊哈！"。当时，距埃文斯的斗式搬运系统问世已经有五十年的历史了。达特买下了位于伊利湖和伊利运河之间的一些土地，然后在一位工程师的帮助下，参考埃文斯的斗式搬运系统，发明了世界上第一台自动谷物升降机。铲斗会从伊利湖上的船舱里铲起谷物，并把它们运到一个巨大的高架粮仓里，在重力的作用下，谷物可以通过巨大的木制竖井流入运河驳船。

世人并没有立即认为达特是天才。据当时报纸报道的说法，一群人嘲笑他，取笑这个奇特的装置。这台自动谷物升降机于 1843 年 6 月 12 日首次试用，人们不相信这个奇怪的装置可以将运到的粮食都铲出来，并输送到高出水面 50 英尺的粮仓里。第一天，"费城"号纵帆船满载粮食抵达港口，达特的谷物升降机在天黑前就把它清空了，"费城"号很快就开走了。布法罗的所有码头工人艰苦工作一周的搬运量也比不过达特的谷物升降机一天五万蒲式耳的搬运量。布法罗很快成为美国的谷物运输中心。几年前，布法罗每年的谷物运输量约为八千蒲式耳。在谷物升降机发明的一年内，每年有三百万蒲式耳的谷物经过这个城镇。

第9章
不要做大众商品

达特的发明很快被复制,并得到了改进。十年内,托莱多、费城、纽约以及最重要的芝加哥都出现了大规模的谷物升降机。谷物升降系统的出现与交通运输的进一步发展交相辉映:更多的运河被挖掘,铁路线遍布全国各地。美国很快就成了世界的粮仓,生产了数十亿吨的小麦、玉米和黑麦,这些粮食流向了任何愿意支付最优价格的全球市场。对粮食的巨大需求促使数百万人不断地移居到美国越来越远的边境地区。雄心勃勃的人们不满足于自己在爱尔兰、德国、俄罗斯或中国的生活条件,他们被美国不断增长的财富所吸引,事实上,无数人能够从赤贫、绵延几个世纪的封建式悲惨生活中走出来,就已经相当于获得财富了。当然,这些人中也有失败者。尽管许多人发现在由谷物升降机带动的许多行业中,他们可以找到更好的工作,薪水更高且不会像搬运工作一样损伤背部,但码头工人没有看到变化的来临,他们曾经赖以生存的生活方式很快消失了。

难怪很少有人看到了变化的到来:这是一场深刻的变革。谷物和其他农作物在中世纪的英格兰市场和古代亚述的丝绸之路上的贸易站已经交易了上千年。每一捆货物都要根据其品质进行估价,价格的协商通常需要很长一段时间,讨价还价的双方通常会慢慢地喝茶或咖啡,在协商过程中或愤然离席,或提高嗓门,然后为自己争取到的最优价格而自豪。这种买卖方式似乎是商业中不可分割的一部分。

达特建造了谷物升降机后不久,交易员们就意识到他们遇到了一个新的问题。粮食很快就运送到了,以至于他们无法与每个农民,甚至每个船主商定不同的价格。解决方案就在芝加哥的农产品交易所[1]大厅里。委员会交易员被谷物和敞开的粗麻布袋包围着，他们一天到晚都在报价，尽可能快地协商价格，日复一日。然而，尽管如此，仍然有成堆的未定价谷物堆积如山，农民们有时要等上几天，才能知道他们运到市场上的谷物能卖多少钱。在推动美国经济增长的巨大洪流中，这一阻碍是不切实际的。

于是，一群交易员聚在一起，想出了一个简单、高超的解决方案，这个解决方案一直沿用至今。他们创建了五个质量等级，并为每个等级设定了价格。随后，装在麻袋里、驳船上或马车上的每一袋谷物将被快速分级，并按照等级给出价格。颗粒饱满、完整的谷物被列为一级，定价最高。稍微瘪一些，且每把谷物都有一些碎渣的，就属于二级，依此类推。每批谷物都可以相当快地被分级，然后送到适当的储存地点。价格是标准的。如果你种的小麦属于一级，它的价格将和其他被判定为一级的小麦完全相同——就算你在明尼苏达州仔细地照料你的庄稼，而另一袋谷物来自堪萨斯州的一个懒惰的农民。一旦被分级，所有的谷物都成了经济的克隆体，它们独特的故事就消失了。这就是商品化的诞生。

商品化是解决早期工业化问题的绝佳解决方案，这种解决方案很快就广泛运用于基本商品的定价中。木材、肉和钢铁也都变得商品化了。人们设定了固定的质量标准和价格水平来衡量它们，从而

---

[1] 此处的农产品交易所是下文提到的芝加哥期货交易所（Chicago Board of Trade, CBOT）的前身。

第9章
不要做大众商品

快速有效地生产并交易大量产品。

商品化也提高了金融的安全性和可预测性。很快,农民不仅可以买卖他们带到市场上的谷物现货,还可以出售谷物期货,即一种在几个月甚至几年后交付谷物的承诺。这使他们可以更好地规划未来的谷物种植。他们在种下一粒种子之前,就会知道他们收获农作物时会赚多少钱。这种预售有助于农民投资更多的土地、设备和肥料。

商品化的另一个显著好处来自期货市场的发展。内战结束后的十年内,芝加哥期货交易所发展为一个成熟的期货市场。农民可以出售一份粮食期货合约,在未来六个月或一年或三年内交付粮食。这使得他们能够从当前尚未种植的农作物中获得现金。一些农民还会从其他农民那里购买粮食期货合约,这样即使他们的作物受到昆虫或冰雹的袭击,他们也一定会获得足够的收成。面包制造商可以购买谷物期货合约,确保能够以可预测的价格获得稳定的谷物供应。

不久之后,就出现了牛肉、猪肉和几乎所有谷物的期货合约。(由于一些鲜为人知的原因,洋葱作为一种主要农作物,却无法建立期货合约。[1])尽管金融期货看似奇特而危险,人们总是在警告投机活动的破坏性影响,但它们在很大程度上给美国农民和食品制造商提供了稳定的供应。大众商品让商人们能够合理规划未来业务,确

---

[1] 1958年,美国国会通过了"洋葱期货法案",禁止洋葱期货交易,理由是洋葱期货交易会导致更大幅度的洋葱价格波动。这一监管措施起因于芝加哥商品交易所的洋葱期货市场被操纵一事。

保自己不受灾难影响，并做好更长远的打算。无论本书如何对当今大多数人采用的商品化战略不屑一顾，但认为它一直具有消极属性的观点却是错误的。商品化帮助人们创造了现代世界，使我们富裕起来，并能够开始想象一个不是建立在商品之上，而是建立在激情之上的经济。

将军铅笔公司，这家仍在新泽西生产书写工具的公司的历史，起源于欧洲中世纪末期。1823 年，爱德华·韦森伯恩（Edward Weissenborn）在莱茵巴赫出生，莱茵巴赫是现今德国西部的一个小镇。那时，铅笔制作是一种古老的工艺。铅笔制作师傅需要完成几年的学徒训练，才能足够熟练地将碳石塑型成薄片，然后在其周围粘上木制外壳。每个地区都有自己的铅笔样式，每个制作师傅都有自己的个人技巧。在德国南部，铅笔往往更短、更粗。英国铅笔往往较长，铅芯较厚。

韦森伯恩年轻时，在德国伦巴赫领先铅笔公司（I. I. Renbach Lead Pencil Company）工作，这家公司是全球最早开始工厂化生产的铅笔制造商之一。他在工程部门是一个非常出色的助手，借助能够研磨石墨和塑型木材的新机器制订计划，从而生产出机器制造的成品铅笔。然而，韦森伯恩并非富有的伦巴赫家族的一员，他意识到，在一个仍在试图摆脱贵族统治的国家里，他永远不可能出人头地。因此，像许多来自低阶层家庭的聪明、有抱负的年轻人一样，韦森伯恩也出发前往美国。19 世纪 60 年代，他的第一份工作是协助设计和建造"莫尼特"号炮舰（USS Monitor），这艘炮舰在美国

第 9 章
不要做大众商品

内战中投入使用。从这份工作中,韦森伯恩赚到了许多钱,足够他在泽西城开一家铅笔工厂。

当时,能够自动生产铅笔的机器是技术创新的巅峰,被视为一项奇迹。韦森伯恩是一位精明的市场营销员,他设法将自己生产的铅笔送到美国最有权势的政治人物手中,这样一来,使用这些铅笔的权威人士就可以证明他的铅笔比古老的手工铅笔更标准、更可靠。(这是 19 世纪版与 Instagram "有影响力的人" 合作进行市场营销的案例。)他收到并自豪地展示了来自四名亚伯拉罕·林肯内阁成员、纽约市市长和纽约州州长的信件。在他快速成长的家庭中,韦森伯恩[1]协助开发了一套自动化机器,能够以令人难以置信的速度和低廉的成本生产铅笔,其中包括一个巨大的混合机,能够将粉状的石墨与黏土和其他添加物混合在一起;将混合物烘烤成铅笔芯(笔芯实际不含铅)的工业炉;还有刻槽机,能够在雪松木板条上挖出放置石墨的凹槽;以及把木板条变成六角形笔杆的塑形机。将军铅笔是最早采用黄色油漆层的铅笔之一,到 19 世纪 90 年代,黄色颜料已经成为优质铅笔的普遍象征。将军铅笔公司曾经一度是世界上最大、最先进的铅笔工厂,坐落在俯瞰曼哈顿的山丘上。

美国经济也正在经历自身的转型期。批量生产流程的发展为规模经济铺平了道路。在 20 世纪 10 年代,传送带使生产能力得到了极大的提高,即使是用于汽车这种最复杂的机械制造行业中。20 世

---

[1] 根据将军铅笔公司的官网介绍,此处应指爱德华·韦森伯恩的儿子奥斯卡·韦森伯恩(Oscar A. Winssenborn)。

纪 20 年代，完全现代化的企业出现了，它具有中层管理人员和广为人知的等级制度。每十年都会产生巨大的新进步，飞机、卡车、高速公路系统、计算机、现代化工和塑料相继出现。每一天也有着较小的新进步。美国经济通过这些技术上的突破变得越来越有生产力。每工作一小时，产出都会大大增加。在 20 世纪的大部分时间里，公司发展迅速，需要雇用大量的工人，所以他们通过提高工资来吸引工人。工人赚到了更多的钱，能购买更多的东西，这意味着公司经营得更好，能支付更多的薪资，这种良性循环得以持续。对许多美国人来说，这是一个黄金世纪。公司通过生产廉价商品不断发展，越来越富有。美国人的平均购买力飙升，生活变得更好。人们变得更有文化素养，由于上学的时间变长，因此人们需要更多的铅笔。在 19 世纪和 20 世纪之交，只有不到 10% 的美国人上过高中，而到了 20 世纪 50 年代，几乎所有人都读过高中。

以上这些都意味着对铅笔的巨大需求。仅在新泽西州，在校儿童的数量就从 1900 年的几千人激增到 2000 年的 220 万人，而每个孩子都会用很多铅笔。很快，将军铅笔公司就收到了来自各个学区的大量订单，以至于不再需要走在科技创新的前沿。

彼时，美国的铅笔业已经成为经济学家所谓的成熟产业。这是一个稳定的市场，几十家美国制造商主要根据地理区域持有相当固定的市场份额。由于铅笔是一种相当便宜的产品，把它们运到很远的地方并不经济，顾客也不觉得有什么必要去压榨他们的供应商来节省几分钱。

爱德华经营公司直到 19 世纪 90 年代，后来他的一个儿子奥斯

第 9 章
不要做大众商品

卡接管了公司,[1] 直到 1927 年之前,奥斯卡一直经营着这家公司,之后,他把大权交给小奥斯卡。1979 年,当第四代韦森伯恩,詹姆斯·韦森伯恩成为公司老板时,公司依旧保持着曾祖父创办时的模样——公司从来没有超过 50 名员工,1875 年购买的石墨混合机器仍然在地下室以每分钟 60 转的速度转动,几乎每一天每一分钟都在运转。它们由皮带带动运转,皮带安装于 1904 年,由第一次世界大战时引进的老式柴油发动机驱动。技术和速度不再是将军铅笔公司成功的主要因素,与新泽西州学区保持长期而深厚的关系才是确保每月数十万支铅笔订购量的关键竞争手段。

到了 20 世纪 90 年代,当一些全新的事情开始发生时,这个沉睡的世界被颠覆了。船只载着装满中国制造的铅笔的巨大集装箱抵达附近的纽瓦克港。这些铅笔看起来和将军铅笔一模一样,也是黄色的,有相同的 2 号石墨,铅笔末端有同样的金属箍和橡皮。但有一个巨大的差别:这些铅笔的售价只是将军铅笔售价的零头。公立学校可以花 1.5 美元买到总共 12 打中国制造的铅笔,而将军铅笔的售价约为每打 1.5 美元。很快,吉姆[2]·韦森伯恩与全国各地学区建立了一个多世纪的关系消失了。首先卡尼学区打电话来说,对不起,他们不能继续订购将军牌铅笔了,他们可以购买中国的廉价铅笔,

---

[1] 根据将军铅笔公司的官网介绍,爱德华创立的美国铅笔公司(American Pencil Company)于 1885 年卖给了雷克福德(Reckford)家族。四年后,爱德华的儿子奥斯卡追随父亲的脚步建立了自己的铅笔厂。

[2] 吉姆是詹姆斯的昵称。

将节省下来的钱用于教育孩子。然后，托伦顿和阿斯伯里帕克同样打来了电话。没过多久，连电话都没有了。这些学区干脆就这样停止了订购。最惨重的损失发生在将军铅笔公司的总部，吉姆·韦森伯恩、他的父母、孩子和几乎所有员工都在那里上学的地区——泽西城取消了订单。

美国书写工具制造商协会的业务通讯中的新闻证实，全国各地都在上演着相同的一幕。迪克森·提康德罗加（Dixon Ticonderoga）公司将大部分业务都转移到了问题的源头：中国和墨西哥。吉姆想，很明显，这也将是将军铅笔公司的结局了。

吉姆·韦森伯恩一直认为，他将是家族中最后一个经营将军铅笔公司的人。他的女儿凯蒂小时候很喜欢去工厂，她经常从窑炉里抓出仍然有余温的木炭，但随着年龄的增长，她似乎对这门生意失去了兴趣。当凯蒂上大学的时候，她告诉她的父亲，她对如何从机器里再多榨取一分钱，或者说如何使每小时的铅笔产量提高8%没有兴趣。然而，有一次她参加了一个营销会议，意识到自己愿意花时间想办法把将军铅笔的故事告诉店主和顾客。

有一天，凯蒂在购买美术用品时，发现店里摆着那些廉价铅笔。她对这些铅笔毁了她家族的生意感到愤愤不平，也讨厌这些铅笔中填充的劣质石墨导致画出来的线条颜色又浅又不连贯。她讨厌它们是用越南的廉价木材制成的，这种木材很容易断裂，可能会永远毁掉一个孩子对绘画的热爱。唯一的替代选择是更昂贵的专业绘图铅笔，这些绘图铅笔是在德国科学地设计出来的，每支价格超过

第 9 章
不要做大众商品

2 美元。

那一刻凯蒂意识到,她在美国铅笔市场上发现了一个巨大的漏洞。她不可能是唯一一个想要坚固、可靠的绘画工具的人,一个介于两种极端的铅笔选择之间的人。她知道,父母会很乐意给专门为孩子定制的铅笔支付合理的溢价。她拿起电话打给父亲,提出了一个可能挽救家族事业的主意。

最终,凯蒂开发了一系列铅笔套装,包括绘画用品和基于她的绘画课设计的指导书。有教女孩如何画小马和蝴蝶的铅笔套装;也有给想要画消防车和飞机的男孩的铅笔套装。(不过,凯蒂最喜欢的还是男孩抓起一套蝴蝶铅笔套装,或者小女孩兴高采烈地画出一辆消防车的草图。)还有成套的彩色铅笔套装;另有为那些目标更远大、希望培养更全面技能的高中生准备的炭笔套装。绝大多数套装内都装有一支黄色的将军牌 Semi-Hex 2 号铅笔。

由于凯蒂的铅笔套装精准定位目标客户,这套产品的竞争对手很少,甚至没有。把铅笔装进集装箱里远销海外的那些公司规模太大,距离太远,根本不用担心它们会进入这个小众市场。这些公司仍然满足于销售大众商品。而那些需要维护自己专业口碑的德国公司,不愿因为关注儿童市场而削弱自己的品牌形象。这就是为什么凯蒂的铅笔可以卖到 1 美元一支。为孩子购买将军铅笔套装的父母很乐意多花点钱,因为他们得到的是专门为他们设计的产品。

每当我面临如何在快速变化的全球经济中最好地蓬勃发展的问题时,我就会想起"铅笔测试"。没有什么产品比简单的 2 号铅笔更大众化、更容易复制了。然而，将军铅笔公司却能在商品竞争中脱颖而出。它能够识别具有明确需求的特定受众，专为目标受众提供全面服务，因此它得以蓬勃发展并从中获利。在美国，几乎每一家企业、每一个员工都在铅笔测试的一侧或另一侧：要么是一种大众商品；要么是在为特定的受众服务，从而增加特定价值，这是大型的大众商品竞争对手永远做不到的。

成为大众商品行业的领导者肯定是有利可图的。但大众商品的利润很低，企业需要批量销售才能获得利润。这就是沃尔玛模式，利润来自无情地削减成本中的每一分钱和尽可能快地扩张市场。即使对大公司来说，这也不是一种简单的生存之道。过去，地域壁垒曾使大众商品企业避免相互竞争，技术发展缓慢意味着大众商品业务不会频繁地转型；然而今天对任何主要大众商品企业来说，基本上都不存在地理障碍。大众商品快速而廉价地流向世界各地。技术变化得如此之快，以至于大众商品行业也在迅速而频繁地变化。如今，要想在大众商品行业中竞争，需要数十亿美元的资金、尖端技术，并且需要与全世界建立贸易联系。大多数人没有这些资源。因此，大多数人需要完全退出大众商品游戏。他们需要找到一种增加附加价值的方法，并找到愿意支付这个价格的特定受众。

这需要胆识。几年前，凯蒂告诉吉姆，他们应该停止将铅笔卖给沃尔玛，因为大型零售商会不断迫使他们降低价格。吉姆吓坏了。卖给沃尔玛的销售额占他们总销售额的很大一部分。凯蒂向他保证，转向一种非大众商品的定价策略，并放弃这种大批量、低成本的策略，从长远来看会赚更多的钱。果不其然，一年之内，将军铅笔公

第9章
不要做大众商品

司的盈利就增长了。

凯蒂是将军铅笔公司的现任总裁,她从小就下定决心永远不要在家族公司工作。当然,她喜欢开发那些儿童铅笔套装的过程,参观工厂总是很有趣,但凯蒂更像一个艺术家而不是实业家。她的激情在于写生,而不是看电子表格、担心不断上涨的石墨成本以及中西部分销商的瓶颈制约。那是她父亲喜欢的东西,永远不会适合她。

但当她和父亲一起开发铅笔套装的时候,她不知不觉被一些原本认为自己会讨厌的东西迷住了。她意识到,分销不仅仅是一个乏味的公司词汇,这是她让孩子们和艺术家们手中拥有铅笔的方式;财务不再是一份枯燥得要死的电子表格,更是一种语言,使她能够对想要推行的尝试做出更好的决策,当她开发不同种类的铅笔套装并评估哪些套装成功地找到了市场时,数据会引导她。她永远不会把分销和财务作为工作的核心。将军铅笔公司在这些领域有很多专家。她了解到,商业和艺术一样可以带来快乐和创造力。好吧,也许没有那么多,但足够物有所值。当她的父亲吉姆逐渐变老,并发现经营铅笔业务的日常负担太重时,凯蒂震惊地意识到她想要接管生意。她的生活从未如此有趣。

第10章

巧克力棒里的世界

当一个耶稣会士和不可知论的海军飞行员联手改变糖果市场时

....

我曾经看过一段视频,视频中一位名叫丹尼斯·林(Denis Ring)的男子描述了一种有弹性的奶油焦糖给人带来乐趣。这种焦糖会让你在品尝时手指发黏,焦糖在口中融化后,会留下融化的糖、棕黄油和浓奶油的混合物。他描述这些的时候是如此的安静、专注,面带微笑,从声音中透着喜爱,由此我得出结论,这不仅仅是为他的糖果公司做的广告,更是一种深层次的表达。我给 OCHO 糖果的创始人林打了电话,这家公司主要生产焦糖巧克力棒,天哪,我这才知道这种表达的层次有多深。

OCHO 糖果是加利福尼亚州奥克兰市一家规模虽小但发展迅速的糖果制造商。丹尼斯现年 63 岁,身材修长,举止文雅,说话方式柔和、缓慢,表述精准。人们很容易认为他是一个儿科医生或瑜伽教练。他和一个比他年轻的朋友斯科特·库齐雷克(Scott Kucirek)一起创建了这家公司。斯科特与丹尼斯的行为举止恰好相反,他说话快,走路快,似乎想要用最少的语言提供大量的信息。很容易看出这种合作关系是如何运作的。OCHO 糖果起源于丹尼斯的一种感

第 10 章
巧克力棒里的世界

觉,一种激情,正如我们很快就会了解到的,既是对利润的追求,也是受精神上的渴望所驱动。他代表了企业温和、安静的精神内核。斯科特是"执行者",他是一股充满活力的力量,负责监督运营、管理员工、监管数据,并确保人们随时随地都能吃到公司产出的糖果。

OCHO 糖果在之前的任何历史时期都不可能存在,只是因为没有合适的技术诀窍、机器、金融工具和供应链结构,能够将丹尼斯的激情转化为全国各地货架上的产品。的确有一些人能凭空想出一种特别美妙的糖果,并且其中的许多人能够将自己的糖果出售给一小撮当地的糖果拥趸。但是,所有走向全国或国际的糖果产品——士力架和特趣(Twix),M&M's 和锐滋(Reese's)花生酱巧克力杯——都不是个人独特激情的结果。它们是工业化的产物,经过精心的设计和制造,实际上是为了可以快速、廉价地批量生产。当你品尝一个(当然非常美味的)士力架时,你正在品尝工业化产品,它是基于原材料的成本和货源、高度加工食品的化学成分、机器制造散装糖果的物理要求以及全球供应链的创建等一系列折中方案的产物;当你品尝一根(甚至比士力架更美味的)OCHO 焦糖花生棒时,你是在品尝一个人毕生激情追求的实物体现。

丹尼斯说,他与 1970 年左右典型的爱尔兰裔美国青少年一样。他在旧金山东部长大,但几乎没有意识到发生在山和海湾那边的社会革命。这并不是说他的家庭非常虔诚或保守;他们不过是普通的美国人,比起周围沉浸于纵欲和毒品狂欢中的人们,丹尼斯一家更像是中西部小镇的人。他的父亲是律师,母亲是家庭主妇。他喜欢运动,但不是特别擅长,他是一个合格但不算很出色的学生。他的家人每个星期天都去教堂做礼拜,但不会花其他任何时间去思考信仰。如今,回首过去的几十年,他认为自己悠闲地看着屋后的小溪缓缓淌过的那段时间,已经暗示了他未来的人生道路,有时,他会不自觉地背诵在教堂里听到的祷文。

1974 年,丹尼斯去了圣塔克拉拉大学,这是一所耶稣会学校,地处旧金山东南方向,与旧金山距离一小时车程。那是一段疯狂的大学时光。当时,反主流文化群体已经失去了在思想上和精神上的抱负(尽管这些抱负一直都很模糊;确切地说,什么是水瓶座时代[1]?如果我们生活在一个水瓶座时代,会发生什么?),一味追寻肉体上的纵欲。慢慢地,丹尼斯发现他有一个充满激情、渴望某些真实事物的灵魂。他看到其他大学生抽大麻、嗑药,知道他们滥交,感到非常厌恶。让他感到愤怒的不是道德保守主义,而是显得那么虚伪,那么绝望,那么悲哀,那么无关紧要的这一切。他周围的每个人都笑个不停,谈论着自己疯狂的经历,但他们看起来并不快乐,不是发自内心的快乐。他们一味追求快感以期获得快乐和满足。

丹尼斯的许多老师都是耶稣会士,他们宣誓保持节欲、清贫,并服从教会。当然,这些与他周围盛行的价值观完全相反。但是他的许多老师似乎都发自内心地感到非常快乐。他们并不会忘乎所以或者一直傻笑,也不会总是分享自己最近的新奇经历。相反,他们时常处于安静而沉思的状态。往往是通过认真研究和祈祷而获得一

---

[1] 水瓶座时代,占星学中的特定星象时间段,指代新时代、新秩序、自由、博爱等要素。

第 10 章
巧克力棒里的世界

种智识或精神上的洞见时,他们才表现出丰富的情感。

丹尼斯意识到,耶稣会这种天主教信仰的形式与他成长时所经历的完全不同。小时候,去教堂感觉像是一种单向的体验。弥撒就像一套事先设计好的仪式,设计者来自很久以前的远方,丹尼斯只需要简单而被动地接受它。这使他想起了他的父母,以及他们一家舒适的中产阶级生活。他们也相信拥有一所漂亮的房子、两辆车和一个度假屋就是他们生活幸福所需要的一切。教堂、房子、毒品、性:在某种意义上,这些对丹尼斯来说都是一样的。它们被认为是预先得到认可的快乐源泉,没有人会停下来问这些东西是否能让人真正快乐,如果不能,什么才能让人快乐。

他逐渐认识到,耶稣会的做法并不是找出一个预先包装好的解决方案,然后就指望从中得到快乐。耶稣会士把他们的一生看作不断发现真正的深度幸福之源的旅程,对他们来说这是上帝的爱。当丹尼斯偶然读到了特拉普派隐修士多玛斯·牟敦(Thomas Merton)所著的书——《默观生活探秘》(*Seeds of Contemplation*)时,他豁然顿悟。丹尼斯把这本书读了一遍又一遍,他觉得这就是他一直在寻找的那种信念。他意识到,这将成为他余生的基本指引。这本书所描述的生活植根于一种信念,即上帝真正地爱人们,如果人们真正地拥抱这种爱,它将提供其他任何来源都无法比拟的永恒的幸福。问题是,爱并不总是那么容易找到,爱需要真正的奉献。就像耶稣会士一样,在特拉普派的传统中,人们必须在一天中的特定时间祷告,并积极寻找上帝存于世间的爱。然而,与耶稣会士相比,特拉普派更孤立,他们像僧侣一样生活,远离社会,通过在修道院的日常修行来寻找上帝——进行祈祷仪式，也做一些简单的工作，如烤面包、制作奶酪或葡萄酒。

当丹尼斯大学毕业的时候，他已经准备好毕生致力于通过灵性的修行来拥抱神的爱。他成了一名耶稣会士，需要和其他耶稣会士住在一起并奉行必要的誓约。这不是一个简单的步骤。耶稣会对潜在的教徒们进行一系列的心理筛选和严肃的精神对话，以确保只接纳那些真正准备好迎接这种具有挑战性的生活的人。丹尼斯是个天生的耶稣会士。像所有的耶稣会士一样，丹尼斯在黎明前就早早地醒来，他在每天的第一个小时里都会安静地祈祷，然后和其他耶稣会士聚在一起吃早餐，通常会就他们读过的、思考过的或祈祷过的内容进行广泛的讨论。耶稣会士中有专业的面包师和厨师，他们认为准备健康美味的食物并与大家一起用餐是他们与上帝之爱进行精神连接的关键。

耶稣会士与特拉普派修士不同，他们相信现世，直接为公众服务。丹尼斯在一家医院当过护理员，也为无家可归的人提供食物，后来他在一所耶稣会高中任教。他打算成为一名牧师，成为牧师需要获得更高的学位。他去了纽约市的一所耶稣会学校——福特汉姆大学，并获得了哲学硕士学位。虽然耶稣会士一生致力于服从教会，所有的耶稣会士必须遵守一定的规则，但耶稣会也鼓励每个耶稣会士找到自己的精神道路。在读研究生时，丹尼斯开始相信食物对他的修行方式至关重要，当他回忆自己最珍贵的日子时，他总是会想起与耶稣会会众充满爱意地分享的食物。渐渐地，他开始认为优质健康的食物与上帝有直接的联系。从字面意义上看，这是将上帝的爱心创造物摄入你的身体，每顿饭都提供了一个机会，要么是敞开心扉地接纳上

第 10 章
巧克力棒里的世界

帝的爱,要么是不带目的地狼吞虎咽吃下任何碰巧装在盘子里的食物,其中也许含有足够的糖或盐能带给你短暂的刺激。这种对食物的兴趣使丹尼斯产生了另一种激情,即对商业精神和道德的迷恋。

他认为,很多时候,商业被视为完全脱离了精神层面的追求。然而,商业支配着我们的生活。我们在一家公司工作,并用我们从中赚到的钱在其他公司买东西。他认为,想象我们走进办公室或商店时摆脱了精神自我,然后离开这些场所时又重新找回精神自我,这是荒谬的。丹尼斯的导师是一位拥有心理学博士学位的耶稣会牧师,他鼓励丹尼斯去读商学院。一个不了解商业实际运作方式的牧师是没有公信力的,对商人也没有影响力。丹尼斯很喜欢这个主意,不久之后,他就进入了耶鲁大学管理学院学习。在那里他学到了很多关于商业的知识,这也帮助他找到了下一份工作:在位于洛杉矶的耶稣会大学——洛约拉马利蒙特大学教授本科商业课程。那时他29岁,对耶稣会的精神信仰前所未有地强烈。在即将接受圣职授任成为牧师时他犹豫了,他觉得自己做不到。他内心深处知道自己想要一个妻子和孩子。

令人震惊的是,他很快就离开了耶稣会,也离开了他成年后的一切认知:他所有的朋友、他的家,甚至他的食物来源。他回忆道,"我已经在保持清贫的誓言下生活了七年。我没有车,没有西装,没有床,也没有公寓。我没有钱。我什么都没有。"丹尼斯给一个商学院的朋友打了电话,这位朋友给他经商的父亲打了电话。于是朋友的父亲雇用丹尼斯在一家大型电话公司从事"战略"工作。不到三年,他结婚了,有了自己的房子,他和妻子很快就有了孩子。他通过独自祷告、与耶稣会的朋友们共度时光，并在耶稣会组织的多个董事会任职，来坚持自己的精神修行。但在很多方面，他过着自己一度一心希望避免的那种生活。他在一个自己并不特别在意的行业，做着一份与自己的精神生活完全脱节的工作。他决定退出电信行业，转而从事食品行业工作。他这样做意味着放弃了很多可能的财富，但他知道需要追随自己的激情。

20世纪90年代初，他在超市干了几份工作之后，便开始专注于全食超市（Whole Foods Market）的工作，全食超市是一家刚进入加州的小型连锁店，相对来说还比较新。他喜欢全食超市提供的各种各样美味、健康、天然的食物。这些商店的布局比典型的工业化超市更能体现出人们对食物的喜爱。但是全食超市的食物太贵了，顾客们将全食超市戏称为"全部薪水"（Whole Paycheck），丹尼斯觉得全食超市的食物是大多数人买不起的，因此也不会带来真正的改变。他碰巧有个朋友和全食公司的创始人约翰·麦基（John Mackey）关系很好，不久之后，他就坐在朋友的办公室里向麦基解释自己的观点。麦基向他提出质疑：你会有什么不同的做法？丹尼斯回应说，他将创建一个全食超市的平价版自有品牌，就像那些通常在超市以极低折扣出售的品牌。麦基让他实践这个想法，就这样，丹尼斯创办了全食365，并与全食连锁超市一同成了这个超市品牌的共同所有人。全食365推出了一系列成分天然、经过最低限度加工的产品，并打算以消费者能够承受得起的价格出售。

丹尼斯和他的小型团队在这家自有品牌公司运营的前五年里，学习了很多关于食品行业的知识，并注意到一个明显的趋势。相比

第 10 章
巧克力棒里的世界

传统食品品牌，更健康的有机替代品取得了惊人的业绩，但有一个关键问题：这些替代食品必须非常美味。20世纪70年代和80年代，那些吃起来相对来说没有满足感、味道寡淡的天然替代品（妈妈曾给我尝过一些角豆曲奇饼干，我确信那味道跟用锯屑做的一样）从未占据过大量的市场份额。然而，到了20世纪90年代末和21世纪初，有机食品表现非常好。诚实茶（Honest Tea）、艾米（Amy's）冷冻餐、安妮（Annie's）通心粉和奶酪、有机冰淇淋，以及鲍勃红磨坊（Bob's Red Miu）等产品不仅销量更好，而且利润更高，增长速度远远超过传统品牌。

这并不奇怪。宝洁、联合利华、桂格燕麦、家乐氏以及其他传统品牌都是成熟的产业，它们经历了爆炸式增长时期，如今却在争夺市场份额的小幅变动。对于数百万人来说，他们不太可能突然对晶磨（Cheerios）麦片或立顿（Lipton）茶之类的产品产生前所未有的热爱。更准确地说，这些品牌正处于与竞争对手激烈竞争的"阵地战"中，争夺商店货架的主导地位，推出能够增加产品市场份额的信息，即使市场已经趋近饱和了。新品牌，尤其是对人们熟悉的食物采用全新制作方法的新品牌，可以实现巨大的增长。有机产品尤其如此。在短短的几年内，由富裕的父母主导的整个消费群体从传统的食品品牌转向了化学添加成分更少的产品，其中有着广阔的增长和利润空间。对创业者来说，有机行业也处于"最佳击球点"[1]：

---

[1] 最佳击球点（sweet spot），通常指打网球时，球落在击球最舒服、最有力的球拍面位置，引申为最能发挥所长的有利位置。

市场规模足够大,可以真正赚到钱;但规模又足够小,不会成为大公司的主要关注点(至少起初是这样)。

丹尼斯记得有一年夏天,他和家人在海滩度假。他养成了一个习惯:天气最热的时候,他会去冰淇淋小贩那里给孩子们买几条冰冻士力架。一天下午,当孩子们吃着士力架时,丹尼斯读完了包装纸上的配料,其中所有非天然的、高度加工的成分让他几乎忍不住大叫:"为什么会有这么多的人工调味料,还有一部分氢化大豆油(氢化大豆油是反式脂肪的来源,是我们吃的最不健康的食物之一)?"在炎热的沙滩上,他宣称以后一定会有人用味道更好、成分更健康的有机产品替代士力架,而且会销售一空。他只是从来没有想过那个人会是他。(从那以后,士力架已经停止在产品中使用大量反式脂肪。)

我们有必要花点时间研究士力架及各种同类品:特趣、雀巢甘脆米(Nestlé Crunch)、Chunky 酥脆饼干牛奶巧克力、查尔斯顿周巧克力棒、York 巧克力薄荷糖、Heath 牛奶巧克力太妃糖、奇巧(Kit Kat)巧克力威化饼干、锐滋花生酱巧克力杯和 Almond Joy 椰蓉杏仁牛奶巧克力。就像很多东西已经成为我们日常生活的一部分一样,巧克力棒是一种相对较新的发明,是作为小商品经济的一部分而制造出来的小食品。士力架诞生于 1930 年,是好时和马尔斯这两家大型工业化公司之间商业竞争的产物之一。当时,好时在市场中占主导地位。这家公司非常擅长以最优惠的价格从世界各地购

第 10 章
巧克力棒里的世界

买巧克力,并且开发了一种机器,可以快速而廉价地把巧克力变成固体巧克力棒。

在明尼苏达州,野心勃勃的马尔斯父子此时尚未在糖果事业上取得成功,他们怀着嫉愤的心情关注着好时公司。(马尔斯家族后来解体,父子俩所在的不同公司竞争激烈。)弗兰克和他的儿子福里斯特·马尔斯(Forrest Mars)开了一家小型糖果制造公司。在这家公司里,一排排斯堪的纳维亚的移民妇女,也是农场主们的妻子,会制作各种各样的小糖果,这些糖果会在其公司附近的商店里按盎司出售。这对马尔斯一家来说是不够的,他们想要将公司做得和好时一样大,不,他们还想做得更大,成为美国乃至全世界的主要糖果制造商。

儿子福里斯特制定了最初的发展计划。他知道,他们现有的手工制作糖果的流程速度太慢,成本太高,导致他们无法与好时竞争。他发现了两个重要的问题,从这些方面入手将改变美国人消费糖果的方式。首先,好时公司在制造固体巧克力棒的过程中犯下了一个代价高昂的错误。巧克力是一种难以驾驭的材料,在工业条件下加工巧克力极具挑战性。融化巧克力需要大量的时间,融化后才能倒进模具里,然后冷却变成固体巧克力。更糟糕的是,将巧克力运送给经销商和零售商的过程中,巧克力可能会因为融化而滞销。福里斯特意识到的第二件事是,好时的巧克力很贵,而且很难买到。实际上,随着好时公司规模的扩大,巧克力变得更贵了,因为它需要从更多、更偏远的地方采购可可豆,所以好时给自己制造了麻烦。

福里斯特设想了一种由薄层巧克力制成的巧克力棒,巧克力薄层包裹着一种更便宜且更容易制作的填充馅料，这种巧克力棒无须冷却，也不会在运输过程中融化。福里斯特用各种各样的馅料进行了试验，包括椰肉、薄荷奶油和花生酱，最终有了我们现在熟知的配方。这种巧克力棒有一层牛轧糖、一层焦糖、一些坚果，外面包裹着尽可能薄的巧克力涂层。马尔斯所选的配料比巧克力便宜得多，体积也大得多，因此比纤细的好时巧克力棒看起来要料足得多。

牛轧糖是一个冷门的选择。根据玛丽·约瑟夫·蒙科尔热（Marie Josèphe Moncorgé）所著的《各种牛轧糖》（*All Kinds of Nougat*）一书所叙，一本有着千年历史的巴格达烹饪书里首次提到了牛轧糖。后来，这种甜食传到了西班牙和意大利，分别被称为"杜龙"（turrón）和"图龙"（turrone）。传统做法的牛轧糖是用融化的糖、蛋清、香草、柑橘或其他调味品，以及一些可口的馅料，如坚果、干果或巧克力制成的。牛轧糖有嚼劲，口感浓郁而丰富，它的制作理念是把几种不太可能的味道混合在一起以创造出一种令人意外的新奇味道，但这不是吸引福里斯特·马尔斯的原因。在他这里，牛轧糖是一种没有什么滋味的批量生产产品，由奶粉和从鸡蛋中提取的蛋白质制成。设计的出发点纯粹因为它是一种厚实、廉价且易于生产的填充馅料，可以提供一定的口感和蓬松度。

焦糖层类似于传统糖果的工业化小零件。焦糖的原始形态是一种黏稠的液体，由融化的糖稀制成，可以倒在像苹果派这样的甜点上。后来，在美国的大草原上，人们加入了牛奶，使焦糖变得更稠。在劳拉·英格斯·怀德（Laura Ingalls Wilder）所著的《大森林里的小木屋》（*Little House in the Big Woods*）一书中，劳拉回忆起她把母

第 10 章
巧克力棒里的世界

亲做的一种温热的糖浆状焦糖倒在满满一锅的白雪上,做成了她喜欢的耐嚼糖果。不过,对于福里斯特来说,焦糖要像牛轧糖一样足够结实,以至于要用到快速转动的圆锯来切割,这种圆锯是在锯木厂用来切割木材的。条状填充馅料制作完成后,接着被推入融化的巧克力瀑布中,以形成士力架的外层。

当福里斯特·马尔斯第一次设计出这种糖果和制造这种糖果的机器时,美国人喜出望外。这是一种便宜的糖果,可以安全持续地生产,人们无论在哪里都可以买到。你可以把它扔进袋子里,你知道几小时甚至几周后它的味道依然很好。在大萧条时期,这款士力架以每条5美分的价格出售;对于消费者来说,这些有着实质填充馅料的大块糖果,几乎可以代替一顿饭。这是个奇迹,人们喜欢它。这种具有小商品属性的完美巧克力棒经过精心设计后,可以迅速生产出来,马尔斯现在每天能够生产1 500万个士力架,平均每秒70个。

但是士力架成为美国到后来全世界最受欢迎的糖果棒,原因并不在于其风味。许多糖果棒在味觉体验这方面做得更好。士力架能成为最受欢迎的糖果,是因为士力架无处不在。

仅仅生产大量的士力架是不够的。玛氏必须想办法让这种巧克力棒摆在美国每家糖果店的货架上,这意味着他们必须吸引无数的各地糖果经销商。每个城镇都有一家糖果经销商,大城市有几十家小型家庭企业,他们批发购买糖果,然后卖给糖果店、当地药房、超市和其他零售糖果的商店。这是一项艰苦的工作,玛氏不得不雇用数百名销售人员来维持与所有小分销商的关系。每个分销商都必须雇用自己的几名销售人员，经常走访所有的小型零售商，检查供应情况，及时跟进补货订单。

分销网络建成后，玛氏的销售和分销运作既声名远播又令人敬畏，威慑着潜在的竞争对手。任何想要与士力架以及之后的M&M's、特趣或玛氏的其他糖果品牌竞争的人，都必须先建立自己庞大的分销网络。玛氏的大型网络是自我强化的，因为他们能够在美国的每一家合适的商店里销售糖果，公司就有了大量的收入。这些收入让玛氏能够继续扩大规模，不断投资于更具成本效益的糖果制造设备，购买或建造更大、更快、功能更全面的机器。随着公司规模的扩大，它能够以更低的折扣获取原材料，比如可可粉、坚果和蛋清。这意味着每根糖果棒的生产成本更低，使得玛氏的管理者可以向糖果的分销商和零售商提供更低的折扣。成本的降低还为他们提供了发起大型广告活动的资金。

玛氏公司的规模越大，它就越能够保持强大。专注于大规模生产和分销的策略，使玛氏超越了老对手好时公司，成为全球最大的糖果制造商，并一直保持着这一地位。玛氏是典型的小商品公司，它生产的产品范围小得惊人。玛氏只有三个糖果品牌：士力架、特趣和M&M's，这些糖果的销售额占了其总销售额的一半以上。创新进展缓慢，甚至根本没有。今天的士力架巧克力棒和1930年走下生产线的巧克力棒差不多。M&M's糖果有一些微不足道的创新。这款糖果于1941年推出，1950年，每一颗M&M's糖果上都印有标志性的字母m；1954年，花生版M&M's诞生了。几十年来，产品唯一的变化只有颜色：新增了橙色和蓝色，去掉了棕色和紫色。作为一

第 10 章
巧克力棒里的世界

个经典的小商品产品系列，M&M's 的产品基本保持不变；高管们几乎将所有创新都集中在了改进产品的内部生产线上，想办法用更低的成本生产出同样的产品。如今，这种缺乏根本性创新的现象在每一家糖果零售商那里都得到了体现：这款 1941 年推出的糖果至今只有细微差异。目前产品系列有薄脆、焦糖和黑巧克力 M&M's，但没有真正的产品创新。

在此期间的大部分时间里，就像典型的小商品经济一样，玛氏的业务生态系统支撑着数十万个体面的工作岗位。机器需要大量的工人，他们忙着搬运大袋的花生，搬运一盘盘的牛轧糖，并仔细监控生产的每一个步骤，以确保每个糖块都是一样的。同样，玛氏公司的分销需要成千上万的工作人员协同完成，包括玛氏销售人员、经销商公司的买方和销售人员、通常拥有自己店铺的零售商、卡车司机、种植花生和甜菜的农民，等等。在整个 20 世纪，成千上万的人把他们体面的生活归功于玛氏公司和它卓越的糖果制造技术。

玛氏一直面临着竞争，包括与好时等几家大公司先后在国内和国际展开的竞争，以及与许多区域糖果制造商在当地市场的竞争。新英格兰有 Sky Bar，南部有 Goo Goo Clusters，太平洋西北部有 Brown & Haley Mountain Bar。[1] 这些糖果也很不错，很多人都认为它们比士力架更好吃。但是这些地方公司无法让它们的产品获得广泛的分销，因为它们生产的巧克力棒成本更高，而且无法与庞大的玛

---

[1] Sky Bar、Goo Goo Clusters、Brown & Haley Mountain Bars 均为填充馅料类巧克力产品，类似于士力架。

氏分销网络竞争。

如果丹尼斯·林在20世纪30年代、50年代甚至80年代就梦想创建自己的OCHO糖果公司，那么在旧金山湾区糖果行业中，他能在本地市场分一杯羹就已经很幸运了。更有可能的是，他会在奥克兰经营一家规模不大且利润不高的巧克力店。正因为他在21世纪的激情经济中想出了蓬勃发展的方法，他的糖果才能够在全国各地销售。OCHO糖果公司提供了一个研究我们的经济环境中发生的诸多变化的完美案例，在当今的经济环境中，诞生在激情下的产品可以直接与工业化的流水线产品竞争。

1997年，丹尼斯创办了全食365，它是作为一个独立的公司创建的，由丹尼斯、他的团队和全食公司共同拥有。创办五年后，全食365已成为连锁超市的大供应商。全食公司认为全食365非常重要，于是决定将其完全并入公司内部，并向丹尼斯提出了收购邀请，丹尼斯接受了。突然间，他发现自己有了钱和大量时间。由于全食365实际上并没有生产任何产品——全食365和全国各地的制造商签订了食品生产合同，生产系列产线食品和供应其他超市的食品——丹尼斯在这方面几乎没有任何经验。他了解批量生产的效率，但不能接受大型糖果公司为了提高速度或降低成本而必须做出的妥协。但如果丹尼斯从来没有真正大规模生产过优质产品，他又怎么能对玛氏做出判断呢？就在那时，他再次开始思考糖果棒，而且一开始思考就停不下来了。没有人能做出更好的糖果棒，那会是一种用天然原料精心制作而成的真正优质食品，这件事似乎只能由

第 10 章
巧克力棒里的世界

他来做。

有一天,丹尼斯把孩子们送到学校后,他开始和另一位父亲斯科特·库齐雷克(Scott Kucirek)交谈。斯科特曾是一名海军飞行员,在两栖战舰上驾驶着那艘众所周知非常具有挑战性的巨大"海龙"号[1]。海军飞行员喜欢强调他们与空军飞行员不同。空军飞行员只有一项工作:驾驶飞机。然而,海军飞行员不仅要执行飞行任务。在狭窄的船上,每个人都需要全天工作才配有一张床,所以海军飞行员不得不承担大量的非飞行工作。斯科特说,他在海军参与的各种非飞行工作为他经营公司提供了一系列完美的课程,锻炼了他开公司所必需的技能。令他印象最深的是,他在直升机中队管理维修部门的三个维修队时,监督着 200 名水手,负责采购和清点直升机飞行所需的无数小型部件。在众多人员中,他不仅要监督高技术的维修人员,同时也要监督海军中最缺乏动力和技能的一些人——那些被分配到仓库工作的人。他说:"我了解到,如果人们相信领导力和使命感,那么让他们每天工作二十个小时也没问题。但如果人们不相信这些,只会愿意倦怠地工作四个小时。"

他必须学会如何将仓库工人公认的枯燥无聊的日常工作与保证直升机安全的伟大使命联系起来,这样海军飞行员才不会死亡,海军才能保证美国的安全。他了解到,维修部门的每一项工作都有令人难以想象的复杂、重叠的规章制度和行为准则来约束。在他手下,

---

[1] "海龙"号(Sea Dragon)是美国西科斯基公司出品的 MH-53E 舰载直升机,可作为应对水雷的手段,也可负担搜救和运输任务。

有太多的人每天都在填写文件，遵循一些毫无意义、对确保飞机安全毫无帮助的程序。斯科特简化了流程，并花了大量时间向他手下的每一位工作人员说明，他们的具体工作如何在确保海军人员乃至整个国家的安全方面发挥了关键作用。他带领的维修队的官方评级大幅上升。然后他负责了一个在旧金山的海军招募站，他说这段经历出乎意料地培养了他的销售能力。海军有标准的招募模式，会列出应征人员所有可选的教育和职业选择，但斯科特知道，招募人员最应该做的是闭嘴并倾听。人们有很多参军的理由，他们会告诉你这些理由是什么。

斯科特本打算在海军中度过一生，但十年后，他意识到他与家人见面的时间远远不够，军官的军衔越高，陪伴家人的时间就越少。随后，他离开了海军，就读于加州大学伯克利分校商学院。当时他注意到，他的很多同学都在抱怨同一件事情。他们发现买房子的过程真是令人难以忍受。斯科特与几位房产经纪人交谈后，很快就发现了一些问题，这让他想起了从前在海军服役时的维修部门。购房系统充斥着大量荒谬的文书工作、过时的做法和规则，这些都妨碍了所有人的意愿，即以最有效的方式转让房屋所有权。

卖家希望每个合适的房产买家都知道他们的房子是待售的，买家则希望看到他们可能有兴趣购买的所有房源。唉，购房系统已经演变成一个大多数房子都由独家经纪人代理的系统，买方只能看到与他们合作的经纪人手上的房子，而卖方只能接触到该经纪人的客户。斯科特认为这很荒谬，与购房的核心使命背道而驰。他还认为，互联网可以提供解决方案。他和他的一位同学胡安·米尼（Juan

第 10 章
巧克力棒里的世界

Mini）开始勾勒一个理想购房系统的蓝图。不久之后，他们开发了 ZipRealty，这是第一个主要的房地产网站。这项事业非常艰巨。ZipRealty 公司在三十几个城市建立了经纪业务，并在互联网上积累了数量最多的待售房产。斯科特使用了他在海军学到的相同技巧，让销售员专注于使命：使买卖双方获得尽可能最好的销售体验，而不是通过囤积房源来小心翼翼地守住佣金。这一模式运作良好，公司的业务蒸蒸日上。斯科特也因此赚了一大笔钱。（"足够开一家糖果公司，但还不够退休养老。"他告诉我。）

当斯科特和丹尼斯第一次相遇时，这位总是闲不下来的前海军飞行员和一位总在深思熟虑的前耶稣会士居然奇迹般地意识到，他们可以组成一个很棒的团队。正因为二人的特质截然不同，所以他们俩几乎是对方的完美互补。斯科特每年都会去几次教堂，但信仰并不是他生活的重要部分。（"丹尼斯总是说，'体能训练是你的信仰'。"斯科特笑着告诉我。）斯科特并没有发现丹尼斯想要做出更好的巧克力棒的深层次精神原因，但他很容易就抓住了本质。人们一直在吃巧克力棒，包括他自己的孩子。这些巧克力棒含有不健康的非天然成分。许多已经过时的、无用的系统，将那些想要品质更好、无化学添加剂的巧克力棒的人与可能做出这种巧克力棒的人区隔开来，这让斯科特回想起他在运转不良的直升机维修部门和令人抓狂的房产销售业务中解决的问题。这正是斯科特最擅长的领域。

OCHO 糖果工厂位于奥克兰的一个不起眼的仓库区，一堵高墙遮挡了街道对面废品回收站的部分景象。这家灰色的、低矮的工厂像一个四四方方的盒子，周围是高高的带刺铁丝网。从外观看，

OCHO可以是任何类型的工厂——滚珠轴承制造商或金属制造商也未尝不可。只有颜色醒目的"OCHO糖果"标志暗示着,在没有窗户的墙壁后面,正在发生一些非常令人兴奋的事情。

我参观工厂的那天,经人劝告把车挤进拥堵的、围着栅栏的停车场,因为该地区存在盗车现象。我带了6岁的儿子,他无意中听到我计划参观一家糖果工厂,于是坚持要一起来。我们一进去,斯科特就带我们穿过了几间小办公室,来到一个房间,我们在房间里穿上了靴子、长袍,戴上了无尘帽(以免污染糖果),然后进入了工厂车间。这确实是一个神奇的领域。我的儿子兴奋极了,我也同样。几十个穿着无菌服的人跟进糖果制作过程的不同阶段。在一个角落里,一个男人正在把糖、黄油和奶油倒进一个巨大的铜缸里,混合成新鲜的焦糖,这个过程看起来几乎与士力架的工业制作方法完全相反。OCHO的焦糖是用一系列天然原料手工制作的,所用原料包括有机奶油、黄油、粗糖和香草豆,与玛氏和其他工业化糖果制造商使用的深加工乳制品和香草粉末形成鲜明对比。不远处,一些工人正在用附近农场的树莓为OCHO的PB&J巧克力棒准备一大桶有机树莓果冻。

然而,真正令人惊叹的是位于工厂中心的机器,它将各种原料组合在一起,制成了OCHO巧克力棒。这台机器大约有两辆校车那么长,其操作方式是玛氏公司和好时公司永远无法想象的,那些批量生产的巧克力棒是用一层柔软的巧克力包裹坚实的馅料制成的。OCHO的机器首先将高品质的液态巧克力倒进模具,然后用冰冷的矩形金属冲压,瞬间将液态巧克力变成固态。这就做出了一个小小

第 10 章
巧克力棒里的世界

的、敞口的巧克力盒，用来装填巧克力棒的中心馅料，包括花生酱、果冻、焦糖、椰子，以及其他各种原料。通过这种方式制作出的中心馅料远比那些工业化批量制造的馅料质地更黏稠、味道更甘美。下一步是最棘手的：添加馅料后，机器只需稍微加热巧克力盒壁的顶部，以黏附一层新的巧克力盖；然后立即冷却巧克力顶部，以免融化柔软的中心馅料。

这是一个繁琐、耗时的过程，在这个过程中，机器必须经历精确定时的流程执行多个步骤，才能生产出一条巧克力棒。制作一盘（12 条）OCHO 巧克力棒，需要的时间超过一分钟，平均每条五秒。对于一条巧克力棒而言，五秒的制作时间听起来可能不算长，但这意味着生产 OCHO 巧克力棒与士力架本质上是完全不同的业务，后者的机器每秒能生产 70 条巧克力棒。可以这样理解，每条 OCHO 巧克力棒所需的成本更高，包括劳动力、机械、场地、运输，等等。此外，OCHO 还使用了更昂贵的原料，也进一步将成本推高。OCHO 公司购买成本较高的有机巧克力、花生和果冻，一切原料都是有机的。OCHO 自己制作焦糖，需要两名专门的工作人员整天混合那些大桶里的糖、奶油和香草。

OCHO 的这些成本并不是最罕见的，一直以来都有高端、奢侈的糖果制造商这样做。然而与前辈们不同的是，OCHO 不仅在少数几家精品糖果店出售其产品，也没有将销售范围限制在加州湾区附近。你可以在沃尔格林（Walgreen）连锁药店、全食超市、艾伯森（Albertson）、好市多（Costco）、塔吉特（Target）和其他无数全国性的大型零售超市里买到 OCHO 巧克力棒。OCHO 仍然是一家规模

激情经济
如何把热爱变成生意

很小的公司,其分销部门主要由懂得如何运营 UPS 和联邦快递账户的三名员工组成,它却能够与士力架一样,将自己的巧克力放在主要零售商的货架上。这是我们经济运行方式的一个变化。OCHO 生产的是一种基于激情的糖果,直接与工业化小商品竞争。这种激情具有一定的规模,是一种全新的模式。

OCHO 糖果的故事是美国经济领域主流趋势的一部分,即包装消费品或快速消费品(通常被称为 CPG 或 FMCG)。这些东西可能是你每次去超市都会买的,也可能是你在排队结账时一时冲动买的,包括肥皂、洗衣粉、早餐麦片、香烟、苏打水、冰淇淋,当然还有糖果。你买的任何东西都是预先包装的,由知名品牌生产。CPG 已经成为美国和全球经济的基石产业。在美国,这是一个年产值高达八千亿美元的行业,在世界范围内的年产值接近十万亿美元,是世界上产值最高的行业之一。这些数字代表了商品的直接销售额。数万亿美元也被投入 CPG 的其他相关行业,如广告、仓储、分销、卡车运输和零售开支。

CPG 是标志性的小商品经济产业,之前还没有大量生产的快速消费品,但随后它们发展起来,从无到有地变成了占据主导地位的商品。很长时间以来,CPG 市场已经饱和了,充满了知名品牌批量生产的快速消费品。但如今,CPG 行业正面临着越来越大的挑战,因为我们正在向激情经济过渡。而一直存在于美国历史中的 CPG 某种程度上就像激情的对立面。

从消费者的角度来看,快速消费品还不错。大多数人坚持使用

第 10 章
巧克力棒里的世界

相同品牌的相同产品，因为他们知道无论何时何地都可以买到这些产品。从制造商的角度来看，CPG 在效益和成本上具有一些明显的优势。一个主要的好处是，品牌一旦建立，就可以产生稳定的资金流入。消费者行为（随着 CPG 的发展而诞生和成长的研究领域）并不会很快改变，所以品牌可以依赖可靠的购买量而盈利。他们可以利用广告、分销和定价来提高销量。CPG 的行业传统不太注重新产品的创新。在小商品经济时代，CPG 的关键意义在于确保产品的一致性。大幅度的改变只会吓跑忠实的顾客。1985 年，新可口可乐（New Coke）的惨败就是一个标志性的例子。当时，可口可乐公司研发了一种新的汽水配方，不过在盲测中，人们似乎更喜欢原来的口味。但是，一旦这个产品是为了完全替代旧的可口可乐而推出的，它就成了一场灾难。没有人想要这种破坏了经典口味的饮料，不到三个月，新可口可乐就被扔进了历史的垃圾箱。

对于 CPG 行业的公司来说，创新的重点在于更快、更便宜地生产同样的产品。这种创新是制造业的创新，可以催生出更高效、更可靠、更自动化的机器，从而使公司雇用更少的人（少付钱！）。

对于大型 CPG 公司来说，小商品经济时代是一个实力不断壮大、利润不断增长的惊人时期。他们赚得越多，就越有能力在机器设备上投入更多，从而更快地生产更多的商品，使公司能够进一步发展壮大。它们还可以在广告和分销网络建设上投入更多资金，以实现更大的增长。更有利的是，随着美国人越来越富有，他们购买了越来越多的 CPG 产品，大规模本身就成了一种不可逾越的竞争优势。与玛氏一样，每家大型 CPG 公司都能够比突然崛起的竞争对手以更低的成本生产更多商品，并将之分销给更多的零售商。当然，偶尔会有新公司试水，但他们生产的产品更贵，很少有人听说过，也无法摆在超市的货架上。

激情经济并没有摧毁庞大的 CPG 公司。包括雀巢、宝洁、联合利华和玛氏（它们曾经的竞争对手好时如今的规模要小得多）在内的全球前十大 CPG 公司，每年的 CPG 产品销售额近 200 亿美元。全球 CPG 行业正变得越来越头重脚轻，十大公司占据了全球销售额的一半以上。这些公司驱动着一个更大的小商品 CPG 生态系统。总的来说，它们每年在广告上的投入达数百亿美元。CPG 公司是运输公司的最大客户，它们用卡车、火车和巨轮来运输货物。CPG 公司同时也是全球农产品和工业产品的主要购买者。

尽管取得了巨大的增长，但曾经为世界各地提供了数百万个体面并且能不断晋升的终身制工作的 CPG 时代已经结束了。今天的 CPG 小商品经济就像 21 世纪的很多其他产业一样，存在两极分化的现状。少数高管、企业家和投资者正从这种规模中获利，而更多直接为 CPG 公司或相关行业工作的人则输给了自动化和外包。

这就是激情经济的意义所在。并不是说像 OCHO 糖果这样的"激情产品"总是能打败像士力架这样的工业化产品。OCHO 最有野心的计划是达到每年 1 亿美元的销售额，这还不到玛氏销售额的 1% 的三分之一。但是斯科特和丹尼斯不需要和玛氏竞争。他们成长得很快，而且这项事业对于他们来说是一段美好的时光。他们付给工人优厚的薪水，提供安全且愉快的工作环境，并捐钱和糖果给奥克兰当地的非营利组织。

第 10 章
巧克力棒里的世界

当然，OCHO 并不是唯一的。我们正处于跨国 CPG 的激情替代品的快速爆发期。走进全食超市或丝芙兰超市，或者使用谷歌查询任何一个你喜欢的品类，无论是甜食、零食还是化妆品，你都会看到无数充满激情的产品。你总能在如此多的激情产品中发现一种，能比当地沃尔玛中的工业化小商品更精确地满足你的需求。当然，它们是否值得支付溢价取决于你。（我总是会为不寻常的巧克力支付溢价，但不会为一块独特的口香糖支付任何额外费用。）

基于激情经济制造的糖果到处都可以出售，而且不像工业化生产的小商品糖果那样需要大量的消费者。这种糖果可以吸引极少数的受众，即那些与制造者有着相同激情的买家。这些人愿意为一种对他们有着强烈吸引力的产品支付更高的价格；因此，这种产品可以用更昂贵的原料以更慢的速度生产。

一个奇怪的转变是，世界上许多辅助性行业的产业化为激情经济提供了巨大的机会，因为这些行业的产业化对"激情生产者"们有极大的帮助。激情经济的革新者可以通过更便宜的广告接触到更多的顾客；可以通过更便宜的运输将产品送到这些顾客的手中；可以利用先进的设计软件和制造技术，以更低的成本生产产品。

但是对于激情公司来说，最大的好处可能是寻找创业支持资金的方式发生了转变。斯科特和丹尼斯开创 OCHO 糖果公司时，他们筹集到了远超预期的资金，比他们的积蓄还要多。他们租了一幢仓库大楼，买了一些二手餐厅设备。这是一个代价高昂的过程。在公司建立不久之后，他们学到了两个教训。第一个教训：人们绝对喜欢他们的巧克力棒。人们发现这些巧克力棒更美味，因此，即使其售价是竞争产品的两倍多，消费者也愿意支付这样的价格来购买这种高质量的、含有机成分的巧克力棒。（而且他们的巧克力棒售价仅为1.99美元，对于大多数消费者来说还是很实惠的。）这让斯科特和丹尼斯觉得他们的事业很成功。然后是第二个教训：他们的每个巧克力棒都在赔钱。销量越多，资金就会耗尽得越快。

毫无疑问，手工制作巧克力棒的效率非常低。这是一个制作过程缓慢而复杂的行业。这就是手工制作的巧克力通常在小型精品店里出售，而且一小盒巧克力价格不菲的原因。丹尼斯和斯科特本可以在旧金山开一家小店，靠向富人出售极其昂贵的巧克力棒为生。但他们想做大。他们想把产品卖给每一个对那些添加各种化学添加剂的量产巧克力棒感到失望的人。

斯科特计算了购买机器的成本，这些机器可以提高他们的生产效率，而且他很快就明白了为什么巧克力棒有厚实的馅料和柔软的巧克力涂层。用来生产这种产品的机器相当便宜，而且容易买到。当我在eBay上输入"巧克力裹衣机"时，我发现其中一台售价为1 900美元，另一台售价为3 000美元。但是斯科特和丹尼斯并不想只涂一层薄薄的巧克力涂层，他们想让巧克力外层更有咬头儿。为此，他们必须从欧洲定制一种特殊的机器。这些机器使用的是一种全新的复杂技术，需要相当大的运算能力，而在几年前，这种运算能力本身就价值不菲。从本质上讲，这台机器能够自动快速地完成斯科特和丹尼斯原来的手工巧克力制作过程。它将液态巧克力倒入模具，一种运用计算机控制的快速冷却技术的金属将模具里的液态巧克力立即凝固，这样就可以将奶油状的馅料倒进去，然后将另一

第 10 章
巧克力棒里的世界

层立即冷却的巧克力放在顶部,形成一个完整的、密封的巧克力棒。这比完全使用手工制作高效得多:将巧克力倒入模具,放进冰箱,等待近一个小时使巧克力冻结,然后倒入馅料,再添加顶层巧克力并等待更长的冷冻时间。

问题是,他们没有购买在 eBay 标价两三千美元的巧克力冷冻机。而是花费了数十万美元定制了特殊的机器。一旦你买了一台机器,就需要非常谨慎地设计巧克力制作配方。不管馅料是花生酱、牛轧糖、薄荷还是其他什么,你都需要保持巧克力和中心馅料的厚度一致,因为机器喜欢可预测性。你还必须投资购买更好的巧克力加热和调温设备,以及配备更先进的厨房来制作中心馅料。(OCHO 仍使用手工制作中心馅料,但使用了温度控制装置以保持混合完全。) 斯科特添置完所有必需的设备后,他意识到他们需要租用一个更大的工厂来容纳这些设备,还需要付给工人更高的工资,这样他们就可以感受到对质量水平的投入。但是就连这两个富裕的家伙也无法为他们梦想的事业提供资金。如果连他们都做不到,还有谁能呢?谁能制作比士力架更健康、更美味的替代品呢?

斯科特和丹尼斯四处搜索,试图找到可能会资助一家有着远大梦想的小型巧克力公司的风险资本家和其他投资者。问题是,他们的梦想还不够大。糖果初创企业的典型投资者希望听到一件事:你的退出策略。他们想知道你打算多快把公司卖给一个大公司,以及你认为你能得到多少收益。这就是风险资本主义的全部模式。斯科特和丹尼斯想赚钱,但不想卖掉公司。他们承载着一项使命,即在可预见的未来制造出更健康、更天然、更美味的巧克力棒。他们明白,一旦他们卖掉公司,那家更大的公司几乎肯定会削弱他们的梦想。

OCHO 的独特激情似乎与大型风投公司的特定需求格格不入——直到他们偶然发现了 CircleUp。与像 OCHO 这样的公司合作正是 CircleUp 的初衷:帮助充满激情的创业者获得实现梦想所需的资金。这家风投公司是由两人共同创立的,虽然他们的道路截然不同,但他们都相信现有的金融体系是为了最大程度地帮助那些最需要帮助的人,让那些有杰出的创意却没有足够资金的人更容易募集到他们所需的资金,可以获得巨大的利润并推动社会进步。

CircleUp 的首席执行官瑞安·卡尔德贝克(Ryan Caldbeck)看起来就像一位选角经纪人要挑选的演员,他扮演的角色是一个成功的、有远见的金融企业家。他身材高大,轮廓分明,相貌英俊,看上去信心十足。他在佛蒙特州的乡下长大,他的童年时光仿佛是一段 19 世纪的岁月。他经常赤脚在冬天的雪地里和夏天的树林里跑来跑去。他的父母和邻居从不锁门,那个有着高级金融和现代科技的世界似乎离他们非常遥远。

卡尔德贝克注意到,他在这个乡村小镇上的大多数朋友都认为他们的余生将在那里度过。他的一个同班同学,一个很聪明的女孩,被距离两小时车程的达特茅斯学院录取了,但是她的父母告诉她,她必须去附近一所远不如达特茅斯学院的大学。另外,瑞安无意中听到他最好的朋友的父亲在谴责想上大学的他。父亲问:"高中一毕业就能找到工作,为什么还要花钱去上学呢?"相比之下,瑞安的父母却告诉他,无论去哪里都要追随自己的梦想。瑞安指出,他的

第 10 章
巧克力棒里的世界

朋友们和他一样聪明,一样有能力,但是由于成长的家庭环境,他们的选择范围要窄得多。

瑞安欣然承认,他相信自己有着无限的潜力,尽管这种信念有点幼稚,甚至有些鲁莽。当他被杜克大学录取后,他想加入学校的篮球队,杜克大学有着世界著名的冠军篮球队。但是他没有高超的篮球技能,所以他成了篮球队的志愿助理。这意味着他得在篮球队训练前后打扫体育馆的地板,混合大量的佳得乐[1]冷饮,并以其他方式为团队服务。他签约了。他去参加每一次训练,竭尽全力帮助团队,一旦他们离开,他就独自进行训练。他每天都这样做。他的队友和教练们最终都注意到了。大二时,他被要求在训练中顶替缺席的队员。在一场赛季中期的比赛中,教练让瑞安上场了,尽管只有一分钟的时间,没有碰到球,更不用说投篮了。但是,他终于成了传奇的杜克大学篮球队正式记录在册的一员。

他从未停止努力。他继续像篮球队里的其他人一样努力训练。到了大四,他基本上还是坐在板凳上,尽管他在这场里打了几分钟,在那场里又打了几分钟。他很少有机会投篮,进球得分更是少之又少,但在球队历史上最辉煌的一年里,成为这样一支出色球队的一员实在令人激动;那年他们赢得了全国冠军。

毕业前不久,瑞安向杜克大学的篮球教练迈克·沙舍夫斯基(Mike Krzyzewski)征求意见。瑞安不知道自己将来要过什么样的

---

[1] 佳得乐(Gatorade),一种运动型饮料。

生活。他去了就业辅导办公室，有一位顾问建议他去咨询公司找一份工作，因为这类公司的薪水大多数都很高，他们会招聘像瑞安一样成绩好、喜欢运动，也有良好的课外实践活动的学生。而沙舍夫斯基告诉他，最重要的是找到自己的核心激情并追随它。那时的瑞安还不知道他的激情是什么（不过他喜欢这种将具体的短期任务与过上美好生活的远大理想结合起来的指导）。他喜欢沙舍夫斯基让每个成员都明白，只有通过集体合作，他们才能做到最好的同时，又能够让每个球员都觉得自己很特别。瑞安没有成为教练的想法，所以他忽略了教练所说的激情。他得到了著名咨询公司波士顿咨询集团的一份暑期工作邀约，并接受了这份工作。

波士顿咨询集团的工作还不错，尽管有些无聊。他在一个由年轻人组成的团队里，他们正在为一位高级合伙人的演示文稿整理电子数据表格。当然，在公司高层的某个地方，有人正在决定购买哪家公司以及为之支付多少钱，但瑞安整天都在看电子表格上的数据，准备那些无聊的报告。他认为问题出在这家特定的公司身上，所以他去另一家公司找到了一份工作。但情况并没有好转。他注意到，那些准备晋升合伙人的人，那些似乎在做更有意义的工作的人，都读过商学院，因此他申请并进入了斯坦福大学商学院就读。毕业后，他在旧金山的一家公司找到了一份工作，但他讨厌那里的每一分每一秒。每个员工都试图通过排挤其他员工来获得晋升，这种文化是邪恶的，工作也没有乐趣。他渴望在一个有着更好的企业文化的地方工作，很快，他就在一家旧金山私募公司安可消费资本（Encore Consumer Capital）找到了新工作，这家公司的企业文化对瑞安来说

第10章
巧克力棒里的世界

非常理想。他的老板与沙舍夫斯基观念相同,强调团队合作。瑞安拥有他想要的一切,但他仍然没有得到自我实现和满足感。

瑞安当时的女朋友(现在是他的妻子)给了他一些建议。她告诉他,他不开心是因为他没有做自己喜欢的事情。他接受了大学毕业后得到的第一份工作,成了一名咨询顾问。那时候,他一直听说咨询顾问之后能做的极致就是进入私募公司;然后,他又听说他必须获得工商管理硕士学位;接着,他不得不爬上私募的阶梯。他一直在做别人告诉他应该做的事情,但他从来没有想过自己真正想做什么。他意识到,在教练沙舍夫斯基告诉他应该认清自己的激情的那一天,他已经面临一项至关重要的考验,而他没有通过这个考验。现在他明白了,他完全没有领会要点。他追求表面上的成功,而沙舍夫斯基一直在敦促他注意那些让他真正快乐、充满激情的事情。

瑞安的女朋友有个主意。她去了一家文具店,买了一些巨大的便利贴,每周六她和瑞安都会坐在他们的客厅里,写下瑞安喜欢的东西。起初,她告诉他不要担心写下的东西是怎样的,不管是严肃的、愚蠢的、深思熟虑的还是荒谬的。他写下的第一件事就是"布法罗鸡翅"。最初列出的还包括"健身""篮球""团队合作"和"帮助他人"。

这个过程花了几个月的时间,但很明显,当瑞安直接帮助一个团队的人取得成就时,他是最快乐的。他列举了一些工作,这些工作可能让他把大部分时间花在自己热爱的事情上。他考虑过教书、当球队教练、从政。他非常肯定,如果他十年前这样考虑自己的激情所在,他将永远不会进入私募公司。这并不是说他讨厌私募公司,而是即便他把大部分时间都花在无聊的工作上，对其他人仍然没有什么直接影响。

随着他在职场上节节高升，他获得了更多的权力。与其他私募公司高管一样，他的任务是确定哪些公司可以被收购、改进，然后出售并获利。其中有一些令人兴奋的工作。他喜欢和一个初级分析师团队聚在一起，讨论潜在目标公司的优缺点。瑞安尤其喜欢的是，当私募公司收购了一家不错但停滞不前的公司时，他帮助公司高管们想出如何盘活失败业务的时刻。问题是，那些充满欢乐和激情的时刻实在是太少了。他意识到自己95%的时间都花在了单调乏味的工作上，查阅无穷无尽的数据资料，寻找有关公司的信息，计算利润率和未来可能的现金流。

我们通常认为，小商品经济是所有这些发明的结果——蒸汽动力、电力、铁路、传送带和自动车床，这些发明使我们能够以更快的速度、更低的成本生产同样的产品。或许更重要的是金融创新，它让这些想法能够获得资金。在人类的大部分历史中，那些有着奇思妙想但没钱的人一直没有多少办法从别人那里募集足够的钱，好让他们去追求理想。在古罗马或中世纪的欧洲，一定有无数的人设想出了令人着迷的发明，但是金钱掌握在世袭精英的手中，他们对弄清楚如何使农民的工作自动化没有兴趣，并且不太可能把他们的资金投给某个想法未经证实的、出身低微的发明家。

在17世纪和18世纪，随着贵族阶层在英国、荷兰和其他欧洲国家失去统治权力，越来越多的中产阶级和白手起家的商人开始发明出新的方式来分担风险，并且为良好的投资理念提供资金，而

第 10 章
巧克力棒里的世界

不看提出创意的人出身如何。例如,苏格兰发明家詹姆斯·瓦特(James Watt)被誉为世界上第一台多功能蒸汽机的发明者,他将自己的成功归功于他的商业伙伴马修·博尔顿(Matthew Boulton)数十年来的资助,后者为瓦特的创意寻找投资者。一个世纪后,汽车发明家亨利·福特(Henry Ford)在为企业融资上花的时间,比他在完善汽车上花的时间还要长。福特的第一位主要投资人是富有的木材大亨威廉·H.墨菲(William H. Murphy),他控制欲过强,因此福特放弃了福特公司(后来更名为凯迪拉克),与一些不那么固执的新投资者创办了第二家汽车公司。故事还在继续。几乎每一个众所周知的伟大发明家,都有那些已经不为人知的投资者为其提供资金。

随着小商品经济的全面到来,发明家再也不需要慷慨的赞助人了。他们可以利用股票和债券市场向无数的投资者出售股票,这些投资者的钱将共同为公司提供资金。就在第二次世界大战后,一种新的融资理念进一步改变了世界。

1899年,乔治·多里奥特(Georges Doriot)在巴黎出生。他的父亲是汽车行业的先驱,为标致开发了世界上最快的汽车。他也是一个不怕死的赛车手,参加了全欧洲的赛车比赛。第一次世界大战期间乔治曾在法国军队服役,后来他决定去美国读商学院。他留了下来,后来成为哈佛商学院的院长以及物流与运营方面的权威专家。他加入了美国国籍,第二次世界大战开始后,又加入了陆军军需团。利用科学原理,他能够改变美国陆军军需兵的能力,可以把士兵需要的任何东西运送到地球上每个地方,无论是螺丝、坦克,还是食物和水。很快，他就被任命为美国陆军准将和军需官。

1946年，多里奥特回到了哈佛大学，想起了和他一起工作过的那些才华横溢的士兵，他们聪明、有创造力，现在只是回到了一个不知道如何正确使用才智的平民世界。多里奥特认为，他们中的许多人只要有资金，就能经营自己的公司。他创建了美国研究与发展公司（ARDC），这家公司后来被称为全球首家私募机构，尽管当时没有人使用这个词。多里奥特的想法是汇集很多投资者，让他们给每个项目投点钱，然后将这些资金提供给那些怀揣着有前景的商业创意的退伍士兵。他认为，有些创意会成功，有些会失败，但通过共同投资，投资者承担得起更大的风险，因此，与每个投资者选择一家公司投入资金相比，共同投资获得的回报可能更高。

ARDC是一个成功范例。多里奥特最大的成功就是把投资者的7万美元投入美国数字设备公司（Digital Equipment Corporation），几年后收回了3亿多美元。自此，私募公司流行起来，到瑞安进入这个行业的时候，已经有成千上万的私募公司，每家公司都有自己的战略和方法。

大众媒体几乎只关注高科技私募和与之类似的科技风险投资。一般的新闻受众可能会认为，私募公司的投资对象只有科技初创企业，比如脸书、谷歌和推特。瑞安对科技私募公司从来不感兴趣。早些时候，当他考虑这个领域时，他看到了一系列研究，这些研究表明，科技风险投资和私募被过度炒作了。少数几家公司通过几笔交易发了大财。谷歌、脸书和其他一些公司的早期投资者变得非常富有。然而，除了十笔左右的交易外，这个行业的其他公司实际上

第 10 章
巧克力棒里的世界

都在赔钱。瑞安认为这就像博彩一样。

瑞安一直在 CPG 私募领域工作。他专注于在超市或线上销售的产品；他会收购一家有前途的公司，帮助它提高销售额和市场份额，然后以盈利的价格出售公司。这听起来并不吸引人，很少引起媒体关注。在旧金山，瑞安有时感觉自己像个"二等公民"，那些雄心勃勃的科技人看不起像他这样的 CPG 私募公司。一直以来，他都在关注着不起眼的 CPG 业务，这一行业不断地发展并带来了实际收入。在 CPG 私募公司工作的人通常比那些在科技私募公司的人赚得更多。除了少数几家非常成功的高科技风险投资公司之外，大多数科技私募公司都无法获得接近于面向 CPG 的投资公司那样的回报。瑞安告诉我："这远没有结束。"

瑞安开始想象，如果他能保留私募公司中所有他喜欢的元素，剔除任何他讨厌的元素，那会是什么样子。如果他可以用大部分的时间来做真正热爱的事情，诸如收购有前景的好公司、帮助指导企业主做出更好的决策，而不用阅读无数乏味的招股说明书和行业报告、拉出数据、整理到电子表格中，并评估信息。

瑞安和他在斯坦福大学最亲密的朋友罗里·埃金（Rory Eakin）分享了他的想法。瑞安是来自一个小镇的终生共和党人；罗里是一个来自华盛顿特区的民主党人；瑞安身材高大，体格健壮，声音洪亮，性格开朗；罗里更矮，更安静，有种书呆子的气息。不过，在某些方面，他们觉得自己是彼此的克隆。他们都会使用一套非常系统的方法分析问题，包括汇总数据、构建假设并进行检验。尽管他们经常持有截然不同的观点，但他们都喜欢就商业战略、政治问题或构建社会的理想方式进行长时间、以事实为基础的讨论。他们有相同的分析信息并得出结论的方法。

在 21 世纪前 10 年的中期，当瑞安在私募行业步步高升时，罗里居住在南非，在一个人道主义项目中工作，帮助有前途的黑人学生。梅隆基金会（Mellon Foundation）由实业家和政治人物安德鲁·梅隆（Andrew Mellon）的子女创立，该基金会资助了罗里在美国 ZA 教育计划（US. ZA Education Initiate）项目的工作，该项目旨在帮助那些在经费匮乏的全黑人高中学习、没有接触过读大学所必需的基本学术要求的学生。在工作中，罗里认为自己是一个相当不错的老师，能够在艰苦的环境下努力工作。他还认识到自己非常擅长管理新成立的非营利组织的整体运营。一位导师告诉他，他有战略思维和执行自己愿景的天赋，他应该在这方面做得更好，这样才能产生更大的影响。罗里离开了非洲，进入斯坦福大学商学院学习。

毕业后，罗瑞开始为 eBay 的创始人、亿万富翁皮埃尔·奥米迪亚（Pierre Omidyar）和他的妻子帕姆（Pam）工作。他在他们的慈善投资机构工作，该慈善机构专门投资于旨在改善撒哈拉以南非洲地区的人民生活的团体。他每年一部分时间在旧金山，一部分时间在非洲度过，去评估接受资助的团体。他开始注意到一些令他惊讶的情况：营利性公司对穷人生活的影响比非营利组织大得多。罗里发现，在非洲，非营利组织可能耗时数年、花费数百万美元来研究一些社区的需要，规划一些大型的干预项目，比如建设一所新学校或是一家健康诊所，然后会举办一个盛大的开业典礼，其中会有剪彩仪式和烦琐乏味的政治演说，摄影师拍下的照片被用于制作宣

第 10 章
巧克力棒里的世界

传册,然后这些宣传册会发放给其他地方的富人,向他们请求善款。几周后甚至几天后,这个社区看起来和之前完全一样,没有根本的变化。除了一些当地人会通过为这家非营利组织工作,赚到虚高的薪水。非营利组织经常会失去资金支持,或者它的兴趣会转移到其他地方,那些工作岗位就会消失,一切就会回到原来的样子。

与此同时,罗里确实看到了非洲人民生活的改善和转变。他在一些贫穷的小城镇遇到过不识字的文盲,勉强维持生计,后来他们开始创业,能够养家糊口,买得起水泥地板,有时甚至用得起电,并能送一个或更多的孩子去上私立学校。罗里能找出一些取得了非营利组织无法比拟的成就的人:他们摆脱了苦难,让家人走上了稳定的经济独立的道路。在几乎所有的案例中,这一切都得益于他们赚到了利润。一个女人会在市场里摆摊,向路过的建筑工人出售她黎明前开始做的便宜饭菜。她存了足够的钱去买一个便宜的冰箱和小型发电机,然后就可以卖冰汽水了。这样一来,她就可以赚到钱去做一个小顶棚和几把椅子。很快,她就有了一家规模不大但非常受欢迎的餐馆,她的孩子和堂兄妹可以在餐馆里工作。因为餐馆有了盈利,她有足够的剩余收入来借钱给别人,并且送她的孩子上学。

罗里一直致力于改变人们的生活,后来成为一名理想主义的资本家。当他听到瑞安关于使风险投资民主化的愿景时,他立刻看到了其中的潜力。为什么穷人通常无法摆脱贫穷,富人却越来越富,这其中有一个简单的原因:富人拥有资本。他们有足够的钱来投资新的想法,有足够的钱来承担风险,建立新的业务。反过来说,由于他们已经有了资本,其他拥有资本的人会以投资和贷款的形式向他们提供更多的资本。然而，罗里意识到，投资者并没有做出完全明智的选择。他们投资于那些有资本的人，因为这样似乎风险较小。拥有大量资本的富人更有可能偿还贷款，也更了解如何将他们的产品和服务推向市场，从而产生利润、回报投资。

这把罗里逼疯了。他认为，向其他富人放贷和投资的富人是目光短浅的。他们应该投资于那些想法杰出而有前途的人，而且，据罗里所知，穷人也有很多甚至更多杰出的想法，因为他们的需求和绝望可以激发更多的创造性思维。如果可以使用一组客观指标来评估穷人的想法与富人的想法，那么有着杰出想法的人就会得到资助，用这笔钱来建立蓬勃发展的业务，从而让他们和他们的家庭脱贫致富。

罗里用资本主义终结贫困的激情，与瑞安帮助一群更优秀的企业家茁壮成长的激情相吻合。罗里发现的问题和瑞安发现的问题是一样的。将贷款和投资与被投资人相匹配的过程效率低下，花费的时间和精力代价高昂，以至于成了一种奢侈品。如果能让这个过程变得更高效、成本更低，它就能成为所有人都能利用的东西。

把丹尼斯·林和斯科特·库齐雷克称为穷人是荒谬的。他们都是成功的企业家，已经赚了足够的钱在湾区购买舒适的房屋，将孩子送到一流的学校，并决定投资一个制作有机美味巧克力棒的创业想法。然而，在快速消费品行业的背景下，他们如同大象世界里的蚂蚁。他们的全部净资产加起来还不及士力架生产线几分钟内创造出来的价值。尽管如此，他们还是决定与大公司较量，但是如果没有经济资助，他们是不可能扩大规模的。

第 10 章
巧克力棒里的世界

CircleUp 的分析师能够通过他们的人工智能引擎快速调研 OCHO 公司（而且几乎没有调研成本）。虽然 OCHO 的受众很少，但它引起了人们的热烈反响。CircleUp 的电脑通过扫描推特、脸书和其他社交媒体平台上的评论，以及各种糖果评论网站上的评论（数量多得惊人），自动进行了记录。虽然 OCHO 的规模还很小，但其销售额已经呈现出明显的上升趋势，CircleUp 的软件分析显示，这家公司在未来可能会实现大幅增长。CircleUp 创建了一个由人工智能驱动的投资平台，他们称之为"Helio"。Helio 可以通过抓取数百个数据来源，从营养信息到产品评论，再到零售商位置，来主动查找、跟踪和评估超过一百万个美国品牌。这些数据将被输入机器学习算法中，以预测哪些品牌未来成长的可能性最高。这些算法能够帮助 CircleUp 迅速做出明智的投资决策，并帮助企业家获得有关其自身业务的洞见。

正因为 CircleUp 的算法是如此迅速、如此详尽，分析任何一家公司时使用这种算法都不算昂贵，所以它的分析师能够识别出传统风险投资家可能忽略的有前景的公司。就拿 OCHO 来说，斯科特和丹尼斯有一个梦想，一个他们不确定是否能实现的梦想，那就是年销售额达到 1 亿美元。食品制造商通常有相当高的利润率（大约 30%），这意味着 OCHO 每年可以获得 3 000 万美元的利润。对于我们大多数人来说，这是一笔难以想象的财富，但对于许多风险投资家来说，这个数字几乎不值得分析。仅仅为了确定 OCHO 是不是一家值得投资的公司，分析师所花费的时间价值就高达数十万美元。然后，投资者将不得不把资金套牢在这样一家公司里，该公司的最大梦想就是获得一家成功的高科技初创公司在几小时内就能创造的收益。

风险投资者之所以希望有机会赚数十倍的钱，是因为他们承担着巨大的风险。他们投资的大多数公司都不会成功，投资者也会赔钱。不过，CircleUp 自信地认为，它的软件可以避免很多风险。自从 OCHO 收到投资后，CircleUp 目前还筹集了一系列内部资金，直接投资像 OCHO 这样的公司，与传统风险投资相比，资金到位的速度更快。根据 CircleUp 的计算，像 OCHO 这种高评级的公司是一个不错的投资项目，因为投资风险低，所以即使投资者获得的回报相应减少也没关系。

CircleUp 的另一项优势之处在于它的速度。CircleUp 无须花费数月甚至数年的时间进行研究和投资决策，而是在几分钟内就对 OCHO 进行了评估，并且在不到两周的时间内就找到了认同 OCHO 公司使命的投资者，这些投资者相信 CircleUp 的分析是正确的，并决定投资。来自 CircleUp 的投资使 OCHO 公司有能力购买这种巨大的定制糖果机，这在美国尚属首次。不久之后，OCHO 就有了十几家新的零售商，公司的销售业绩超出了预期。OCHO 的巧克力棒很快成为全食超市的热门商品，这是有道理的。全食超市里满是愿意为更天然的食物支付溢价的购物者。但事实上，正是从沃尔格林、西夫韦（Safeway）、塔吉特和其他大众市场零售商那里接到的订单，让 OCHO 脱颖而出。不仅全食超市的顾客想要购买这种外面是巧克力硬壳，中间是奶油状夹心，全部由天然成分制成的完美巧克力棒，至少也有一些在大型连锁店购物的消费者也渴望购买这种巧克力棒。

第 10 章
巧克力棒里的世界

自从遇见丹尼斯和斯科特之后,我就注意到,我购物的方式不同了。无论是走进全食超市,还是走进沃尔格林超市或其他任何一家超市时,我发现我的头脑会迅速对产品进行分类。哪些产品源自某些人的激情?哪些产品专为特定受众设计,且这些受众会非常容易接受?而哪些产品希望吸引每个路过的人?我发现,对于大型消费品牌的营销团队推出的那些为了取悦大众、没有激情的产品,我很难不加以苛刻的评判。没有人会将精神生活的重点放在生产更多的雪碧或设计最新版的士力架上(现在的士力架巧克力含量更高)。

我发现自己私下里感到兴奋,因为我们正处于激情经济时代的开端。使 OCHO 糖果公司能够蓬勃发展的各种条件显示,相比原有经济环境的根本转变,这种转变将导致许多其他独特产品的出现。随着技术的进步和全球市场的低成本准入机制,对于那些有特殊愿景的人来说,创造出自己喜欢并相信其他人也会喜欢的产品将变得越来越容易。即使产品的受众很少且分散在世界各地,这些狂热的爱好者也能够支撑公司将业务继续开展下去。

当我想象着未来的激情经济充分发展的时候,我构想出一个未来超市的样子。今天的超市给人一种多样性的错觉,货架上摆着数不清的产品,但它们有一个根本的共同点,这些产品大多是由少数几家全球性大公司生产的,这些公司的食品配方经过精心设计,目的是吸引所有消费者,因此对任何人来说都没有特殊意义。世界各地的超市都惊人地相似,每个人都能买到同样的产品。今天超市的常备货品中也有很多跟十年前甚至三十年前一样的产品。相反,想象一下,一家商店里摆满了像 OCHO 巧克力棒这样以激情为基础的产品,这些产品能够有力地吸引那些相对小众,但黏性高得多的客户。逛超市的过程将成为探索这些货架的过程,充满了惊喜。有些产品会成为你的最爱,另一些产品完全不会吸引你,却会吸引下一个走进货架过道里的顾客的目光。大量生产的全球品牌不会消失。规模化生产总是有优势的,这使大公司可以大幅降价和大举营销。但未来的趋势很明显:这些大公司的产品在未来市场中所占的份额将不断减少。我们会更多地购买基于激情制造的产品,我们会购买更多我们喜欢的东西。而且,随着越来越多的人购买这些产品,它们的生产效率会越来越高,价格也会随之降低。产品制造商必须通过提供不断改进的产品系列来竞争,每一种产品都是为了取悦特定人群而设计的。我对这样的未来已经迫不及待了。

案例研究：突破ADR

达玛莉时刻

很难找到一份比达玛莉·彼得曼（Damali Peterman）在2016年末离职时更好的律师职位了。她是全球最大的会计和咨询公司之一——德勤（Deloitte）的获奖律师兼高级经理。作为法律总顾问助理，她与德勤的咨询师们一起工作，为全球各地的德勤机构提供支持，指导一些大型企业处理最具挑战性的业务和法律事务。达玛莉热爱挑战，越困难的事越能够激发她的热情，她经历过一些最大的挑战。她是威嘉律师事务所（Weil, Gotshal & Manges LLC）最富才华的律师之一，负责雷曼兄弟的解体事宜。这家投资银行的破产引发了2008年的金融危机。虽然雷曼兄弟公司无法再正常运作，但它留下了数万亿美元的债务、未收收入，以及与全球各地公司签订的复杂合同。她把自己比作美剧《丑闻》（*Scandal*）中的角色奥利维娅·波普（Olivia Pope）。她镇定自若，善于谋略，能够为陷入困境的客户提供最佳服务，有望成为美国企业界最有实力的律师之一。

2016年总统大选之后，达玛莉面临着个人危机。她看到美国正在分裂，各个方面似乎都充斥着无法解决的愤怒。达玛莉有她自己的政治观点（尽管她永远不会公开分享），她关心的不是某一个政党赢得了选举。她厌恶的是，她的国家正在经历某种程度的内部混乱，而她以前只在其他国家看到过这种混乱。达玛莉决定，无论她目前从事的工作多么迷人、多么富有挑战性,她的生命不能再仅仅致力于帮助大公司解决商业纠纷。她想以一个调停者和冲突解决者的身份,回归自己的本源。

达玛莉说,她是天生的调停者。她在华盛顿特区长大,是家里七个孩子的老大。她的继父是一名警察,工作很忙,达玛莉不得不帮助她的母亲控制住她那些吵吵闹闹的弟妹们造成的混乱局面。她曾就读于斯佩尔曼学院,这是一所历史悠久的黑人女子学校,它鼓励学生不仅要提升自己,还要改善社会。她将这一点记在心里,后来在蒙特利的米德尔伯里国际政策研究所获得了国际政策研究硕士学位,研究的重点是解决冲突。她设想自己会成为联合国或其他国际机构的官员。她认为读一个法律学位会有所帮助,所以她继续就读于霍华德大学法学院,这是另一所历史悠久的黑人大学,致力于社会工程学。

起初,达玛莉的经历和许多法律系学生的理性轨迹一致,她在一家公司实习,很快就被认为是一颗法律界冉冉升起的超级新星。她热爱法律事业,并且发现自己能够解决公司冲突中的复杂技术问题,找到各方都能接受的解决方案。她在第一份工作中得到了晋升,后来被德勤聘用,在那里担任了两年的高级职务。

大选后不久,达玛莉意识到了为什么自己突然觉得成就感不足。她遵循了自己的天赋,从事了她似乎最有能力胜任的工作。但现在她需要遵循自己的价值观。她坐下来,拿出一个黄色的便笺本,写下所有她擅长的事情。清单很长。达玛莉不是在吹牛,但也没时间故作谦虚。她花了几个小时列出她的各种能力。然后她圈出了自己喜欢做的事情,那些让她充满激情的事情。得出的结果令人震惊,不容忽视。她在那些并不真正喜欢的事情上花了太多的时间。她意识到自己想要,不,需要把时

案例研究：突破 ADR

间花在解决冲突和教导别人如何进行调解上。

短短几天后，她辞掉了工作，开始为创建后来的突破 ADR 公司（Breakthrough ADR LLC）做准备。这家公司旨在帮助企业、非营利组织、政府机构、教育机构和个人应对和解决冲突。ADR 代表"替代性争议解决"（alternative dispute resolution），这意味着找到无需诉讼或其他对抗程序即可解决冲突的方法。在这个倾向于诉诸法庭来解决问题的时代（和国家），企业之间、合作者之间、雇主和雇员之间的小纠纷很容易因高昂的律师费演变成旷日持久的法庭对抗战。最重要的是，在这个过程中，双方的关系几乎无法延续。

调解并不是一个新概念。然而，突破 ADR 公司不仅可以解决争端，而且可以用一种让所有当事人都感到被倾听、被尊重和对结果满意的方式来解决争端。事实证明，突破 ADR 公司的方法非常成功，这家公司现在向企业、教育机构、政府机构、非营利组织和个人提供沟通技能、谈判和解决冲突的技能培训。

达玛莉决定离开企业法律领域去解决纠纷，因为她想在日常工作中获得更深层次的满足感。她以为这种变化会带来一些经济损失，结果并非如此。达玛莉很快发现，美国人对她这种更快、能让双方都更满意的解决方法有着巨大的需求。客户自发地找上门来寻求帮助。不到两年，她就赚到了比原来调解企业纠纷的高薪工作更多的钱。从那以后，她的业务一直稳步增长。

我要用"达玛莉时刻"来描述一个过程，它对任何试图转向激情经济模式的人来说都是无价的。写下你的谋生手段，然后圈出那些给你带来真正快乐的事情。你不一定需要考虑自己创业，这个练习可以帮助你在工作中变得更快乐、更高效。它可以帮助你调整目前正在做的工作,或者引导你朝着不同的方向前进。达玛莉向我们展示了,你可以拥有一份你所做的每件事都自有其价值的职业。

第11章

助推

谷歌和决策科学展示了快乐的员工可以创造的利润

··

杰西·威兹德姆（Jessie Wisdom）并没有打算改变美国工作的性质。她只是想了解为什么包括她自己在内的那么多人，都在努力吃得更健康。我们都知道吃得不健康对身体有害，甚至会产生致命因素。然而，在任何一餐中，你都很难做出更健康的选择。

对于威兹德姆家来说，这个问题远没有在其他人看来那么抽象。杰西的父母都有家族性高胆固醇和心脏病史。杰西的妈妈最痛苦的记忆可以追溯到她还是个小女孩的时候：她正在和爸爸一起看电视，突然间爸爸倒在了她的腿上，她以为爸爸睡着了，其实他是死于突发性心脏病。

杰西上小学时，家人非常担心她患上心脏病，所以带她做了胆固醇测试。那时她只有6岁，体重不到40磅，吃得也不是特别差，却有着像一个肥胖的50岁垃圾食品成瘾者一样的高胆固醇。杰西被限制吃糖果的数量。"发零食的时候，"她回忆道，"他们会给其他孩子饼干，而我只能吃桃子。"

杰西的妈妈几乎是一位完美的母亲。她富有爱心、善于鼓励别人,和她在一起很开心。只有一个主要问题:杰西的妈妈爱偷吃甜食,尤其是冰淇淋。有一次,杰西在出差时给妈妈打了个电话,一个陌生人接了电话,解释说手机落在哈根达斯店里的桌子上了。还有时候,杰西会查看冰箱冷冻层里的哈根达斯冰淇淋桶(总会有一桶哈根达斯),并注意到冰淇淋桶一夜之间就空空如也。她的妈妈把冰淇淋都吃光了,但不想让别人看到垃圾桶里的空桶,所以又把它放回了冰箱。

杰西在很小的时候就意识到,她的母亲经常处于心脏病发作的危险之中。"我很担心妈妈,"杰西现在说,"我不希望她出什么事。我一直在问自己,为什么她要吃那些她不应该吃的东西?"为什么母亲明明知道怎样做更健康,却总是做对自己健康不利的事情?回顾往事,很显然,7岁的杰西就已经是一个决策科学家了。

当杰西在布朗大学读书的时候,她想毕生致力于帮助像她妈妈一样的人,让他们在生活中做出更好的选择。她读了心理学专业,但很快意识到这个专业并不适合她。她上的课程是关于临床心理学的,在这个领域中,心理学家会一对一地帮助病人。"那不是我的专长。"她说。一次面对一个病人,慢慢地解决他们的问题,感觉太慢了。一定有其他更全面的解决方案,能够迅速惠及许多人。

到了大学毕业时,她有点迷茫。她曾认为自己的人生将致力于帮助人们做出更好的选择,但如果她不想成为一名心理医生,接下来要怎么做呢?她不知道。所以杰西跟随她的男朋友(现在是丈夫)来到了匹兹堡,男朋友在匹兹堡获得了计算机科学博士学位,她也接受了一份她能找到的工作——担任一栋办公大楼的大堂副理。她

第 11 章
助推

讨厌在那里工作的每一分钟。她必须在八点钟之前上班，这意味着她必须在六点半之前出门并到达公交车站。冬天的早晨，天还没亮时她就站在车站等车，直到冻得瑟瑟发抖，一辆似乎从未准时到达的公共汽车才姗姗来迟，最后她挤进车上拥挤的人群中（从来没有机会坐下），花一个小时挤来挤去，只是为了赶赴一份令人麻木的无聊工作。她还记得自己坐在办公桌前，盯着面前的门，试图克制自己耐心等待整整一个小时再看手表。然后，她忍不住看了一下时间，才过去六分钟。她经常向自己保证会再找一份工作，但她没有。她再一次面对这个谜团：为什么人们会做违心的事情？或者说，为什么人们不做对自己有利的事情？

一天，她的男朋友回家时问她，是否听说过所谓的"社会与决策科学"。他偶然发现了这门学科，并了解到卡内基梅隆大学开设了这个系。"这就是我一直在寻找的。"杰西回忆起当时的想法。"从字面上看到这些单词，读到这个学科不同教授正在研究的东西，真的给了我动力。"杰西记得她跑到电脑前，查看了相关的网站，然后在那一刻她决定要重回学校了。

杰西的精确研究领域被称为行为经济学，这是一门新的学科，更准确地说，是几个较老学科的新组合。在 20 世纪的大部分时间里，理论心理学和经济学领域之间几乎没有任何关联。当然，心理学家和经济学家都研究过人类行为，但他们的方法却毫无共同之处。心理学家普遍认为，许多经济学家错误地假设人类是理性的生物，大多数情况下，他们会做出使自身利益最大化的决定，然而，这种想法很难与人类的实际行为相符。经济学家普遍认为，单一个体有可能会表现出疯狂的自毁行为；但是作为一个整体平均来看，人类确实倾向于经济理性。

20世纪70年代，当一些经济学家和心理学家逐渐意识到他们其实可以互相帮助时，这种转变悄无声息地蔓延开来。对于经济学家来说，至少对于那些接受这种新合作方式的经济学家来说，心理学家能够揭示几十年的经济研究未曾发现的重要的人类行为方式。例如，人们往往更看重眼前的东西，而不是任何逻辑的、数学的系统阐释的道理。如果我现在给你一片比萨，或者告诉你我明天会给你两片比萨和一罐可乐，你很有可能会选择现在就兑现那片比萨。同样，大多数人都知道，如果我们每周从工资中拿出一百美元，并把钱存入401（k）账户，会增加我们未来生活的幸福感。然而，真正这样做的人少之又少。我们看重眼前的快乐，而不会考虑在风险日益增加的未来，我们能买到什么。人们并不总是像理性的机器人那样做出精确的逻辑选择。经济学家发现，人们比他们之前想象的更疯狂。

从表面上看，这似乎有些荒谬，但对这两个学科中的一些人来说，让心理学家和经济学家一起工作的想法是激进的、令人发指的。为什么不让航空工程师和诗歌教授一起工作，或者让物理学家和美术学校合作呢？在许多大学，这不仅是一个理论问题，更是真实存在的细节问题：如果经济学家和心理学家想要一起工作，他们的办公室设在哪里？他们要在哪个系工作？他们会教哪些课程？他们将指导哪些研究生？无论是让一群心理学家转到经济学专业，还是反

第11章
助推

过来让一些经济学家去心理系工作，都会引起极大的骚动。因此，在美国各地的一些大学里，为了让这两个学科相结合，成立了新的专业。人们创造了许多新的术语来描述这种合流：决策科学、行为经济学、行为金融学。

杰西对这段历史一无所知。她不知道她进入的这个专业是两种思想长期斗争的副产品。她只知道她一直在想，为什么人们会做出他们知道自己不应该做的决定，以及有什么方法可以帮助他们做出更好的选择？这个问题对于个体来说更具有意义。

在卡内基梅隆大学决策科学系读研究生时，杰西迷上了"助推"（nudge）理论。"'助推'是经济学家和心理学家合作提出的最重要、最具影响力的理论之一。"这一理论表明，在人们做决定的环境中，通过微小的改变，可以调整影响重大的、改变生活的行为方式。这是人类大脑中最顽固的偏见之一的副产品：重视眼前利益而非长期利益的本能。

"助推"的科学理论可以帮助解释：为什么我们每天所做的很多事情都并非源自我们的激情，为什么小商品经济在20世纪蓬勃发展，以及为什么我们允许小商品产品、小商品公司和小商品工作占据主导地位。最早研究"助推"的学者之一是托马斯·谢林（Thomas Schelling），他是一位经济学家和博弈论专家，曾为肯尼迪总统工作，帮助建立了冷战的理论基础——相互保证毁灭原则，在这种原则下苏联和美国会避免向对方发动攻击，因为一旦任何一方攻击另一方，最终都将导致两国的彻底毁灭。

谢林是个烟鬼，多年来一直想戒烟。他当然知道吸烟会对他的健康造成灾难性的影响，连和自己的孩子们一起玩对他来说也因此变得更困难，因为他很快就会喘不过气来。吸烟是他生活中最具破坏性、最消极的力量之一。然而，他没能成功戒烟。后来，他对自己的行为采用了与冷战时期相同的分析方法。他明白，在任何时刻，他真正面临的并非永远戒烟或永远不戒烟的选择。相反，他面临着一个更小的选择：我要抽支烟吗？每一次，他都能说服自己，既然他打算第二天就戒烟，那么吸上一根也无妨。当然，第二天他会用同样的借口说服自己再多抽一根，然后再多抽一根，再多一根。他把这比作美国或苏联考虑在朝鲜战争中只使用一枚小核弹的情况。只是一枚核弹，能有多严重？然而，通过相互保证毁灭的机制，两国都意识到，任何一枚核弹都会迅速导致核战争全面爆发，因此他们从未使用过一枚核弹。谢林决定制造他自己的相互保证毁灭机制。我曾经见过谢林，他告诉了我他是如何做到的。他让孩子们坐下，并向他们保证：爸爸再也不吸烟了。如果孩子们再看到他吸烟，就不再尊重他。对他来说，失去孩子们的尊重是他所能付出的最大代价。他创造了条件，在这种条件下，哪怕只抽一根烟都是毁灭性的。

这个想法后来被称为"尤利西斯契约"（Ulysses contract），以希腊神话中的英雄尤利西斯的名字命名，尤利西斯把自己绑在桅杆上以避开塞壬的诱惑。如今，有的网站会提供尤利西斯契约，比如，一个人可能会同意这样的条款：如果放弃戒烟或停止节食，就把她的钱送给一个她鄙视的政治团体。

我发现这种思维方式有助于我们理解小商品经济是如何盛行的。如果可以选择，我们中的大多数人会愿意过一种充满激情的生活，

第 11 章
助推

在这种生活中，我们可以通过工作实现自我满足。但大多数人都没有选择这样的生活。我们在接近二十岁或二十几岁的时候进入职场，那时我们需要一份工作来支付房租，我们接受了工作提供的一切。从这份工作引出另一份工作，再引出下一份工作。在我们大多数人感到自己根本没有做出任何选择之前，我们就发现自己已经三四十岁了，完全在某种职业领域中安于现状。离开我们拥有丰富经验和人脉网络的领域，并从其他地方重新开始，代价将是巨大的。我们选择的从来不是一份独立的工作，我们只是做了一连串更小的选择，这些选择将我们带到了当下的境地。

"助推"领域是对谢林学术理论的继承和发展。它是由两位学者共同创建的，一位是来自芝加哥大学的理查德·泰勒（Richard Thaler），他后来获得了诺贝尔经济学奖；另一位是来自哈佛大学法学院的卡斯·桑斯坦（Cass Sunstein）。他们研究了一种更温和的方法来解决谢林所描述的问题，即人们通常会做出违反其长期愿望的短期决策。泰勒和桑斯坦推测，对我们所处的环境进行微调，可以引导并推动我们做出更好的决策。泰勒最初提出这个想法是在20世纪70年代，当时他在为一群经济学家举办派对。晚餐前，经济学家们吃了太多他准备的坚果，他担心到时候大家会没有胃口，于是他把盛着坚果的碗放到另一个房间，经济学家们立刻不再吃坚果了。大多数人都认为这项发现显而易见，但经济学家们却认为这是一项极其重大的发现。如果有人想要坚果，他们应该愿意走几步到另一个房间去拿一些，但没有人这样做。

随着时间的推移，泰勒和桑斯坦证明了：如果简单地改变我们做出决策时所处的环境，提高做出违背长期目标的选择的成本，并降低做出正确选择的难度，哪怕只是一点点改变，都有助于我们做出更好的决策。

最早对"助推"的重要研究之一是关于退休储蓄的。几十年来，人力资源部门、退休基金公司和个人理财作家一直在告诫人们，为退休攒更多的钱是多么重要。我们大多数人都见过一些图表，说明今天较小额的储蓄将如何改变我们未来的生活，而我们大多数人都选择了忽略那些图表，攒下的钱远远不够退休生活。是我们愚蠢吗？是我们需要能更清楚、更彻底地解释这样做的理由吗？不是。

在一些决策科学家（也就是经济学家和心理学家）的指导下，信封制造巨头豪华公司（Deluxe Corporation）改变了它的退休金机制。大多数公司雇用新员工时，会告知他们可以选择将每笔工资的一部分存入退休金计划。大约有 40% 的新员工不会这样做，这使得他们在退休后无法得到生活保障。2008 年，豪华公司改变了默认选项：每个新员工都可以自动注册退休金账户，将工资的 5% 存入退休金计划，每年有 1% 的收益。每个雇员都可以自由选择退出并停止存储退休金，但很少有人这样做。

这一发现震惊了全世界，至少对于小部分关心这类事件的人来说，这是一个异乎寻常的发现。还有什么比退休储蓄更重要的呢？有足够退休金的人能比那些没有退休金的人过得更充实，压力也小得多。为了每个人的利益，今天就应该存下足够的钱，以后才有美好的生活。然而告诉人们这些道理，甚至威吓他们、警告他们，却收效甚微。反而是一个非常微小的变化，即新员工工资单上默认选

第 11 章
助推

项的变化,对人们的生活产生了革命性的改变。

杰西自己的生活表明了同样的方法——一种温和的助推,如何将一个人从类似机器零件般的存在转变为基于激情的存在。她在工作中感到很痛苦,她明白如果不改变,就会一直过着不那么幸福的生活。任何时候,她都可以研究自己的选择,向其他人寻求建议,然后开始寻找一份更令人满意的工作。但这会让她不知所措并且感到恐惧。她应该从哪里开始?她可以和谁讨论?她能做什么?继续执行熟悉的例行程序更容易些,即使这种生活会让她痛苦不堪。然后发生了一个微小的变化,一个非常微小的变化:她知道了一个新词——"决策科学"。她能够通过谷歌进行搜索,找到一些可以打电话咨询的人,不久之后,她改变了自己的生活。从决策科学的角度来看,这确实有点异乎寻常。还有什么比个人的生活质量更重要,更值得花时间去研究呢?可是杰西什么都没做,直到她听到这个词语才采取行动。

激情经济发展的一个主要原因就像杰西的教训那样简单。通过谷歌搜索一个短语,能够让我们更容易地找到自己热爱的工作。

碰巧的是,谷歌不止在这一个方面改变了杰西的生活。当她进入研究生院并发现决策科学确实是她梦寐以求的领域时,一个朋友给她看了某学术期刊登载的一则广告:谷歌的人力资源部门正在招聘行为科学家作为实习生,帮助公司改善员工的生活。杰西认为从内部视角观察这家巨型公司会很有趣,因此她申请了职位并被录用了。

一开始,她向谷歌的主管们介绍了自己的背景,他们提到了办公室中有一个一直悬而未决的问题，一个杰西尤其熟悉的问题：员工们总是选择一些非常糟糕的食物，这影响了他们的健康。众所周知，谷歌为所有员工提供免费食物。谷歌不仅提供零食和正餐，还提供纸杯蛋糕、墨西哥卷饼、冰淇淋、比萨、华夫饼、饺子和馅饼。这些食物是由顶级厨师用顶级食材制作的，基本上都非常非常好吃。然而，这导致了人们戏称为"谷歌15"[1]的情况。被零食和餐点包围的新员工体重增长很快，他们比平时吃得更多，因为食物非常美味，而且总是很容易吃到。我们大多数人都有这样的经历：看到同事们一窝蜂地涌向几盒周五早上免费的甜甜圈。想象一下，如果那些甜甜圈是任何时刻都能吃到的大型自助餐。如果你只是有点饿，就会去吃；如果你遇到了棘手的问题，或者只是想找个离开办公桌的理由，或者仅仅有点无聊，你就会去多吃点。杰西的任务是看看她能做些什么来帮助谷歌的员工做出更好的选择。

在研究生院的时候，杰西会进行大量的测试和调查，找出哪些方法有效，哪些方法无效，从而让人们做出更好的决定。她曾花了几个小时站在快餐店外面，向刚离开的人提问，以便更好地了解他们的选择以及影响他们选择的因素。可能需要花费几个月的时间和数千美元的资金才能得到一个特定主题的200人的样本。在谷歌，她几乎可以做任何她想做的事情，即刻在成千上万的员工中尝试方法，并立即得到结果。

---

[1] "谷歌15"，由美国常用的表达方式"freshman 15"引申而来，后者是指大学生在入学第一年体重往往迅速增加的现象。

第 11 章
助推

杰西的训练经历告诉她，最好不要减少食物选项，比如只提供健康食品。应该以一种人们察觉不到的方式鼓励他们做出更健康的选择，这样效果会好得多。杰西注意到了一些装满 M&M's 巧克力豆的大玻璃罐，这是谷歌的传统。杰西用不透明的金属罐代替了玻璃罐，这些新的容器贴上了标签，标示着 M&M's 巧克力豆的存在，但没有显而易见的美味糖果的明亮视觉提示。人们仍然可以想吃多少巧克力豆就吃多少，但他们看不到糖果，大概也就不会那么动心了。她测量了巧克力豆在玻璃容器和不透明容器中的位置，果然，当人们看不见巧克力豆时，他们吃得少很多。在谷歌纽约总部的一个办公地点，更换装着 M&M's 巧克力豆的罐子让员工们在七周内减少摄入了 300 多万卡路里。

杰西在谷歌的一些自助餐厅尝试了另一个实验。长期以来，谷歌公司一直提供一大一小两种尺寸的盘子。杰西张贴了一些标语来告诉谷歌员工：人们用大一点的盘子的时候，通常会吃得更多。很快，小盘子的使用量增加了一半，三分之一的就餐者因为一个小而简单的标语减少了食物的摄入量。

暑期实习结束后，杰西回到了匹兹堡的研究生院，毕业后她很快意识到，她整个人生的目标已经改变了。她一直认为一旦自己获得了博士学位，就会在大学任教，撰写学术论文。如果她写的论文足够多并能引起其他学者的注意，她就能获得终身职位，并最终管理一个系。去谷歌实习之前，这似乎是一个很棒的目标。作为初级实习生的短短三个月时间里，她就能对成千上万人的生活产生重大影响了；而作为一名学者，她会在几个月内进行一些小型研究，与这里的十几个人或者那里的上百人一起研究，然后花上数月甚至数年的时间收集数据，利用这些数据为学术期刊写一篇论文。如果杰西的论文真的很有趣，一些学者或其他人可能会进一步拓展其中的想法。而相比在一家大公司工作，如今这一切显得微不足道、进展缓慢、缺乏影响力。在一家大公司里，她可以立即影响成千上万人的生活。

杰西花了好几年的时间才意识到自己其实抱有一种激情。她曾经为母亲的做法感到沮丧，对人们的行为抱有疑问，但她从来没有想过这样的疑问会成为一种激情，更别说是一种可以成为终生使命并造福他人的激情了。她从来没有想过，也许有一天，她会跟随自己的疑问找到一套解决方案，并让其他人也发现并追求自己的激情。为了充分发挥她独特的激情，杰西需要其他案例的支持。她需要找到另一个人，这个人的童年弥漫着悲伤，他有一位慈爱的母亲，他一直牵挂着母亲不能很好地料理自己的生活。他处理公司和员工关系的方式是杰西当初能够开展工作的首要原因，也是谷歌公司对待员工的方式。她必须去见拉兹洛·博克（Laszlo Bock）。

博克让我想起查理·布朗。理论上不应如此，因为他在很多方面都和查理·布朗截然相反。拉兹洛经常站得笔直，有一种轻松自然的魅力。他可以自信地和任何人谈论任何事情。他走进一个房间或加入一场谈话时带着一种真诚的好奇心，这种好奇心能够感染每一个人。然而，当我想到拉兹洛的时候，我总是想起查理·布朗。查理·布朗和拉兹洛确实存在部分相似之处，他们都有着大光头，尽管比起可怜的查理，拉兹洛更有棱角、更英俊。我认为关键在于，

第11章
助推

拉兹洛的脸上永远带着一种困惑的表情,就好像他确实在这个世界上,但不知何故,只是在世界的外部观察着世界,并注意到一切事物都没有真正的意义。就好像查理·布朗长大了,不再让露西占他的便宜,不再迷恋那个红头发的小女孩,变得自信起来。

拉兹洛当然不是查理·布朗。他是人事关系领域最受尊敬的领导人。他改变了企业对如何激励员工做到最好的方式的理解。他不吹牛、不说教,不使用那些令人眼花缭乱的复杂分析。他使事情变得非常简单:提出一些基本的、简单的问题,收集并思考答案;然后提出更基本、更简单的问题。什么条件能够使一个人尽其所能?公司需要了解员工的哪些方面,并与员工沟通,以便使员工和公司都能出类拔萃?令人高兴的是,正如拉兹洛很快了解到的那样,这些答案不仅对企业有利,而且符合道德规范。

拉兹洛正处在职业生涯的顶峰,但是他曾经的生活及成长环境非常糟糕。1972年,他出生在罗马尼亚特兰西瓦尼亚的一个小城市,他的童年经历了多次生活的冲击。他的父亲是匈牙利人,母亲是犹太人,他生活在一个专制的苏维埃国家,这个国家只允许罗马尼亚人得到体面的工作。拉兹洛两岁的时候,他们一家人逃离这个国家,来到奥地利的一个难民营,身上除了几片尿布一无所有。最终,一家人设法来到美国。拉兹洛的父母都是受过教育的:他的父亲拥有工程学的高等学位,母亲拥有英国文学的硕士学位。但是从一个贫穷的共产主义国家搬到美国是一个艰难的转变。

"我爱我的妈妈,但她没法坚持做一份工作,"拉兹洛回忆说,"她太友善了。"她通常会与公司里最麻烦的员工(通常是单亲妈妈或新移民）建立密切关系，与那个人成为朋友，并鼓励公司老板慷慨友善地对待他们。她会极力地为他们打抱不平，甚至和他们一起被解雇。然后她会找到另一份工作，在新公司里发现正在苦苦挣扎的人，然后重复同样的模式。拉兹洛回忆说，这种事情发生过三四次，就在他父母离婚后，他的家庭正面临经济困难的时候。拉兹洛的父亲当时在努力发展自己的工程业务，拉兹洛的弟弟也在努力适应。拉兹洛清楚地记得，他在高中一年级时就意识到，整个家庭的重担可能要落在他肩上了。"我得养活妈妈，"他回忆道，"我得养活弟弟，还得养活爸爸。"

中学时的拉兹洛一直处于社会阶级的最底层，是一个不善于和人打交道、经常被捉弄的新移民。读高中时，他开始了一个自我提升的计划，这一计划一直延续到后来，发展为更加复杂的形式，而且变成了他毕生的事业。"我没打算成为学校里最酷的孩子，"他说，"我想从一个纯粹的书呆子变成一个平庸的人。"拉兹洛没有恰当的天赋；他没有任何时尚感（他向我保证，现在仍然没有），也从不知道该穿什么。他不知道在那些看起来趾高气扬的少年面前该如何表现。然而，他确实知道一些可能更有价值的东西，他笃信人们有能力通过微小但具有影响力的选择来改善自己的状况。

他记得在什么地方读到过，站直有助于获得社会认可，因此他开始非常注意自己的站姿。"的确奏效了！"他回忆道，"情况开始好转。我被捉弄的次数减少了。"当其他青少年取笑他时，拉兹洛并不只是让自己停留在痛苦之中（尽管他确实感到痛苦），他还会记下他们说的话并寻找改善的方法。比如，拉兹洛回忆说，他当时穿着

第 11 章
助推

一种又紧又短的 Grapevines 牌子的短裤,看起来就像那种过时很久的、夏威夷神探风格的着装。他每天穿着这种短裤去上学。"我记得有个家伙是足球运动员,他看着我,"拉兹洛回忆道,"就像看到他自己穿着这种短裤,眼里满是嫌弃。"这种感觉当然很糟糕,但是拉兹洛记下了这点,扔掉了 Grapevines 短裤,买了更受欢迎的新裤子。还有一次,一个很受欢迎的漂亮女孩看着拉兹洛穿的衣服,笑着说,"你不可以穿竖条纹的衬衫搭配横条纹的短裤。"噢,当然可以,但他记住了这个教训。

逐渐地,拉兹洛对自己越来越满意,也越来越被大家接受。他从来没有成为广受欢迎的人,但再也不被人欺负和嘲笑了。后来,拉兹洛还和那个笑他穿着搭配不当的短裤和衬衫的、受欢迎的女孩约会了。他上了附近的大学,变得十分自信,自信到足够在好莱坞追寻演艺生涯。(毫无疑问,这实际上是指在橄榄园餐厅当服务员谋生。)

大学毕业后,迫于生活压力,拉兹洛想要找一份更稳定、更赚钱的工作来补贴家用。有一天,他去城里工业区的一家制造厂的管理办公室参加面试时,发现自己穿了一件旧西装和一条过短的裤子。这家公司的老板靠着椅背,脚翘在桌子上,抽着烟,头顶弥漫着浓浓的烟雾。向拉兹洛提问后,这位老板自我吹嘘道:"去年我的税后收入有 230 万美元!我住在四季酒店!我开的是奔驰!"这时候,老板看了看拉兹洛,然后问他:"你有什么问题要问我吗?"拉兹洛不假思索地脱口而出:"你快乐吗?"老板把办公室里的另一个人喊过来,然后对那个人说:"这小子想知道我是否快乐。我去年赚了

230万美元，住在四季酒店，开着奔驰。如果这些能让你感到快乐，那我也快乐！"

让拉兹洛吃惊的是，他被录用了。这家公司制造一种聚苯乙烯泡沫塑料，可以在建筑工地上以预先设定的形状浇筑混凝土。公司由两个人经营，一个是老板，另一个是首席运营官。这两个人截然不同，他们分别是以最坏和最好的方式来管理员工的典型代表。老板当然总是气势汹汹，对拉兹洛和其他人大吼大叫，把公司看成一台大机器，其主要目的应该是取悦老板，满足他的自尊心。

首席运营官则与之相反。托比是个善良而谦虚的人，他不认为雇员是他的仆人，他想为他们服务并帮助他们做得更好。他成了拉兹洛的良师益友，并且会温和、慷慨地教导他商业相关的知识。拉兹洛与来自共产主义国家的移民父母一起长大，对美国的资本主义并不太了解。他不知道那些大公司的名字，也不知道如何看待股票市场。（上大学时，他收到了去全球最负盛名的咨询公司麦肯锡公司的工作邀请，拉兹洛以为这是一个骗局，一个分时度假[1]之类的东西，于是扔掉了邀请。）"托比具备所有我不知道的商业知识。"拉兹洛意识到。他决定去读商学院，并被耶鲁大学录取。

一般来说，常春藤联盟的MBA学生不从事人力资源方面的职业。人力资源高管很少成为首席执行官，也很少能拥有硅谷初创企业创始人收获的财富。但是拉兹洛迷上了人力资源。他意识到人力

---

[1] 分时度假（time-share），是指将度假酒店或度假村公寓的使用权以周为单位卖给不同的顾客。因发展过程中出现了许多消费者权益受损的问题，所以受到了负面抨击。

第 11 章
助推

资源触及了他最关心的事情：是什么让人们把工作做到最好？什么让他们感到快乐？公司及其管理者如何激励员工？最重要的是，为什么企业领导者所拥护的东西与他们每天实际做的事情之间存在着如此明显的脱节？几乎每一位管理者都在谈论他们希望如何赋予员工自主权并创造良好的企业文化，但真正做到这一点的人却寥寥无几。

从耶鲁大学毕业后，拉兹洛去了麦肯锡工作，那时他已经学到了很多有关商业的知识。在那里他很快就发现了言行之间的鸿沟。拉兹洛解释道："在麦肯锡，他们会谈论'异议的义务'。"经理们告诉年轻的新员工，当他们认为公司里某个级别更高的人犯了错误时，他们必须直言不讳。"而我看到的事实是，你第一次开口指出时，对方会很感兴趣，"他说，"到了第三次时，他们只会说，'回去工作吧。'"

拉兹洛离开麦肯锡，进入了通用电气的一个部门，继续追求人力资源的事业生涯。通用电气是拥有世界上最受推崇的管理和人力资源文化的公司之一。这家公司推广了六西格玛（6 Sigma）管理系统和其他许多现在著名的改善员工工作方式的系统。拉兹洛认为他会学到最新、最科学的人力资源管理方法。但在那里工作时，拉兹洛发现，人力资源管理的许多做法似乎并不复杂，也没有很高的技术含量。他指出，"仍然有很多是靠直觉来管理的。"例如，通用电气公司有一个正式的人才评估机制，被称为"阶段 C"（Session C），该机制由人力资源工作人员和经理根据客观的、指标化的标准分析员工。然而，拉兹洛在阶段 C 会议中和一位高级领导坐在一起时，这位领导快速地翻看下属名单，寻找朋友的名字，然后谈论他们有多棒。拉兹洛说："这一评估过程向来被认为是最复杂的，但这只是一个标准的老男孩俱乐部。"

拉兹洛痴迷于阅读有关人类行为和管理方面的书籍。他当时正在研究行为经济学家和其他决策科学家的研究成果，但令他震惊的是，在实际的管理实践中所应用的方法，很少有已经被研究验证是明确有效的。他记得自己得出的结论是："几乎没有任何科学知识适用于人力资源管理。我们本能地做了很多事情，但我们错了。"他发现似乎有两种不同的思维方式：对实际实践影响不大但理论严谨的学术派；还有经理和人力资源部门这样的实践派，他们应用的理论基本上"只是人们编造出来的"。

拉兹洛读过一篇关于 IBM 的文章，讨论 IBM 位于纽约州约克城高地的研发部门，其中提到了 40 位博士科学家们专注于一些特殊的工程挑战。拉兹洛记得他当时想，伙计，如果我能有 40 位博士科学家试图找出如何衡量和提高员工敬业度的方法，我真的能有所收获。但是，当然没有一家公司愿意花数千万美元去聘请 40 名顶级科学家，去研究某些人力资源经理的直觉是否正确。

然后，2005 年，拉兹洛接到了一通来自谷歌的电话。或者更具体地说，他接到了谷歌雇佣的猎头公司的电话，他们想聘请一位新的人力资源主管。拉兹洛被雇用了，并且意外地发现：自己在为最欢迎他投入数十名科学家研究人力资源管理问题这一想法的公司工作，这在人类历史上可能是唯一一家。

首先，谷歌是一家专注于数据的公司。整个公司的目的就是收

第 11 章
助推

集世界上所有的数据并使其可用。关于员工的数据太少了。试想任何一家大公司中，员工正在做（或者不做）的各种各样的事情：他们检查电子邮件，互相交谈，启动项目，完成（或者没有完成）这些工作；他们去开会，打电话，招聘一些人，解雇另一些人；老板们试图激励员工，员工们试图说服他们的老板做这样或那样的事情。总而言之，所有的活动组成了商业活动，这就是帮助公司盈利或迫使公司宣布破产的原因。但他们所做的这些事中，哪些是有成效的？哪些是浪费时间的，或者更糟的是，消耗了公司的财富呢？这些人的感受和想法是什么？这些感受和想法如何影响他们的工作？他们的工作又如何转化为公司的盈利？

如果想到任何你曾经工作的地方，你很有可能对上述问题都有一些直觉的认知，但是可参考的数据很少。会议有益还是有害？哪些会议有益，哪些会议有害？是否有一个使用电话交谈的最佳通话时间？在求职面试中，是否有一些特定的问题真的能预测谁能胜任，谁不能？管理者应该是善良的、宽容的，还是刻薄的、固执的？对于数据科学家来说，这些问题的答案很大程度上是一个没有实质性信息的黑洞。拉兹洛突然有了雇用这些博士的预算和权力，这是曾经的他梦寐以求的。于是他聘请了 20 位、然后 40 位，接着又聘请了 40 多位。有了这么多科学家，他可以指派其中一些去弄清楚如何让员工少喝苏打水，而另一些则去研究最佳的会议时长（结论是零分钟是最佳时长，因为会议几乎总是浪费时间和资源）。

等到杰西作为全职员工加入谷歌的时候，拉兹洛的数据科学家团队已经规模庞大且实力雄厚。杰西记得她第一次把自己的一些研究成果展示给包括拉兹洛在内的一大群高管时，杰西事先被提醒过拉兹洛人很好，但他会问一些你自己永远都想不到的问题，这些问题简单而睿智，试图预测它们是徒劳的。大家都说，似乎只有拉兹洛自己能问出那些"拉兹洛问题"。果不其然，拉兹洛问了杰西一些基本的问题，比如人们吃了更少的食物后感觉如何。他们知道谷歌在进行这项实验吗？他们是否感到被操纵或得到了很好的照顾？他问，这种模式如何能推广到其他职能部门以至整个公司。杰西一时之间无法回答这些问题，但她自信地告诉他，她会弄清楚的。拉兹洛认识到，杰西正是他想要与之合作的那种科学家：她对自己的研究充满了动力和执着的严谨，而且她思考问题和提出新颖答案的方法也很有想象力。

在谷歌工作的人是非常幸运的。他们通常是来自顶级学校的优等生，拿着高薪从事精英工作。他们有免费的食物，外加晚间免费的交通和免费的饮料。他们可以告诉他们遇到的每个人自己在谷歌工作，在硅谷，这是一件很酷的事情。事实上，生活在谷歌是如此美好，以至于谷歌面临着与美国几乎所有其他公司相反的问题。大多数公司的人员流动率过高，合格的员工经常跳槽，迫使公司不得不承担招聘和培训新人的成本。在谷歌，很少有人打算离开，因为生活太美好了。拉兹洛必须想出一些办法，既能把表现不佳的员工轻轻扫地出门，又不会因为手段强硬而吓到其他员工。

最初的几年中，拉兹洛和杰西为成为全球第一个人力资源团队的一员兴奋不已，他们利用真正的科学方法来大规模地激励员工。

第11章
助推

他们将其称为"人力分析",并很快成立了相关的研究领域。现在,你可以获得人力分析学位,数百家公司都设有人力分析部门,这都是因为拉兹洛提出的那些简单问题,以及像杰西这样的科学家提供的答案。

拉兹洛不断壮大的科学家团队进行了复杂的研究,提出了各种基于数据的严谨的建议,并帮助改造了谷歌。这种科学研究是拉兹洛直觉的延伸。首先通过观察,用一种日益成熟的方法来研究人们在工作中做了什么,以及他们对工作的想法和感受;其次是数据分析,并根据收集到的所有数据建立模型和理论,来研究哪些地方运作良好,那些地方可能需要改变,以及如何准确地进行改变;然后便是行动,即利用这些数据来改变人们的工作方式,让他们工作得更好、更有动力。

很明显,有三种核心价值会让员工对工作更满意,同时也让他们在工作中更高效。第一,人们希望对自己的工作有一定的自主权,觉得自己可以做出有影响力的选择。第二,他们想要对自己工作的组织有一种归属感。第三,他们想要信任他们的公司和老板。这三个要素共同作用,能够使人们以清晰、可衡量的方式工作,从而变得更加快乐,在工作中表现更好。这些也是我在大多数激情经济企业中注意到的特点。从本质上讲,激情企业是由创始人的愿景驱动的,该愿景与特定的客户群建立了深厚的联系。在这样的企业中茁壮成长的员工往往分享着创始人的激情,或者至少分享着与客户建立更深厚联系的喜悦。简而言之,这些员工信任他们的领导者,他们对激情事业抱有一种归属感,并且知道如何为之贡献自己的力量。

这并不是说所有激情企业都成功实现了以上条件，或者说非激情业务（开展工业化小商品业务的公司）无法实现这些条件。有一些充满激情的公司经营不善，也有一些拥有令人惊叹的企业文化的小商品公司。但如果有人想对自己的工作感到满意，那么在一家充满激情的公司有更大的机会实现这一目标。

拉兹洛和他的团队了解到，即使在同一家公司里，员工也会有满意的时候和痛苦的时候。在收集数据的过程中，他们发现有些经理的团队在所有积极价值观上的得分都不高，然而这些团队的表现依然远胜于从事类似工作的同类员工。

在拉兹洛的愿景和谷歌的核心价值观之间，有时会有一点文化冲突。谷歌是由两位斯坦福大学的计算机科学家创建的，他们希望公司能像研究院一样运作：计算机科学家应该能够在不同项目之间切换自如。如果他们不喜欢他们的经理或者觉得某个项目很无聊，他们可以选择别的团队或者项目。好的管理者大概会吸引更多更好的员工。但实际上，谷歌的经理们并没有那么重要，重要的是项目、计算机科学家和一个快速、容易调整的系统。

虽然拉兹洛的愿景不是创造一种深层次的等级文化，但他确实相信，良好的管理本身是至关重要的。为了证明这一点，他发起了"氧气计划"，旨在发现谷歌最优秀的管理人员。拉兹洛能够通过数据表明，有些经理的团队始终表现出色，并且在谷歌感受到了极大的信任、自主权和归属感。当这些管理者进行新项目时，高分团队也随之转移。更重要的是，拉兹洛能够证明，之前表现不佳的经理实际上可以通过一些指导和培训提高团队的表现，并提升他们的整

第 11 章
助推

体幸福感。

韦恩·克罗斯比（Wayne Crosby）是拉兹洛见过最好的经理之一，他的团队经常在谷歌的表现评分中名列前茅。他是一位计算机科学家，负责一批重要项目，其中包括谷歌幻灯片演示工具和谷歌的 G Suite 效率型应用程序套件，许多或大或小的公司现在都在使用谷歌邮箱、文档和其他云端应用程序。

韦恩成了谷歌研究人工智能团队的经理。他很快意识到，随着人工智能革命的进行，我们可能会进入一个无须雇用任何人的世界。这对他来说是在创造一种生存危机，并且他开始质疑人类为什么要工作的深层动机。最后，韦恩开始相信，作为人类，我们实际上喜欢工作。人类本质上倾向于团结起来，并完成一些我们无法独自完成的事情。因此，尽管由于人工智能的发展，工作的性质将发生巨大变化，但人类对归属感和为更大的事业做出贡献的基本需求永远不会消失。然而，在今天的劳动力市场上，有几股宏观力量起到了"去人性化"地对待员工的作用，导致员工对工作的满意度日益减少。韦恩希望在将工作中的人性化因素带回劳动力市场的过程中发挥作用，从某种意义上来说，这是不断发展的激情经济的核心。

想要改变工作环境是一回事，让员工完全参与进来又是另一回事。韦恩说他不是天生的管理者，事实上，多年来他都不擅长管理。韦恩参加工作的第一家公司的管理者碰巧是一位前海军中士，他的管理风格是：如果有人迟到几分钟，或者没有按照正确的格式提交书面文件，他就会频繁地大喊大叫并给予记过处分。韦恩在阅读了一些管理书籍并发现谷歌能够以更人性化的文化创造更多价值时，他意识到他对管理者角色的思考是完全错误的。他曾经以为，管理者是团队的主要引擎，需要选择路线，推动团队前进，并迫使掉队的人重新回到队伍中。但后来他才明白一个好的管理者更像是田径队的教练。教练不会赢得奖牌，不会跨过终点线，不会获得所有的荣誉。然而，教练需要了解每个团队成员和他们的个人动机，并创造出让每个人都能做到最好的条件。教练有时必须严厉，例如开除一名队员，训斥另一名队员，但这是例外情况。大多数时候，教练的工作仅仅是理解团队中的每一个成员，并帮助他们取得自己想要的成功。

谷歌的高级经理会被奖励一次夏威夷庆祝之旅。有一年的庆祝活动中，拉兹洛和韦恩在度假酒店外的海滩上聊天。在交谈中他们逐渐意识到他们想要实现同样的目标，他们可以通过一起合作而非单打独斗来做更多事情。他们都想知道，如何利用数据和彼此相似的价值观来最大化地激励员工和管理者。拉兹洛有能力提出这些基本问题，并让一个庞大的科学家团队专注研究最重要的事情。韦恩明白，拉兹洛的探索需要极其复杂的计算机基础设施，尤其是，这些基础设施并不是被部署在像谷歌这样的公司，其他公司不像谷歌已经拥有了任何公司都需要的计算机骨干。韦恩意识到，拉兹洛的探索是他在谷歌 G Suite 和人工智能的工作的自然延伸。韦恩开始想象可以真正帮助员工改善行为和士气，并加强企业文化的智能生产力软件。

韦恩和拉兹洛开始谈话的不久之后，就让杰西也加入进来。这三个人开始想象，如果世界上有更多的人能够受益于缜密设计的人

第11章
助推

力分析该有多好,即使他们不在跟谷歌一样资源丰富的公司里工作。

最终,这三个人离开谷歌并创建了Humu,其目标是实现像谷歌这样资源最雄厚的公司才能接触到的人力科学民主化。

想象一下,你想知道在一家大公司工作的人有多信任他们的管理层,有多相信自己属于这家公司,以及他们在工作中有多大的自主权。简而言之,你想知道他们有多快乐,以及需要改变工作的哪些因素才能使他们更快乐。当然,你可以给每个员工发一封电子邮件,让他们填写一份调查问卷,并按1～5分的标准打分,评估他们对老板的信任程度以及他们觉得自己有多重要。但是,员工越不信任他们的老板,就越确信老板会看到他们的评价结果,然后据此对他们进行评判。如果一家公司或一个团队在信任上得分很高,是因为存在真正的信任,还是仅仅因为害怕诚实?类似地,你可能想知道这些问题的答案与实际表现之间的关系。信任度高的团队工作会更努力吗?他们表现得更好吗?他们增加了公司盈利吗?

在试图得到诚实答案的过程中,有几个交错的问题。像Humu这样的调查公司需要让员工相信他们的答案绝对是匿名的,保证这一点需要开发高度安全的软件和硬件作支撑。要验证这些答案并将它们与实际表现进行比较,需要获取大量的客观数据,包括员工的工作时间、病假时间、团队的产出。你必须在保持完全匿名的同时又能匹配这些数据。这些都是计算机科学面临的巨大挑战,需要最好的计算机工程技术。这是韦恩团队的工作。

同时,问卷的调查问题需要精心设计,并按照最高的科学严谨性对答案进行分析以确保调查结果是有意义的，而且可能导致真正的变化。这是杰西团队的工作。

总的来说，操作不能迷失在细节中。它不能变得过于复杂，以至于核心目的模糊不清。所有这些数据收集和数据保护都需要指向一个简单的目标：提高员工的幸福感。实现这一目标的途径是增加员工的信任感、归属感和自主权，这样他们才能更好地完成工作，公司才能赚更多的钱。这是拉兹洛的工作。

Humu 的办公室位于加州山景城，这个小镇已经成为硅谷那些最大的巨头企业的代名词。它与谷歌、领英、微软和 23andMe 相距不远。有人告诉我找到富临门中餐厅就能找到 Humu 了，这家中餐厅的招牌很大——更不用说贴在窗口上，部分挡住餐厅喧腾内景的点评和菜单了——会吸引路过的行人的注意，人们很容易忽略旁边小玻璃门上写着"Humu 在楼上"的小牌子。[1]

往上走一层，Humu 占用了一个很大的办公空间，刚好能容纳 50 名员工。这个宽阔而开放的空间不仅有趣，还清楚地表明了这家公司的业务领域。这里没有桌上足球或乒乓球桌，但有免费的零食。三四个小隔间像花朵一样连接在一起，办公桌从中央伸出来。每个人都可以根据他想要的任何高度放置自己的桌子。有些是站立式办公桌，有些是供习惯较高座位的人使用的，还有一些是传统高度的办公桌。某种程度上，这种对常见的开放式办公室的微调营造了一

---

[1] 根据谷歌地图，Humu 办公室现已不在富临门中餐厅旁。

第 11 章
助推

种亲密感和个性化,消除了普通联排格子间的压迫感。办公桌每隔几个月就会被重新分配一次,因此在未来的几年里,每个员工都会和其他人在一张办公桌前共同工作至少一段时间,以培养意想不到的合作和强烈的群体认同感。

所有员工每周会有一次聚在一起,分享他们正在做的事情以及他们生活中任何重要的事情。我到访的那天碰巧是拉兹洛的哥哥自杀一周年,拉兹洛在小组讨论中提到,对他来说那是艰难的一天,如果他看起来有点分心或思维短路,他希望每个人都能理解为什么。我被那一刻打动了。一家公司的老板告诉员工他个人的痛苦可能会显得过于脆弱,甚至有点自我放纵。拉兹洛优雅地处理了这一时刻,将实事求是的清晰商业逻辑和一点点情感巧妙融合在一起。拉兹洛为他的员工塑造了一种他想要的文化,这就是一个示例。拉兹洛分享了一个关于他自己的私人的、情绪化的事实,这向他的员工清楚地表明,他也希望他们能够坦然地面对自己的情绪状态,但他这种做法有利于工作,而不是以自我为中心或破坏性的。

在我和拉兹洛、杰西、韦恩以及 Humu 团队在一起的时间里,我意识到他们正在重塑我对激情经济的理解。有一些公司对他们所做的一切都充满激情。我想起了杰森·布卢默的公司,或是 OCHO 糖果的糖果车间。员工对公司的使命怀有显而易见的认同感,似乎时刻都有人在谈论公司的宗旨及其与客户的关系。不过,与"助推"相似,Humu 公司的方法表明,基于激情的企业可以使用更微妙、更克制的方式触动员工。Humu 的确有一个伟大的使命,员工也对此谈论了很多,但他们也会花很多时间思考更平凡的事情,这些事情很少被认为与充满激情的使命有关。员工在工作时坐着（或站着）的办公环境所反映的体贴周到，以及他们谈论自己的方式，正是 Humu 宗旨的体现：使用数据、科学和强烈的价值观，对工作区进行精心调整，使办公环境起到良好的作用。从本质上讲，为工作场所提供幸福、信任和参与感也是 Humu 的核心使命。

在美国，尤其是在硅谷，自公司诞生以来，一些激进的想法就已经席卷了整个美国企业界，相比之下，Humu 的变化可能显得微不足道，几乎可以说是畏首畏尾。在一个完全由企业统治的时代，人们很难想起将一大堆人聚集在一个公司并要求他们一起工作的举动是一种非常新的现象，一种会让我们的曾祖父母和每个在他们之前的祖先都感到困惑的现象。历史上的确有少数一些机构聚集了成千上万的人来执行某些共同的任务，诸如军队和各种宗教组织。但在人类历史的大部分时间里，大多数人类活动都是在相对较小的群体中完成的；典型的宗族规模大约为 150 人，小到每个人都互相认识。只是到了 19 世纪和 20 世纪，一家公司有成千上万的员工，甚至在少数情况下有数百万员工，他们的行为是由一小部分公司领导指挥的，而这些领导永远不会见到大多数员工。

人类文明正面临着新的挑战，即管理分布在全球各地的大量人员活动的需要。企业领导者一直在以各种方式努力应对这一挑战。第一批大公司中有一些是铁路公司，它们雇用军队人员，要求他们严格且盲目地遵守公司的很多规定。到了 19 世纪 80 年代，出现了一批新型的企业领导者，中世纪村庄模式在他们的思想中深深扎根。比如制造有轨电车的普尔曼和以卫浴品牌闻名的科勒，这类企业会

第11章
助推

围绕公司建造完整的城镇,工人将在那里度过他们的一生。他们在公司的工厂里工作,在公司的商店里买食物,睡在公司寓所里的床上。星期六晚上,他们会在公司的酒吧里喝酒,而在周日早晨,他们会听到一个公司聘请的传教士试图拯救他们的灵魂。

随着时间的推移,在经历了一些可怕的暴力冲突之后,公司和工人达成了某种程度的休战,即公司将让工人们白天上班,晚上和周末休息。协调工作中的各项活动仍然是一项严峻的挑战。有严格的等级制度的公司,一小部分领导通过一群中层管理人员发出命令;在多事业部制公司中,不同的事业部相对自主地运作,甚至相互竞争。最终,人们倾向于扁平化的组织结构和精益运动,尽管在严格的范围内,工人仍有权为自己做出选择。最近出现了更为激进的实验,比如 Zappos 率先应用的合弄制(holacracy),公司里没有头衔,没有职位职责,也没有任何外部强加的结构。

这些公司实验中的大多数或多或少都是自上而下的,相当机械化,把组织看作类似于机器的东西,可以对这些"机器"进行调试,使其更有效地工作,从而以更低的成本生产更多的产品,并赚取更大的利润。Humu 的方法几乎完全相反。这种方法专注于改善一个关键变量:员工的快乐程度。通过研究大量数据,拉兹洛、杰西和韦恩相信他们可以证明,当员工工作得更快乐时,公司能够实现所有的目标。如果公司一开始就以盈利为目标,那么很可能会使员工不那么快乐,因此也就不太可能实现最大利润。

当然,如果给每个员工大幅地加薪,再送给他一辆汽车和42周的假期,他们可能会说他们很快乐(但是公司会立刻消失)。Humu

公司的员工谈论了很多关于"幸福"一词的意义。心理学家区分了两种截然不同的幸福。享乐主义（hedonic）幸福感是指从得到令人愉悦的东西中立即产生的喜悦，如糖果、金钱、亲吻等。享乐主义幸福感可以让人感到短暂的兴奋，然后迅速消失，几乎不留痕迹。相比之下，实现主义（eudaemonic）幸福感[1]（源自希腊语，意为拥有满足的精神状态）可能不那么直接，没有突如其来的高潮，但它是持久的，并且可以提供一生的意义。一夜情是一种享乐，而经受住挑战的长期婚姻是幸福的；圣代冰淇淋是一种享乐，而完成跑马拉松的长距离目标是幸福的。Humu 想要增加工作中的实现主义幸福感。Humu 以数据为基础的核心原则是，有一个带来回报的、令人满意的工作生活，是任何人整体生活满意度以及家庭和个人认可度的关键支柱。

在一家正在迅速改变世界的公司里，花时间努力让高薪工程师的工作得到极大的满足是一回事；帮助处于职业阶梯另一端的员工则完全是另外一回事。

---

[1] 实现主义幸福感是一个心理学概念，与享乐主义幸福感相对，意指充分发挥自身潜能，实现个体的自我价值而产生的幸福感。

第 12 章

只需要一个快速提醒

Humu 提升人类激情的技术性解决方案

第一次走进 Sweetgreen 时,我感到悲观。工人们似乎忙于最普通的工作:切菜、把蔬菜盛进碗里,然后把这些菜端给一长串等得不耐烦的顾客。我确实注意到,在这样一个地方工作的人似乎比我想象的要快乐一些,但我不知道他们能找到多少意义,能找到多少持久的生活满足感。然后我遇到了维纳斯·保罗(Venus Paul)。

维纳斯今年 24 岁,她的童年时光是在圭亚那一个贫穷的小村庄里度过的。圭亚那是一个坐落在南美洲的小国,毗邻委内瑞拉和巴西。她的家人艰难谋生,挣扎度日。她的父亲想以务农为生,但连续三年干旱之后,他不得不卖掉自己那块巴掌大的土地进城找工作。她的母亲有一条腿先天畸形,走几分钟路就会让她筋疲力尽。在一位表亲的鼓励下,这家人决定搬到布鲁克林,看看他们是否能在那里生活下去。这并不容易。维纳斯的母亲从来没能找到一份累不着她的工作。她的父亲在一个建筑工地找到了一份保安的工作,拿着最低工资。为了也能赚点钱,维纳斯在高中毕业前就辍学了。她在离他们的小公寓不远的一家花店工作,在那里她的工资是私下发放的现金，低于最低工资标准。后来，她在肯尼迪机场找到了一份检查行李的工作，这份工作的薪水达到了最低标准，但工作艰苦。维纳斯很矮小，只有5英尺高；她容易害羞；而且，由于在热带丛林中长大，她讨厌这份工作要求她在纽约的冬天进出寒冷的环境。

对于像维纳斯这样在纽约生活、受教育程度最低、工作经验最少的移民来说，他们面临的挑战并不在于找工作。随着纽约市变得越来越富裕，低薪服务人员的数量几乎无法满足人力的需求，无论是制作咖啡、销售汉堡，还是给百货商店的货架上货都需要这些服务人员。这些工作维纳斯都做过。她曾在麦当劳、史泰博文具和邓肯甜甜圈工作，曾在街角为绿色和平组织筹集资金。虽然每个雇主都不同，但每个工作都很相似。她会做任何交代给她的事情，通常少有人监督，然后她会得到一张显示着最低工资的薪水支票。她每周带回家的钱通常不到300美元，几乎不够帮助父母支付房租和购买杂货。找到一份新工作总是很容易的，问题在于如何向上发展。没有职业轨迹，没有明确的加薪或升职方式，也没有任何未来可能与现在不同的感觉。她会在一个地方工作一段时间，然后感到无聊或与同事相处遇到问题，或者决定要缩短通勤时间，于是辞职去找下一份工作。她在任何地方待的时间都不会超过几个月，因为不管她去不去似乎都无关紧要。她觉得自己注定要像父亲一样，一辈子只能做着最低工资的工作。

当然，所有这些地方都有管理者。在其中一些公司里，尽管管理者不得不承担大量额外的责任和压力，但他们的收入仅略高于一线员工。在另一些公司，管理者的薪水似乎很高，但他们不是从一

第 12 章
只需要一个快速提醒

线员工中被提拔上来的,而是直接被聘为经理。

当维纳斯走进布鲁克林中心区法院街上的 Sweetgreen 时,她并没有对这份工作抱有特别的希望,期待它与其他工作有什么不同之处。然而,她的面试时间比平时要长得多。她不只是填写表格,回答一些敷衍了事的问题,然后了解她应该在什么时候报到。经理和她坐在一起谈了四十五分钟,询问她的兴趣和背景。看上去很好,但维纳斯并没有太在意。她提到自己喜欢在家做饭,经理告诉她,她非常适合在厨房里做饭。

起初,这项工作与维纳斯之前的工作并没有太大的不同。她的工作是切生蔬菜,这是一项平凡的任务,很快就变得重复又单调。然而,随着时间的推移,维纳斯注意到,这个地方比她以前工作过的任何其他地方都让人感到更美好、更快乐。

Sweetgreen 的厨房比麦当劳的厨房更宽敞、更干净、更明亮。工作并不那么忙碌。她每天都必须努力工作,但不必像以前在其他地方那样疯狂。Sweetgreen 的员工不只是打开一大袋预先切好的洋葱、预先拌好的酱汁和预先做好的汉堡肉饼,他们实际上是在做饭。他们把完整的生蔬菜、大块的肉、一堆香料、油和醋混合在一起,做成辛辣的泰国沙拉、咖喱鹰嘴豆碗,以及餐厅准备的其他各种各样的菜肴。

这份新工作确实有很多不同之处。如果维纳斯能够证明她擅长自己的工作,如果她继续学习如何完成其他任务,那么她能取得的成就会更加清晰。她可以转到调味区,调制餐厅每天都要制作的各种新鲜调味料和酱汁。经过更多的训练,她可以在厨房的烹饪区工作,在那里烤肉、烤鸡和炸鱼。她觉得她可以学到很多关于在高速运转的厨房里工作的知识，并且有机会晋升为一名厨房经理，所有厨房经理都是从一线员工中提拔的，甚至连负责整个餐厅的餐厅经理也是如此。维纳斯不确定她是否能成为一名经理，甚至不确定她是否能进入厨房的热厨区，但至少看起来是有可能的，这让她感到欣慰。

一天，维纳斯正在切菜，店长西蒙娜·斯温（Simone Swain）问她的目标是什么。维纳斯说她想做饭。西蒙娜说她可以成为一名厨师，甚至可以成为一名经理。西蒙娜注意到维纳斯准时上班、工作努力，而且总是能回应要求。是的，她有点安静，有点害羞，不会为自己出头，但她已经证明了自己是一个值得信赖、有能力的人，并渴望成为一个强大的团队的一分子。她必须要学会一些东西才能成为经理，但西蒙娜认为她可以做到。

这次谈话发生的那天，我在 Sweetgreen 的厨房里。这种互动从表面看上去并不特别引人注目，经理与员工闲聊，讲了一些鼓舞人心的话语——很暖心却不具有革命性。但事实证明那是一个相当不同凡响的时刻。西蒙娜说的每句话都是认真的，但是说这句话并不是她自发的冲动。根据杰西及其团队进行的心理研究，韦恩和他的计算机科学团队设计了一个软件程序，这个软件程序促使西蒙娜做出了上述决定。我们通常认为，自动化和企业软件是一种会抹杀我们独特个性的力量，让我们都变成没有差别的工具人，像是在工作场所中发出低沉嗡鸣的机器，而我们个人的希望和技能无关紧要。西蒙娜做出决定的缘由恰恰相反。这是同理心的自动化，是有针对性的鼓励，是面向某一特定员工的非常个人和直接的呼吁，正是为

第 12 章
只需要一个快速提醒

她当时的需要而设计的。

Sweetgreen 雇用了 Humu 来解决连锁餐厅面临的一个主要问题：员工辞职太快。这个问题在所有其他快餐连锁店同样存在。就像维纳斯一样，大多数员工都知道他们可以随时找到另一份最低工资的工作，所以他们很少会在一个地方待很长时间。对于很多员工来说，辞掉一份工作，开始另一份工作并不是什么大不了的事。然而，正如我前面提到的，对于公司来说，员工流动成本是非常高昂的。员工每次离职的成本约为两千美元。首先，通常会有一段时间内没有足够的人手，此外还有招聘和培训新人的成本。培训时，通常需要几名更有经验的员工每周花大量时间培训新员工，在此期间，培训人员和接受培训的新员工都会照常得到报酬。Sweetgreen 是一家相对较小的公司，大约有四千名员工，每年快餐连锁店中会有大约一半的员工离职。也就是说每年预计会有两千人离开 Sweetgreen，给公司造成的年损失高达四百万美元。公司每年营业额约六千万美元，净利润约六百万美元。如果 Sweetgreen 能将离职率减少一半，公司利润就能增加三分之一，实现巨大的增长。

Sweetgreen 首席执行官兼联合创始人乔纳森·内曼（Jonathan Neman）表示："员工每三个月的任期就相当于利润的一个百分点。如果我能让整个公司的所有员工都留下来，比如说再待六个月，公司的利润就会增加两个百分点。"

两个百分点可能听起来并不多，但像 Sweetgreen 这样的休闲快餐店的平均利润是营业额的 6%。如果内曼能把利润提高到 8%，他将立刻把这家公司变成美国同类公司中利润最高的公司之一。

Sweetgreen 是一家私营公司，规模相对较小，但增长迅速，希望与 Chipotle 和其他市值数十亿美元的大企业竞争。将利润率提高两个百分点将彻底改变投资者对该公司的看法，从而确保一旦发行股票，会有更多的人愿意支付更高的价格买入股票。而有了投资带来的额外资金，内曼可以更快地为公司的发展提供资金。两个百分点的利润将带来翻天覆地的变化。问题是，公司发展得越快，需要雇用的员工就越多，而高层领导与这些员工也就越脱节。为了赚取数十亿美元，内曼需要想办法让维纳斯·保罗和像她这样的员工在工作中感到快乐，他甚至不知道维纳斯·保罗是谁，也不知道关于她的任何事情。

内曼的问题并不是他和 Sweetgreen 所独有的。世界上每家有一定数量的雇员的公司都面临着同样的挑战。从理论上讲，如果每个员工都更敬业，更有动力去超越，更有能力做到最好，那么每家公司都会赚更多的钱，避免更多的风险。但是你到底要如何做到呢？想象一下，你是一家大公司的首席执行官，这家公司有成千上万你永远不会见到的员工，你永远不会坐下来了解他们的希望、挫折和抱负。这些员工遍布全国，甚至全世界。其中一些人年纪比较大，一些人还年轻；一些人工作时充满希冀，而另一些人只是试图混过一天。你知道他们彼此之间非常不同，每个人都与你不同，无法通过想出一些口号或某种单一的方法来同时吸引所有人。因此，企业依赖于少数不理想的选择。他们想出一些俗气的激励口号，并张贴在休息室里；他们制定严格的规章制度，每个员工都必须遵守，否

第 12 章
只需要一个快速提醒

则将被解雇；或者他们会尽量减少需要的人工数量，用自动化机器来代替员工，因为无须担心机器人和软件程序是否快乐。然而，这些"解决方案"只会导致更多的问题。

比如说，当你走进一家麦当劳，你马上就会明白，你并非置身于一个快乐的地方。麦当劳在工作自动化方面处于领先地位，它创造了可以塑型和烤制汉堡、切割和煎炸薯条的机器，只需要最少的人工技能操作。这有助于特许经营连锁店的所有者解决员工离职问题。一个新员工可以在数分钟内掌握工作的所有基本知识，因此，培训的成本会低得多。但员工越容易被替代，越觉得自己是可替代的，就越没有工作动力、越感到沮丧，餐厅给顾客带来的愉悦感就越低，为了吸引顾客进门就餐，食物售价就要越便宜，员工流失率就越高。这种恶性循环使许多零售公司、快餐店和其他连锁企业处于不断恶化的状态。我能想起十几家不想再去的连锁店，部分原因是我害怕进入一个被压倒性的不满情绪笼罩的地方。我从员工们的脸上看到了这一点，从冷漠的服务态度中也能感觉到这一点。

有一种宿命论已经在现代商业中的许多方面根深蒂固。顾客、经理和员工都以某种方式接受了这是一种永久的、不可避免的、不可改变的状态，即如果我们想要很多很多便宜的东西，那么就必须接受大型商店和连锁餐馆，那里有着不快乐的员工，而这种不快乐又会传递给顾客。问题是，这不是真的，而且也不再是真的了。在20世纪，这几乎是一个无法克服的问题，因为根本没有可以解决问题的技术方法。但是我们对工作心理学的理解日益加深，计算能力也得到了提高，某些基于计算机技术的自动化工具实际上具有帮助我们在工作中变得更快乐的能力。

在某种意义上，Humu 的解决方案非常简单。当一家像 Sweetgreen 这样的公司请 Humu 来解决问题时，Humu 的工作人员会像往常一样发送精心设计的问卷，这些问卷根据最佳的心理学研究设计，目的是得到真实有用（而且完全匿名）的答案。然后，Humu 的软件就可以开始创建特定报告，帮助公司了解哪些方面是最值得关注的，哪些方面是最容易改进的。雇主可以了解员工在影响其幸福感的三个关键因素中的满意度。每个公司（通常是每个部门甚至每个单独的门店）可能都有自己特定的答案和关注的领域。一位 Humu 工程师向我展示了一幅迷人的三维彩色图表，以及一家大型跨国公司的员工在这三个关键领域的幸福程度。我一眼就能看出，一些部门和经理创造了一种支持高度敬业和快乐的员工的环境，而另一些部门和经理手下则充满了不信任、不投入的员工，他们似乎准备一找到新工作就离职。

对于 Sweetgreen 来说，最大的问题很快就变得显而易见。最初，存在很大的信任问题。员工们之前接受过问卷调查，结果发现这些调查曾被用来奖励某些员工并惩罚另一些员工。因此，他们不想再做任何问卷调查了。重新赢得信任需要一个漫长的过程。当员工对公司足够信任，并填写了 Humu 的调查问卷之后，他们报告说，他们觉得公司不关心他们，因此他们几乎没有归属感。内曼决定为更多的工人提供医疗保险和退休金计划。这产生了巨大的、即时的、积极的影响。

诸如此类的解决方案可以批量设计，但也有一些解决方案必须

第 12 章
只需要一个快速提醒

针对每个员工量身定制。在休闲快餐店中,幸福的最大驱动力是工作调度和职业晋升道路,而这些都必须是定制的。技术进步和心理学研究的巧妙结合已经革命性地改变了给出定制解决方案的能力。这也是激情经济的一部分。

当我访问时,Sweetgreen 在美国已经有了 75 家餐厅,并计划每年再增加几十家。对其中的每一家进行调度都是计算上的挑战。在任何时间,每家餐厅都有大约 50 名员工,在午餐和晚餐的高峰时段,他们总共要承担 20 个岗位职责,在非高峰时段则要承担 10 个岗位职责。而且这 50 名员工中的每一个人都有自己的总体偏好,其中有些人希望短时间轮班,有些人则希望尽可能长时间地工作。另外还要考虑个人问题,包括陪审义务、照顾生病的孩子。要将不断变化的 50 个人的需求与不均衡的大众购买食品的需求相匹配,需要一系列的权衡。你可以雇用更多的员工来解决所有可能的紧急问题,但这是要花钱的;你可以让员工按照自己的意愿随时离开,或者想工作多长时间就工作多长时间,但这也会花费太多的钱,而且会导致轮班时间不固定,让顾客不满意;你可以对每个员工的需求漠不关心,让他们知道,如果他们请假照顾生病的孩子,就会被解雇,但这会损害信任、幸福感和归属感,并最终导致员工流失、损失利润。而许多快餐店和大型零售商一直是这样做的,他们使用"轮班最优化"软件,根据一个完全不关心每个员工需求的计算机程序来分配人手,并按照严格的、不灵活的时间表来安排他们的工作。

Humu 的方法是将自动软件流程与人工干预结合起来。如果需要人性化且考虑周到地进行轮班分配,那么它就不可能是完全自动化的。每个门店经理都需要了解并考虑门店和员工的具体需求。但这只是把问题推到了一个新的高度：如何让数百名管理人员中的每一个人都更有同理心，更关注员工？和其他员工一样，每个经理都有自己独特的优点和缺点。有些人可能天生就有同理心和敬业精神，但并不总是最擅长做复杂的数学计算，以确保每个轮班都不缺人手；另一些人可能正好相反。Humu 的调查梳理出了每位经理的优缺点，并确定了他们的性格类型和天赋。这些都不会报告给经理们的老板。因为只有绝对保密，Humu 的方法才能成功。Humu 软件做了一些被 Humu 公司称为"故事生成"的事情：它获取关于经理的数据，包括经理本人在调查中透露的信息以及员工对其的评价，然后生成提示，促使经理去做那些她可能忘记做的重要事情。比如一位擅长日程安排和财务管理但不擅长人际交往的经理，可能会在午餐高峰后收到一条短信，要求他或她随机挑选一名雇员并询问其工作情况；一个天生喜欢与人打交道但不记得计算的经理每周可能会收到一条提示，提醒他或她检查库存并确保已经订购了足够下一周需求的生食。

这个"助推引擎"源于杰西在研究生院学习时的研究。它基于目前有充分根据的研究，研究表明，朝着正确方向温和、有规律的助推比转型变革更有效。了解到这一点时，我想起了几年前的一段经历，当时我很快从一名记者晋升为团队经理。我一时不知所措，结果常常以莽撞而愤怒的方式处理问题。我不止一次对团队大喊大叫。这些团队成员都非常优秀，他们的积极性很高，工作出色，而我常常使他们感到不快，无法竭尽全力地工作。我与自己的老板讨

第 12 章
只需要一个快速提醒

论了这个问题，我们俩都得出结论：我需要永久性地从一种人转变为另一种人。然后，我参加了一个为糟糕的经理开办的、昂贵的短期课程。我与一群同样易怒又无能的管理者一起在会议室里度过了三天时间，三位心理学家训练我们识别自己的缺点并寻求改善方法。这段经历让我相信我天生就不适合当经理，因此我辞掉了那份工作，发誓再也不做管理者了。碰巧的是，几年后，正在我研究 Humu 的时候，我再次成了一名经理，此时我能够立即应用助推这个概念。我没有寻求大幅度地改变自己，而是时不时温和地助推自己，检查员工的情况，问他们做得怎么样，指出他们做得很好的地方，并巧妙地鼓励他们发展其他技能。到目前为止，助推机制效果很好。

在维纳斯的例子中，Humu 设计的助推方式综合起来促成了某种转变。要了解这种转变是如何发生的，你需要知道她的经理西蒙娜的故事。她先是在自己的家乡格林纳达经营一家酒店，然后来到纽约结婚。她也做过几份最低工资的工作，经过几年的奋斗，西蒙娜成了一家高端快餐连锁店的经理，但她在那里无法成为一名成功的经理。经营这家公司的高管们在希望每个门店经理实现的目标上无法保持一致。有一个月的目标是盈利；另一个月，则是降低人员流动率；接着他们又想在当地的午餐业务中占有更大的份额。没有明确的方向，西蒙娜不知道该把重点放在哪里：到底应该为了取悦顾客而增加排班以获得更多回头客，还是应该为了削减成本和提高利润而减少排班？而且，和许多公司一样，这家公司也有双重管理模式。很少有一线员工，诸如服务员、侍应生、厨房员工会被提拔到管理层，即使被提拔到管理层，这些员工的薪酬也远远低于从外部招聘的经理。和其他餐馆一样，管理层绝大多数是白人，一线员工绝大多数是非洲裔美国人和拉丁裔美国人。西蒙娜自己也了解到，她的薪水还不到从外部招聘的白人经理的一半，尽管她在每一项不断变化的评价指标上都取得了不错的成绩。

　　来到Sweetgreen之后，西蒙娜立刻喜欢上了这里。她性格开朗，热情洋溢，很明显，当你跟着她走遍餐厅时，你会发现她激发了员工的信任。他们喜欢她，尊重她，也感觉到被她尊重。但是西蒙娜是第一个说她只有在合适的环境下才能获得这种关系的人。在Sweetgreen，西蒙娜知道什么对管理层来说最重要。是的，她必须盈利，她不能在食材上花太多钱，也不能在轮班上过于慷慨。她需要经营一家客户忠诚度极高的热门餐厅以获取营收。同时她明白，公司最重要的衡量标准是员工的幸福感。多亏了Humu，她得到了定期的提醒，以确保她能让那些员工满意。

　　西蒙娜知道，当维纳斯抱有她可以通过学习更多的知识和更努力地工作来获得升职加薪的想法后，她的反应很好。谈话发生的那天我也在那里，我能够看出维纳斯已经了解到，她可能真的有办法摆脱她认为自己陷入的最低工资循环。她有机会成为一名门店经理，并有一天可能会成为一名地区经理。这为她的工作带来了真正的信念。如果她真的升职了，她也许能买一套房子，减轻她父亲的很多压力。当维纳斯有了自己的家庭，她能够让她的孩子走上与自己完全不同的道路，而不是像她这样受教育程度不高的移民。这样的梦想可以通过前进道路上的小小助推来实现。西蒙娜鼓励维纳斯参加一些Sweetgreen的培训项目。维纳斯的主要弱点是害羞。告诉别人

第 12 章
只需要一个快速提醒

不要害羞是没有效果的,但可以鼓励害羞的人学习与客户互动的基础知识,并鼓励她进行实践,如果她走出自己的舒适区并取得进步,就奖励她。

同样地,Humu 也能促进西蒙娜面对鼓励害羞的员工这一特殊挑战。Humu 开发的助推方案解决了面对害羞的员工和日程安排的问题。一位像西蒙娜这样的经理可能会在周五给员工排班的那天收到一封电子邮件:

亲爱的西蒙娜,

作为一名经理,你的任务是负责安排法院街 Sweetgreen 分店所有时间段和各个职位的工作排班。但随着新的轮班和职位出现空缺,你如何决定考虑谁呢?

试试这样——

考虑你的所有选择

当新的轮班或职位空缺时,请从一份完整的团队成员名单开始,而不要选择你想到的第一个人。

花几分钟把你所有的选择都看一遍,而不是只奖励那些说需要加班或想承担更多责任的人。

为什么这样做呢?有时,能胜任的团队成员在要求更多的责任时会犹豫不决。通过消除员工发言的负担,你将做出更公平的决定。

如有疑问,我就在这里为您服务。

Humu 的韦恩

这封助推邮件里的每个词都是基于心理学研究精心设计的。首先，写这封邮件的人（以及发送邮件的计算机程序）需要了解西蒙娜和她的角色，研究 Humu 软件专门针对西蒙娜和她的团队进行的诊断分析。然后，"助推"建议了一个具体的行动，而不是告诉西蒙娜要把自己从一个不公平的人变成一个公平的人。谁能做到呢？它建议对需要完成的任务进行一个简单的、可行的调整，然后解释为什么这能实现一个更大的目标。这会让员工觉得公司更公平，因为实际上确实更公平了。员工可以相信，他们不会因为比别人安静而被忽视。

在传达 Humu 的研究结论的意义时，面临着一个挑战：它可能看起来如此简单，如此微小，以至于很容易被人们忽视。谁会在乎布鲁克林的某个餐厅经理收到一封电子邮件，建议她多注意安静的员工呢？但在这封简单的电子邮件背后是一场革命。要实现这一目标，需要成本低廉的科学计算能力，这种计算能力为一种新的心理学研究提供了条件，同时也提供了一种询问并鼓励员工和管理者的新方式。

对于 Humu 来说，这个助推引擎仅仅是个开始。Humu 的团队正在努力开发更有潜力的革命性工具。拉兹洛的梦想是拥有一款能够更好地将人们与最有可能帮助他们茁壮成长的工作相匹配的软件。我想，像维纳斯这样喜欢花时间在自己的厨房里试验各种口味的美食的人，应该会被认定为 Sweetgreen 食谱研发团队的一员。我猜测西蒙娜会成为一名高效的培训师。她似乎很清楚如何激励她的经理助理去鼓励职级较低的员工。Humu 的最终目标是重塑美国公司的

第 12 章
只需要一个快速提醒

本质。与设立固定工作和固定工作描述的固定组织不同，像 Humu 助推引擎这样的事物可以更好地了解每个员工独特的激情、技能和自身的局限，并围绕这些重新组织公司，甚至引导员工去另一家更匹配的公司。计算机技术、人工智能和自动化并不一定会无情地破坏我们的个性。它们可以达到完全相反的效果：帮助基于激情的组织促进个人的幸福。

结　语

约翰·梅纳德·凯恩斯（John Maynard Keynes）是20世纪上半叶首屈一指的经济学家，这不仅仅是因为他身高6英尺7英寸。更是因为凯恩斯有一种非凡的能力，终其一生，他都能够清晰地预见未来。大萧条时期，凯恩斯几乎单枪匹马地创立了一套全新的经济学理论——宏观经济学，这一理论提供了新的工具来解释和消除席卷全球的可怕的经济萧条。第二次世界大战后，凯恩斯主导了现代世界的建立，协助了世界银行、国际货币基金组织的建立和一系列国际协议的制定，这些协议使得欧洲和亚洲大部分地区在残酷的战争后得以重建，本质上全球经济体系也由此建立。

1930年，当世界上大部分国家都在经历被称为"大萧条"的经济崩溃的早期恐慌阶段时，凯恩斯写了一篇文章，以更长远的眼光阐述了这个问题。这篇题为《我们后代的经济前景》（Economic Possibilities for Our Grandchildren）的文章告诫读者不要屈服于"经济悲观主义的攻击"。凯恩斯写道，"人们常说，作为19世纪特征的经济飞速发展的时代已经结束了；而一度快速提高的生活水平也开始放慢了脚步。"事实并非如此，他认为，"我们正在遭受的痛苦，不是老年风湿病，而是变化过快所带来的成长阵痛，是经济周期之间的重新调整带来的痛苦。"

凯恩斯在47岁时写下了这些话,他和每个活着的人一样,知道技术的发展是多么迅速。他出生在一个大体上仍以步行的速度运行的世界里。电报和铁路虽然存在,但并不是普通人日常生活的一部分。电话、电力、汽车、飞机的普及和大规模生产都发生在未来。大多数人无法和他们没有当面见到的人进行交流。大多数市民仍然是农民,用双手劳作,如果幸运的话,会有骡子帮他们干活。

然后,世界似乎在一夜之间发生了变化。出现了城市化和工业化,出现了跨越陆地和海洋的即时通讯。祖辈已经耕作了上千年的人们从事着几年前还不存在的工作。凯恩斯指出,变化发生得如此之快,以至于造成了深刻的"经济失调",因为每次出现一些重大技术变革时,整个经济都不得不进行调整。单是电报本身就具有革命性,它让人们能够远距离做出实时商业决策,无须按马匹行进的速度传达消息。它摧毁了长期以来基于马匹运送的邮递业的经济生态系统:马车制造商、车夫、马车旅馆,更不用说马鞭制造商了。传送带和其他发明使得大规模生产成为可能,这些发明破坏了铁匠和其他手工工匠的工作机会。工作岗位的丧失和所有这些快速变化带来的混乱是巨大而不可避免的。不过凯恩斯指出,所有这些变化带来了一种更安静、更容易被忽略,但更重要的东西:生活质量缓慢而稳定地提高了。他估计,这一增幅每年约2%,几乎不足以引起人们的注意。然而,随着时间的推移,正是缓慢而稳定的增长带来了最显著的变化。1930年,凯恩斯预测,到2030年,英国人的平均财富将是他们一个世纪前祖先的平均财富的4~8倍。他是正确的。到2010年,英国的平均收入水平是1930年平均水平的5倍多,而且未来 20 年的收入还会继续增长。美国的增长速度更快，2018 年的平均收入几乎是 1930 年的 6 倍。

凯恩斯是第一个指出这并不意味着今天每个人都幸福的人。随着过去几十年中许多经济收益仅流向了少数非常富有的人，不平等现象正在加剧。尽管如此，我们的生活还是比 1930 年时我们祖父母的生活好得多。在当时的美国和英国，饥饿还是一个现实问题，婴儿死亡率远高于现在，挣脱中世纪庸医蒙昧的医疗保健才刚刚兴起。正如凯恩斯所言，从长远来看，我们确实进行了调整。他这样写道，"人类终将解决自己的经济问题。"

所有解决方案都不是一蹴而就的。它们以混乱的形式出现，通常看起来更像是绝望的应对措施而不是解决问题的方案。工会运动确保通过提高工资和改善工作条件，让工人分享经济增长的成果。各种各样的政府和私营企业的保险降低了老年人或受伤的人变得一贫如洗的可能性。我们的教育体系不断发展，提高了无数人的技能和收入潜力。大多数情况下，只有在发生严重的危机之后，才会在全社会产生广泛的回应。工会的发展是对那些过分苛求工人的公司的回应。社会保障和医疗保险是对大萧条期间被遗弃的许多贫困老年人残酷命运的回应。

尽管凯恩斯很有远见，但他似乎低估了人类会在多大程度上面临巨大的变化。我们不仅仅是从一个稳定的经济体系转向另一个稳定的经济体系。如今，我们看到技术进步的步伐正在加快。新经济体系存在于一个完全不稳定的环境中。无论今天发生了什么，无论现在的工作和事业有多成功，明天都将有所不同。这当然是可怕的，但这也很刺激，或者说应该如此。

我相信，我们的社会也会像过去的社会一样，在国家或国际层面上提出宏大的、新的解决方案。我们将制定新的法律和新的制度，确保更多人能够在新经济中蓬勃发展，并保护那些不能在新经济中蓬勃发展的人。我们将拥有新的教育形式、新的社会保障制度、新的金融产品和新的保险形式。这些都需要时间，期间会出现错误、挫折和激烈的、愤怒的争吵。没有什么是完美的，从来都没有。不过，最终我们都会明白这个新时代的规则，也会有更多可用的工具来帮助我们实现财务和个人的成功。

关键是，我们不必等待。现在我们每个人都有机会去创造自己想要的生活。现在我们有人类以前没有的工具。我们可以利用颠覆小商品经济的力量，在激情经济中茁壮成长。我们可以利用包括互联网、人工智能、机器人在内的全套技术，以及全球贸易的增长来创造特殊的产品和服务，并找到那些分布在全球各地、最需要我们提供的产品和服务的人。我们的工作生涯可以和最深切的激情融合在一起，从而获得更多的财富，更好地实现自我价值。

本书中所述的每个人都找到了自己明智、愉快、舒适的生活方式。每个人都有经验教训要教给我们。现在要靠我们每个人去寻找自己的道路，去定义自己想要什么、能提供什么，辨识出哪些对我们来说是独一无二的。基于我们这个时代的所有混乱，我们能做一些历史上很少有人有机会做的事情。我们展翅高飞吧。

致　　谢

ICM 的克里斯·达尔（Kris Dahl）不仅仅是一个经纪人（尽管她是一位相当出色的经纪人）。数十年前，她就签下了我，当时我根本没必要请任何人做我的经纪人。她看到了我自己看不到的东西，她一直是我的参谋、支持者、朋友，她所发出的理性的声音贯穿了我的职业生涯。我们一起度过了无数个小时，集思广益，最终著成了这本书。然后她把这本书推向市场，用她温柔的凶悍来做我的代理。没有作家能找到比她更好的盟友了。如果没有她，就没有这本书。

乔恩·凯利（Jon Kelly）是我在《纽约时报杂志》的编辑，这本书中的许多思想最初都是在撰写杂志专栏时形成的。他在我的每周专栏提出的观点中，发现了一些更重要的东西，并帮助我将这些想法整理成书。在整个写作过程中，他都是我的合作者。他对书中每一页内容都提出了中肯建议。（如果书中有你不喜欢的地方，怪他，可能是他的错。）

在我见到克诺夫（Knopf）出版社的乔纳森·西格尔（Jonathan Segal）的那一刻，我就知道我必须和他合作。他不会恭维，恰恰相反，他指出了初稿中的一些漏洞，并告诉我必须将其从书中删除。但他看到了我想表达的核心，并明确表示他可以帮助我排除一切障碍。我让他受尽了考验。我花了太长的时间来完成这本书，还经历了错误的开始（我们否决了我最初写的一整本书，那本书的最终效果不是很好）。众所周知，他脾气暴躁、缺乏耐心。但别被这样的他骗到，他是一个体贴的人，非常关心他的作者。如果和他一起吃午餐，或者一起喝上一两杯你会发现没人比他更有趣。他非常幽默，而且很会讲故事。（乔纳森，对不起，泄露了你不为人知的善意。）他信守诺言，了解一本书需要什么，不需要什么。他让我专注于这本书最主要的目标，同时在每一页都无情地用铅笔标出修改意见。

本书中的思想是一些关键人物给我机会的结果，他们来自《交易场》（Marketplace）播客、NPR、《美国生活》（This is American life）播客、《纽约时报杂志》、《纽约客》和《大西洋月刊》。我还和一群了不起的人一起工作，他们帮助我形成了自己的观点，完善了表述。这些人包括李·乔恩·安德森（Jon Lee Anderson）、亚历克斯·布隆伯格（Alex Blumberg）、大卫·布朗卡乔（David Brancaccio）、尼尔·卡鲁斯（Neal Carruth）、佐伊·切斯（Zoe Chace）、迪尔德·弗利·曼德尔斯索恩（Deirdre Foley-Mendelssohn）、大卫·福肯弗利克（David Folkenflik）、艾拉·格拉斯（Ira Glass）、雅各布·戈德斯坦（Jacob Goldstein）、查纳·乔夫·沃尔特（Chana Joffe-Walt）、凯特琳·肯尼（Caitlin Kenney）、大卫·科斯滕鲍姆（David Kestenbaum）、埃里克·拉赫（Eric Lach）、雨果·林格伦（Hugo Lindgren）、卡伦·罗威（Karen Lowe）、迈克尔·罗（Michael Luo）、帕姆·麦卡锡（Pam McCarthy）、唐·派克（Don Peck）、迈克·佩斯卡（Mike Pesca）、大卫·雷姆尼克（David

致　谢

Remnick）、大卫·罗德（David Rohde）、凯·赖斯达尔（Kai Ryssdal）、杰克·西尔弗斯坦（Jake Silverstein）、罗伯特·史密斯（Robert Smith）、朱莉·斯奈德（Julie Snyder）、尼古拉斯·汤普森（Nicholas Thompson）、维拉·提图尼克（Vera Titunik）、南希·厄普代克（Nancy Updike）、比尔·瓦西克（Bill Wasik）、艾伦·魏斯（Ellen Weiss）、金赛·威尔逊（Kinsey Wilson）和丹尼尔·扎列斯基（Daniel Zalewski）。

亚当·麦凯（Adam McKay）一直是我的好朋友和创意伙伴。与他在《大空头》（*The Big Short*）项目上的合作，教会我如何让复杂的经济信息对广大受众来说变得容易接受，并且令人兴奋。我们没完没了地谈论天底下的每一个话题，这对我的思想形成起了至关重要的作用。同时也要感谢希拉·皮文（Sheila Piven）、珀尔（Pearl）和莉莉（Lily），她们在远离家乡的洛杉矶给了我一个家。

我在 Luminary Media[1] 的同名播客——《激情经济》中探讨了本书的观点。执行制作人劳拉·梅耶（Laura Mayer）和发行制作人莉娜·理查兹（Lena Richards）把这档播客节目制作得远超我的预期。杰姆·莱恩斯（Jayme Lynes）、马特·萨克斯（Matt Sacks）和肯兹·威尔伯（Kenzi Wilbur）是我在 Luminary 的出色合作伙伴。Workhouse Media 的约翰·麦康奈尔（John McConnell）促成了这次合作。

---

[1] Luminary Media，音频内容初创公司，旗下产品有 Luminary 播客订阅 app。

激情经济
如何把热爱变成生意

我和劳拉·梅耶共同创立并运营着 Three Uncanny Four 播客制作公司,公司将本书中提到的经验运用到了这个正在增长、以激情为驱动力的行业。劳拉兼有深不可测的创作激情和深思熟虑的纪律感,我每天都能从她身上学到很多东西。我和劳拉一直被我们充满激情的音频创作者团队所震撼。我们公司是索尼音乐娱乐公司的合资企业,索尼音乐娱乐公司可能是全球最大、最成功的激情企业了。索尼音乐的核心宗旨是扶持艺术家,让他们能够创作出最好的作品,然后将他们与最富激情的观众产生联结。向那么多充满激情的商人学习,真是令人兴奋。罗布·斯特林格(Rob Stringer)和凯文·凯莱赫(Kevin Kelleher)证明,可以将人类灵魂的最高表达置于一家大型跨国公司的核心。我从他们身上学到了很多,也从尼尔·卡福拉(Neil Carfora)、阿曼达·柯林斯(Amanda Collins)、布莱恩·加里蒂(Brian Garrity)、丹尼斯·库克(Dennis Kooker)、汤姆·麦凯(Tom Mackay)、克里斯蒂·米拉巴尔(Christy Mirabal)、艾米丽·拉塞克(Emily Rasekh)和查理·耶多(Charlie Yedor)等人那里获益匪浅。他们都给我带来了未来的希望,因为他们证明了,激情和全球规模可以共同将伟大的作品带给公众。

我很感谢与我交谈过的鼓舞人心的商界人士,包括那些在本书中提到的人,也包括那些有着伟大的故事,但很遗憾,我没能引用他们的故事的人。我从你们身上学到了很多。

我的父母,阿维娃·戴维森(Aviva Davidson)和杰克·戴维森,向我展示了充满激情的生活是可能的,也是值得的。他们以不同的方式做到了这一点。我父亲很早就发现了自己的激情所在,并

致　谢

且一生都在积极地追求他的激情。我母亲为那些大器晚成的人提供了一个非凡的榜样。为了抚养我和弟弟，她决定放弃自己的理想与追求。不过，在她四十多岁的时候，她重新开始了自己的生活。她回到学校，经营一家剧院，然后加入了街头舞蹈[1]，这个很棒的组织把她带到了南布朗克斯，在那里她成了街舞社区的核心成员。她的生活是如此的丰富多彩，充满激情。我希望我也有她那样的精力。

我的弟弟埃本·戴维森（Eben Davidson）在我们成年后也经历了类似的历程。他热爱电影、电视和其他娱乐形式。和我一样，他同时在商业和创意的世界里找到了满足感，尽管他的成就和创造力远超于我。我很感激他一直以来的慷慨和给我的建议，更重要的是，他是一个很好的倾诉对象。

我究竟该怎么感谢我的妻子珍·班伯里（Jen Banbury）？她一直是我的秘密武器，一位不可思议的编辑和作家，她把我凌乱的思考、粗糙的作品和大量错位的逗号修整成了可以提交的手稿。她拯救了这本书很多次。当然，她不止在一个方面拯救了我。我们在巴格达的一次战争中坠入爱河，并很快认识到，在危机中我们可以彼此信任，也可以信任彼此的编辑敏感性。（这也表明我们喜欢彼此。）从那以后，我们一直互相鼓励彼此的激情。没有任何其他激情能与我们最伟大的激情相匹敌：阿什·阿罗·班伯里·戴维森（Asher Arrow Banbury Davidson），我写这本书时他才 7 岁。阿什是激情生

---

[1] 街头舞蹈（Dancing in the Streets），一家专注于创新性免费公共表演的公益性组织，推动了街头舞蹈公共艺术形式的发展。

活的典范。他全身心地投入任何让他着迷的话题，尽情地吸收他能学到的关于热带雨林、埃及诸神、各种动物、珊瑚礁或在这本书出版之时所能学到的一切知识。我很高兴他能在激情经济中成长。

关于作者

自 2016 年以来,亚当·戴维森长期担任《纽约客》的专题记者。2008 年至 2013 年,他创办、主持并运营 NPR 的《金钱星球》播客节目。之后,他成为《纽约时报杂志》的经济评论员和专栏作者。他获得了皮博迪奖、波尔克奖和杜邦–哥伦比亚奖。基于本书中的思想,他为 Luminary Media 主持了《激情经济》播客节目,同时还是播客公司 Three Uncanny Four 的联合创始人。戴维森是电影《大空头》的技术顾问,与该片导演兼编剧亚当·麦凯密切合作。他和麦凯是卡尔·佩恩(Kal Penn)主演的亚马逊电视节目《全球经济巨兽》(*This Giant Beast That is the Global Economy*)的执行制片人。亚当与记者兼小说家珍·班伯里结婚,现与儿子一起住在纽约布鲁克林。

图书在版编目（CIP）数据

激情经济：如何把热爱变成生意 /（美）亚当·戴维森（Adam Davidson）著；柴颖译 . —上海：文汇出版社，2021.5
ISBN 978-7-5496-3469-9

Ⅰ.①激… Ⅱ.①亚… ②柴… Ⅲ.①新经济—文集 Ⅳ.① F06-53

中国版本图书馆 CIP 数据核字（2021）第 051728 号

The Passion Economy: The New Rules for Thriving in the Twenty-First Century
Copyright © 2020 by Adam Davidson
Simplified Chinese Edition © 2021 Golden Rose Books Co., Ltd.
本书中文简体专有翻译出版权由 Adam Davidson 授予上海阅薇图书有限公司。
版权所有，侵权必究。
上海市版权局著作权合同登记号：图字 09-2021-0141 号

激情经济：如何把热爱变成生意

作　　者	（美）亚当·戴维森（Adam Davidson）
译　　者	柴　颖
责任编辑	戴　铮
助理编辑	邱奕霖
封面设计	WENZHU
版式设计	汤惟惟
出版发行	文匯出版社
	上海市威海路 755 号
	（邮政编码：200041）
印刷装订	上海颛辉印刷厂有限公司
版　　次	2021 年 5 月第 1 版
印　　次	2021 年 5 月第 1 次印刷
开　　本	889 毫米 ×1240 毫米　1/32
字　　数	216 千字
印　　张	10.5
书　　号	ISBN 978-7-5496-3469-9
定　　价	58.00 元